从士兵到将军

——13位红小鬼到大将军的征战历程

蒋 斌☆著

中共党史出版社

图书在版编目(CIP)数据

从士兵到将军：13位红小鬼到大将军的征战历程 / 蒋斌著.—
北京：中共党史出版社，2015.3（2020.1重印）

ISBN 978-7-5098-3014-7

Ⅰ.①从… Ⅱ.①蒋… Ⅲ.①将军–生平事迹–中国–现代
Ⅳ.①K825.2

中国版本图书馆 CIP 数据核字（2015）第 029905 号

出版发行：中共党史出版社
责任编辑：贾京玉
复　　审：陈海平
终　　审：吴　江
责任校对：龚秀华
责任印制：谷智宇
责任监制：贺冬英
社　　址：北京市海淀区芙蓉里南街 6 号院 1 号楼
邮　　编：100080
网　　址：www.dscbs.com
经　　销：新华书店
印　　刷：北京德富泰印务有限公司
开　　本：170mm×240mm　1/16
字　　数：211 千字
印　　张：18.625
印　　数：10001–15000 册
版　　次：2015 年 3 月第 1 版
印　　次：2020 年 8 月第 2 次印刷
ISBN 978-7-5098-3014-7
定　　价：48.00 元

此书如有印制质量问题，请与中共党史出版社营销部联系
电话：010-82517190

前　言

他们人未成年，却勇如虎、猛如豹。有的人 15 岁就敢怒视胖大恶绅，有的人 16 岁就敢抱着敌人滚悬崖。他们年纪虽小，却有胆有识、聪明机灵。有的人 13 岁就主持全县的团委工作，有的 14 岁就敢乱军从中救教官；他们人没枪高，志比天高。

十四五岁在现在是赖在父母身边撒娇的年龄，他们却已经挺起胸膛，走进了革命的大熔炉，决意用信念打造中国的明天。他们用自己对革命的热爱，获得战友和领导的喜欢，亲热地称他们为"红小鬼"。

自古英雄出少年，他们在战火中不断地磨炼自己。英勇、善战，战场上他们如猛虎一般，将敌人打得落花流水、闻风丧胆。他们用敌人的血、敌人的命宣誓着对革命的支持和热爱。他们用一次又一次的英勇，书写着自己人生的新篇章：士兵、班长、排长……

他们是英勇的战士，也是用兵如神的战将。何处用兵、何时进退，就如呼吸饮水一样自然。战争还未开始，胜局却已经落幕。他们用兵或者儒雅，手中虽无羽毛扇，风度却不输诸葛孔明；他们用兵或者威猛，手中虽无方天戟，攻城略地却不亚关张；他们用兵灵变，如行云流水，不拘天时，不限地利。

　　他们虽是战将，却知人缘的轻重。他们或者以善战深得上级喜欢，或者因多才得上司青睐，关键时候能做事、做好事。

　　他们冲锋陷阵，在枪林弹雨中受过伤、中过弹，却从容地由红小鬼成长为将军，靠的是胆识、经验、强壮的生命力，当然还有运气。

目　录

一代战将——王近山

旋风司令——韩先楚

六星上将——洪学智

无敌虎将——李天佑

智勇战将——皮定均

威猛神将——秦基伟

塔山名将——吴克华

骁勇战将——陈再道

优雅儒将——肖　华

慑敌勇将——杨　勇

一代战将
——王近山

王近山（1915-1978），原名王文善，湖北省黄安（今红安）县人。1930年参加中国工农红军，同年加入中国共产主义青年团。1932年转入中国共产党。土地革命战争时期，任红4军第10师30团排长、副连长、连长、副营长、营长，第10师29团团长、副师长，红31军第93师师长。抗日战争时期，任八路军第129师386旅772团副团长、第385旅769团团长、旅副政治委员，新编第8旅代旅长、旅政治委员、第386旅旅长、太岳军区第二军分区司令员、陕甘宁留守兵团新编第4旅旅长、太岳纵队副司令员。解放战争时期，任晋冀鲁豫军区第6纵队副司令员、中原野战军第6纵队司令员、第2野战军12军副司令员兼12军军长和政治委员。中华人民共和国成立后，任川东军区司令员、中国人民志愿军第3兵团副司令员、山东军区副司令员、代司令员，北京军区副司令员，中华人民共和国公安部副部长，南京军区副参谋长、军区顾问。1955年被授予中将军衔。

一、咬子弹惊地主魂

"要枪？我见都没见过，哪来的枪？"

就一群穷泥腿子们还想玩枪，土财主刘大福斜了堵在门口的穷棒子们一眼，不急不慢地吐出几个字。

"死老财"，人群中有人低骂。有人则喊道："没枪，有大洋也行。你给我们大洋，我们自己去买。"

刘大福面色一沉，然后笑问："谁想要大洋？红安县城国军 30 团的刘团长前些天从我这借了 100 大洋，要不你帮我拿回来，我分你一半。"

人群一下子沉寂下来。国军 30 团 1000 来号人，手中那可是实打实的真家伙。红安县到村里也就两顿饭的工夫，刘大福要是攀上这座靠山，即使大家伙拿了他的大洋，只怕也是有命拿钱没命花。

刘大福笑眯眯地看了门口的人群：要钱没钱、要势没势的穷泥腿子听了几天红匪的妖言就想翻天，还真把自己当回事，信不信国军大刀砍脑袋。

对于红匪，刘大福虽然没有接触，却也听说过。远的不说，本乡本土的詹才芳詹裁缝就是红匪，白天背着个布包大街小巷的四处吆喝："卖布、剪衣服喽！"可一到晚上，就往穷棒子人群中钻，散布共产共妻的妖言。

"妖言是杀不死人的，想白要老爷的钱，下辈子吧。"刘大福转过身，踱着碎步往宅子里走去。

"站住！死老财，你给我站住！"身后传来一声怒喝！刘大福"霍"的转过身："30 团的刘团长见了老爷我也得尊称一声刘老爷，哪个不长眼的兔崽子敢咒我死！老爷我今天要打断你的狗腿！"

阮大婶一把捂住身边王文善的嘴："找死啊！死老财也是你个毛孩子能喊的，你以为是喊你那头大水牛。"

王文善是地主李德生的放牛娃。家里穷得叮当响，眼看家里揭不开锅，王文善的父亲长叹一声，把9岁的王文善送到李德生家当放牛娃，跟在牛屁股后边混口饭吃。

长叹有无奈，也有痛楚。王家几百年的家产居然在自己手中败了个精光，真不知道还有什么脸面去见地下的列祖列宗。

朱元璋打江山那会儿，王家的祖先蒙古王爷立下大功。朱元璋一高兴，不仅将他封在湖北黄安当王爷，还特赐汉姓"王"。皇恩浩荡，王家在大明朝可以说是混得风生水起、有滋有味。大明朝灭亡，清朝开国，王家也是几百年兴旺，虽然不是王族，却仍然是瘦死的骆驼比马大，要房产有房产，要地契有地契，人前人后谁不笑脸相迎、躬身相送。到了自己这一辈，自己更是千般恩宠集于一身。要说这事也邪了门，王家兄弟六人，居然只有自己这根独苗，整个家族的香火都系在自己这个年少的公子哥身上。

千般恩宠和千斤重担系于一身的公子哥还在死读圣贤书，一场瘟疫就已经席卷黄安。城里顿时哭声震天，家家户户都是一身丧服。王家更惨，六房长辈全部病死，丢下公子哥和万贯家财。

家门不幸，少不更事的公子哥伤心欲绝，无心打理家业。偌大的家产被骗的骗，典当的典当，抢的抢，偷的偷，一下子就去了大半。

黄安城里的恶棍看得眼热，带着几个地痞就上门来要赔偿费，说王家大办丧事时严重影响自己睡觉。

公子哥本来就是郁火中烧，一看有人欺上门来，操起桌上的水果刀就扎了过去。恶棍无事都要赖三分，一看机会来了，抬着胳膊就迎了上来。告官、买官，官痞联手，将王家的家产拿了个七八成。几经折腾，公子哥成了泥瓦工，靠给人打短工糊口。儿子王文善一到九岁，想喝口粥都得掂量一下，最后一咬牙，送到地主家放牛混口饭吃。

刘大福阴着脸，恶狠狠地盯着人群："谁喊的？滚出来！今天不打断他一条腿，我刘大福跟他姓！"

断腿虽然还是腿，却会疼死人。人群中有人低下头，生怕刘大福找到自己头上。

王文善满脸通红，一小半是因为阮大婶捂得太紧喘不过气来，更主要的是愤怒：这么多人来吃大户闹革命，居然被死老财几句话就钉死在地上，连个屁都不敢放。

吃大户闹革命前，王文善每天除了放牛、割草，就是饿肚子、挨地主骂。放牛的时候，王文善在荒山坡上看着老牛吃着地上的草，心中却是满心的困惑："为什么人有穷有富？为什么富了就可以作威作福？为什么富人家宁可用好饭菜喂狗也舍不得给穷人吃？难道狗比人还值钱吗？……"他有时也抱着老牛的脖子问老牛，老牛抬起头看看他，"哞"地连叫几声，又转过头啃地上的草。

老牛不会说话，姐姐的话却是极多。回到家中，一有空，姐姐就把王文善扯到一边，说东说西。

一天，姐姐对王文善说："地主老财都缩在皮袄里烤着火，我们穷人大雪天还得出去做事；地主老财喝酒吃肉看大戏，我们穷人做牛做马还得挨鞭子。这是什么世道？我们一定要挺起胸膛活下去，改变这个世界。财主拿鞭子抽我们，我们为什么不能拿起刀杀他们呢？他们的命比我们的命金贵吗？"

拿刀砍地主老财，我们一定要改变这个世界，这种话整个村子都没有几个人能说出这种话。姐姐一下子变成了最熟悉的陌生人。

王文善满脸困惑地看着姐姐，很纳闷她怎么会说出这种话。姐姐压低嗓门继续说："詹裁缝说了，我们穷人也有红军了，有马克思了，我们要造富人的反！"

詹裁缝就是隔壁的詹才芳，村子里都传说他是共产党的人。红军、马克思是什么王文善不知道，可造反这事他还真不陌生。老爸虽然是个泥瓦匠，肚子里的故事却是一箩筐一箩筐地装。一到晚上停下来，老爸就给姐姐和自己讲《呼家将》、《杨家将》、《薛家将》。

王文善最喜欢的就是薛刚，这人是个英雄，连皇帝都敢反。造富人的反，不就是和反皇帝一样吗。他兴奋地说："我知道了！就像薛刚反唐那样！"想到可以像心中的英雄一样，王文善一下子兴奋起来。

在姐姐的串联下，一群穷小子打算造富人的反、革他们的命。造地主的反当然得有家伙。大家伙一商量，没枪，找地主老财要钱、要枪。

怕打断腿就变成哑巴，那还革什么命？王文善满脸通红，死老财，我看你嚣张。

王文善用力一挣，将嘴巴从阮大婶的铁掌中挣出来，奔着刘大富跑了过去。

阮大婶抓了一把，没有抓住，大急："二娃，回来！你爹让你回家去！"

王文善不理她，一边跑一边嚷："死老财！你想打断谁的腿？"

刘大福一脸高兴，正找不到人杀鸡骇猴，你这倒霉蛋自己找上门来。

刘大福清了清嗓子，怒喝道："兔崽子，你找死！看老爷我打不死你！"

王文善不退反进，跑到他面前停了下来。王文善年仅13，身体瘦小，在胖高的刘大富面前一站，更是瘦了几分。围观的人群骚动起来，这娃子要吃亏了。阮大婶张了张嘴，看了看肥大的刘大富，又把到嘴边的话硬生生地吞了回去。

刘大富看着面前的小不点，死命地盯着，决意要给他点厉害看看，要不然姓刘的还怎么在黄安城里混。

王文善一动不动，喝问道："死老财，我们要革命，这钱你给还是不给？"

又是死老财，活人居然被当成死人，刘大富又气又怒，抬手就是一巴掌扬了过去，嘴里嚷道："要钱，老爷我给你！"

王文善不躲不闪，双手往腰里一叉，嘴里大喊一声："呸！"一口唾沫径直向刘大福飞去。

刘大富"哎呀"一声，捂住右脸，只听"叮当"一声，有东西掉在地上。刘大富低头一看，脸色立时又是一变：黄澄澄的子弹！这兔崽子哪来的子弹？

人群中也是"咦"的一声，子弹只有当兵的才有，他爸就是一泥瓦匠，王二娃从哪里弄来的子弹？

王文善看着胖大的刘大富，怒问："这钱你给还是不给？再不给钱，我就咬响子弹，炸死你全家！"子弹是王文善放牛时在荒坡上拾到的，平常没事就带在身上玩。

没见过枪的刘大富慌了，忍气吞声地掏出几块光洋，低着头递给王文善："给给，你们狠，穷不要命的，我怕你们了还不行？"

小试牛刀就取得了革命成果，他们大受鼓舞，兴高采烈。

如法炮制，王文善等人又到别的地主家弄钱。刘大富吃了亏的事情早就像长了翅膀一样传到乡里乡外，王文善等人刚到门口，地主家的人就捧着或多或少的大洋迎了出来。交钱虽然有如割肉，至少还有命在，要是惹了这不要命的王二娃，那才是家破人亡。

红安红了！1930年的红安，四处都是唱红歌的百姓、头戴五角星帽的军人。

1930年，革命的浪潮越来越势不可挡了。红安来了真正的红军。

詹裁缝詹才芳已露出了庐山真面目，他放下穿街走巷的裁缝包，乌黑的手枪挎在腰上。

王文善渐渐明白了许多过去怎么想也没想通的事情，财主老爷们发善心是根本不可能的事，只有将他们打倒在地，这个世界才会公平。他改掉了父亲给他起的名字，他想让自己坚强起来，靠近大山的人一定是坚强的，就叫近山吧。

15岁时，在姐姐的影响下，王近山跟随着詹才芳参加了红军，汇入了红4方面军的洪流。他先给詹才芳做警卫员，后任红4方面军10师30团机枪连通信员。他因为打起仗来，十分勇敢机灵，几仗下来，就从战士当了班长，不久升为排长。

二、疯慑敌奏凯旋歌

红军 10 师 30 团的 16 岁连长王近山抱着身材高大的白军就往旁边的悬崖滚去。反正迟早一死，不如死在战场上。

1931 年的这一年，留给王近山印象最深的就是死人。死人！死人！又是死人。一夜之间，全团的指战员差不多死了个精光：团级干部只剩下团指导员詹才芳，营级干部只剩下营长王宏坤，全团 10 个连长 10 个指导员仅各剩下 1 个。

鄂豫皖苏区进行的"大肃反"一开始，10 师 30 团的干部立即成了"干死"，不是干坐着等死，就是被人干死。

战争年代，死人并不可怕，可怕的是死在自己人手里，更冤的是被安上"反革命"的罪名。王近山不知道这些干部是不是反革命，但知道这些人打起仗不要命，提着手枪、大刀就往敌人人群中冲。

30 团幸存的指导员詹才芳任命机枪排排长王近山当连长，这家伙虽然才 16 岁，打起仗可是把硬手。

王近山当时就愣了，这连长一当，只怕还没有机会杀敌就被当作"反革命"给肃反了。

我不能死在自己人手里，王近山跪在地上，双手合十："老天爷！让我打仗吧，让我死在战场上，哪怕明天就死都成，我不想当反革命！"

大雨倾盆，红 10 师冒雨向皮河镇进军。听说红军要过河，国民党 12 师立即扼守河北岸，企图将红 10 师摧毁在河中心。

国民党 12 师人多势众，枪炮精良，又占据了河北岸的山头，将红 10 师的前进道路封成一片死亡区。

红 10 师被挡住去路，师长徐向前一挥手，命令红 10 师 30 团团长王宏坤："攻不下山头，就死在山头！"

王宏坤血性大发，暗下决心。一拨一拨的红 10 师 30 团的战士呐喊着往山头发起冲锋，在密集的子弹中跳跃着前进，手中的枪不断地吐出火焰。

国民党 12 师的士兵胆气也挺壮：山坡上的树木早就被自己人烧了精光，红匪连个藏身的地方都没有，不信你能冲上来。

红军的枪口吐出火焰，国民党 12 师士兵手中喷出的则是火龙。地形不利，武器又远不如人，一拨一拨的红军战士还没有冲上山坡就倒下了。

王宏坤一拳砸在地上，这仗打得窝囊：想拼命，连拼命的机会都没有。

"团长！我们连上！"16 岁的小连长王近山向团长王宏坤请战。

王宏坤看了看王近山，又看了身边的战士，能打恶仗的那几个人早就倒在山坡上了。只能试试了，王宏坤一挥手："上吧！"

王近山将大刀片往背上一插，将手中的枪一举，怒喝一声："同志们，为死去的战友们报仇！"喊罢，王近山如愤怒的猛虎一般扑向山头。

王近山大刀片上的红布发出耀眼的光芒，连里的战士一看连长已经冲在前头，又是为亲如兄弟的战友们报仇，都大喊："报仇！"战士们咬紧嘴唇，恶狠狠地向山头扑去。

勇气和信心就像熊熊燃烧的山火，呐喊声响彻天空。国民党 12 师士兵心中有些慌了，当兵就是混口饭，为几块钱和人拼命可实在是不值。看着杀气腾腾的一群人狼一般地冲向山头，许多人的心乱了，原本用惯的枪居然变得陌生起来。

王近山率领连里的战士一身血水冲进了敌人阵地，管他脑袋还是脖子，管他肚子还是肩膀，抡起大刀就劈了下去。王近山的动作只有一个：劈！劈死你，算你倒霉！你刀快，算我手背！王近山是存心不防守的，与其窝囊地被"大肃反"搞死，不如和敌人拼死。

一个，二个，三个，四个，王近山周围的国民党 12 师士兵已经没有人敢和这家伙拼刀。这家伙完全是个找死的疯子，刀法比他快又怎么样，砍死他，自己还得挨他恶狠狠的一刀。

不能和他拼刀，一个一身肥膘的国民党 12 师大个子士兵将手中的枪往身上一挂，双手扭住了王近山握刀的手。

刀砍不下去，王近山将手中的刀奋力向旁边的一个国民党 12 师士兵扔了过去，反手就和肥膘的大个子国民党兵扭打起来。

肥膘的大个子士兵心中大喜，死命地将王近山往地上压。王近山身小力单，硬生生地被压在地上。

王近山一边紧勒他的脖子，嘴里一边直骂着："他娘的，跟老子拼命，老子就让你见阎王。

大个子士兵当然不会等死，死命地想掐王近山的脖子。双方缠斗在一起，不停地吐着粗气，睁着双眼怒视着双方。

斗到怒处，王近山火了，再这样，大部队过山头的机会就要错过了。他往四周一看，发现自己和敌人一路滚打着来到了悬崖边上。

大个子国民党兵看着两个人已经来到悬崖边上，当时冷汗就出来了。想缠住我，我不信摔不死你，王近山一咬牙，抱着大个子国民党士兵就往悬崖边上滚去。

两个人抱着打着一脚踩空就骨碌碌滚下了悬崖。大个子国民党兵不想死的心有千万颗，却连一点办法都没有，心中直叫晦气：真他妈的瞎了眼！明知道这家伙是个疯子，还往他面前凑。

王近山还怕摔不死他，一翻身，骑在大个子的身上，死命地将他压在身下。风呼啦地往耳边灌，王近山只听"轰"的一声巨响，就觉得眼前一阵发黑，晕了过去。

不知过了多长时间，王近山醒了过来，只见大个子国民党士兵一摊泥般倒在地上，周围全是血。王近山艰难地咧嘴笑了一下，最后嘟哝了一句："又没当成革命烈士……"

他醒来后，不仅头上留下了一道怎么搓洗都不能褪去的深深的伤疤，还多了一个伴随他一生的绰号——王"疯子"。从此，王近山开始了他疯狂的作战生涯。

三、破偷营谎报军情

1934 年，红 4 军 10 师 28 团团长王近山领着部队一直在打着让他觉得极为憋屈的战争。死守，防御，10 个月的防御战让他觉得自己就如一部动力十足却又不得不压制运转速度的机器。

反攻的命令终于下达后，红 4 方面军领导决定全面出击，横扫四川六路军阀。王近山大喜，召开战前动员大会："同志们，敌人敢在老虎头上拉屎，咱们就扯断他的肠子！

"揍死他二大爷的！"、"扯断他肠子！"台下的 28 团战士群情激奋。缩着头在家里被人狠揍太憋屈，是时候给敌人点厉害看看。

28 团如一只下山的猛兽吞噬着挡在前进路上的任何障碍物。无论是敌人，还是阵地和据点，都在 28 团的强攻怒火中垮掉。

周家坝，黑宝山，塔子山，王近山率领 28 团将国民党军打得屁滚尿流，然后一把火烧毁了那里的据点。

胜利就如一袋开心果，王近山觉得全身毛孔舒服极了，他带着部队就往达县杀去。自己开心，敌人难过，这样的事情不做实在对不起自己。

此时，红 4 方面军的领导却陷入纠结。红 4 方面军横扫四川六路军阀，形成了对敌人实行迂回分割包围的有利局面，但如何分割包围却陷入僵局。

"向东！刘湘的主力王牌第 1、2、3 师还在东面万源没退下来，并且已

王近山

经大伤元气，我们向东迂回，卡断后路，就可以连他的老巢一锅端了嘛！"红4方面军总指挥徐向前果断地说。

"向西，当然向西！"西北革命军事委员会主席张国焘一口否定："西面范绍曾的第4师离我们很近，我们一顿饭的工夫就将他吞下去。嘴里的鸭子不吃，难道还吐出去。"

"范绍曾的第4师已经被我军吓破胆，弄不好，我军还没到，他们就四散逃跑了！"

政委陈昌浩看了张国焘一眼，支持徐向前向东的意见。

"两票，和我比人多啊，"张国焘心中闷哼一声："人多有啥用。"他将手往桌子上轻轻一敲："就这么定了！向西！"

官大一级压死人，徐向前和陈昌浩对视一下，无语。

部队连日作战，人未歇脚、马不停蹄地追赶敌人，战士甚至都是一边啃干粮一边跑步行军。军令如山，王近山一接到向西转的命令，就率领28团向西疾进。

夜幕深重，王近山下令在一座山头宿营。宿营令一下，战士们就歪歪斜斜地沉沉入梦，连岗哨也靠着身边的树干打起呼噜。

王近山看着士兵们呼呼大睡，心中不由一阵心疼，连续作战，小老虎都累成小睡虎了。看着岗哨都抱着树干打起呼噜，他心中不由得一惊：岗哨就是军队的眼睛，眼睛一闭上，敌军来偷营可就坏了事。

王近山正想叫醒岗哨，就听山坡下传来"沙沙"的声音。山上微风不荡，怎么会有动静？王近山打了个激灵，28团能撵着敌军屁股跑，敌人就能来偷营。

既然敌军敢来偷营，兵力绝对不少，而且是做了精心准备。28团的战士正在熟睡，人数又不占优势，如果被敌人偷营，惊慌之中就会大败。

绝不能让敌人占据主动，王近山扯开嗓子就喊："同志们，敌人往山下跑了！赶快抓俘虏！一个都不能放过！"

28团这几天干的就只有追杀敌人这事，战士们满脑子就是撵着敌人打，惊醒过来的28团战士操起枪枝、大刀就往山下冲了下去，嘴里还直嚷"缴枪不杀！"、"一个都不能放过！"

山坡上的国民党被28团撵得团团转，好不容量鼓起勇气来偷营，一听红军高喊"一个都不能放过！"，当时就暗暗叫苦：坏了，中了红军的埋伏了！

偷营是去打人，中埋伏那可是挨打，同样是打，效果却不一样。伸着脑袋往棍子下凑，这种傻事可不能干。留得脑袋在，不怕没酒喝，带队的国民党旅长当即下命令：撤！

军令一下，先摸上山的国民党士掉过头来，就如中了箭的兔子拖着枪枝往山下奔跑。后摸上来的士兵还在半山腰，正想往山下撤，就见一团团的黑影冲进人群中，顿时被撞得人仰马翻、鼻青脸肿。

山下乱成一锅粥，28团的战士操起步枪、机枪就是一阵扫射，想跑，门都没有。山上鬼哭狼嚎陡起，28团的战士喜洋洋地呐喊着冲下山，手里的旧家伙可以换成新的了。

天亮了，王近山找来一个俘虏一问，才知道这支部队是四川军阀范绍曾的1个旅。旅长被红军追得无路可走，心一横，想出了偷营的办法。

徐向前正为失去灭掉位于万源以南的刘湘主力的有利战机生闷气，听说王近山一个团灭了敌军一个旅，紧锁的眉头一展，将王近山叫到跟前："小鬼，真有你的！临阵不乱，够疯，真是有大将雄风哟！"

王近山摸摸头，笑着说："咳，我当时只是觉得活人总不能叫尿憋死。"

四、捕战机韩村设伏

1937 年，日军灭我中华的贼心暴涨，挑起了全面侵华战争。国难当头，几经波折，中国各界终于达成共识：护我中华，统一抗日。

抗战开始后，王近山被任命为八路军 129 师 386 旅 772 团副团长。日军武器精良，战术素养很高，杀伤力极大。王近山一打鬼子就上劲，一打冲锋，战士还没有往上压，他操起机枪就跑在队伍最前头。

指挥官要是阵亡，战斗谁来指挥？旅长陈赓气得拍着桌子骂："王疯子，再这样打下去，马克思初一不收你，十五也会收你！"

陈赓骂了很多回，王近山有所收敛，打仗时开始注意隐蔽身体。可一旦进攻受到挫折，这家伙就又原形毕露，操起机枪就往前冲，而且是哪里枪子多就往哪里冲。

陈赓骂归骂，心中宝贝得不行，派六七个警卫员跟着他。陈赓给警卫员下死命令：再听说王近山冲锋，我拿你们的脑袋当夜壶。

警卫员当时就无比郁闷，想说服王近山不冲锋，就等于要女人不生娃。几个人商量来商量去，没有别的办法，只有一个办法：动粗。他要冲锋，生拉硬拽不让他走。拉不住他，管他首长还是脚长，六七个人叠罗汉，将他压成孙悟空。

王近山被压在罗汉山下动弹不得，气得五孔生烟。徐向前听了长出一口气，说："这办法好，要不然一打仗，我还得替他捏把汗。"

陈赓眼睛一瞪，说："还不是你惯出来的啊！"

王近山虽然被罗汉山压住不能冲锋，疯子性格却是丝毫不改，很是打出一些漂亮仗来。七亘村两次设伏，长乐村一番恶战，打得中伏的日军溃不成军。陈赓在日记中回忆长乐战斗情景时写道："炮轰如雨，战斗之激烈实为抗战来所罕见。"

中国军民的抗日战争搞得有声有色，日军华北方面军司令官冈村宁次对情况极其明了：如果这种趋势形成、稳固，日军在中国的日子将极其难过。

情况紧急，冈村宁次却并不急于出手，中国不是共产党领导的八路军一家独大。一旦南京的蒋介石感到来自中共的威胁，日本人的机会就来了。

1943 年夏秋，蒋介石掀起第三次反共高潮，重兵指向陕甘宁边区。陕甘宁边区压力骤然加重，天空弥漫着浓浓的硝烟味道。

华北方面军司令官冈村宁次终于出手，对太岳区实行"铁滚式大扫荡"。"铁滚式大扫荡"是冈村宁次针对八路军每逢"扫荡"必将大部队化整为零、分散突围的特点琢磨出的一套新的战法。冈村宁次认为只要"铁滚式大扫荡"一施展，共产党和八路军只有两条路可走：要么投降，要么灭亡。

"铁滚式大扫荡"居然有这样好的功效，日本东京大本营顿时就来了精神：好东西就得学会分享。日军东京参谋总部从各地抽调 100 多名高级军官组成"战地观战团"，派 1 名少将旅团长带团赶往太岳区前线学习先进经验。

陕甘宁边区陷入重围，中共中央急忙调 386 旅旅长王近山率第 16 团救援延安。

王近山接到命令，急吼吼地就向太岳军区司令员陈赓请战，要求立即带领部队出发。

日军正对太岳区进行规模最大、最为残暴的"铁滚扫荡"，王近山只带一个团上路，陈赓还真不放心：日军势大，王近山又是打起仗不要命的主，说不定就会挂了。

陈赓连续拒绝王近山的请求，王近山急了，救兵如救火，软磨硬缠着太岳区党委书记聂真替自己说好话。

党中央不能不救，党委书记聂真的面子不能不给，陈赓提出三个条件：一，部队化装成老百姓行军；二，路上碰到日军不能手痒；三，万一被日军识破，只能速战速决，绝对不能恋战。

王近山只想赶往陕甘宁边区过过枪瘾，一边顺口答应，一边甩开膀子走出了陈赓的办公室。

化装，急行军，王近山带着16团1000多人火烧火燎的向陕甘宁边区赶去。一天，他们到达了离日军前敌指挥所驻地临汾很近的洪洞县韩略村。

韩略村是临屯公路经过之地，日本鬼子为了控制公路，在村南高地上修了一个大碉堡，里面驻扎着鬼子伪军40多人。

韩略村虽然就在日军的眼皮底下，当地地下党和群众的抗日激情却是极高。天色一黑，当地的地下党就把王近山和16团战士迎进村子。民兵站岗、放哨，老乡挪铺烧热炕，热情得不得了。

王近山正坐在炕上听洪洞县武委会主任孙明烈汇报，就见一个通信员慌慌张张地冲了进来，嘴里直嚷："孙主任，不好了，日军已经向八路军的后勤部队和医院扑去。"

王近山腾的一下从炕上跳了下来。后勤部队保护的全是粮草弹药，战斗力基本可以忽略不计。一旦失守，后果极其严重。医院碰上鬼子，女医生韩秀兰只怕也得遭殃。韩秀兰人长得漂亮，王近山在养伤期间就喜欢上她了。

敢碰我的女人，王近山操起手枪，大叫："警卫员，集合队伍。操家伙，打鬼子。"

政委一把扯住他："司令临行前约法三章，说碰到鬼子不能手痒。"

救老婆违军令上不得台面，王近山呵呵一笑："老乡走亲戚还带只鸡，咱们要是空手去见毛主席，那可就寒碜了。再说后勤部队供咱们吃喝、医院照顾部队的伤员，咱可是欠了人家好大人情。现在明知人家有难，咱们还扭头就走，咱以后还有脸见人家？"

刚出门就把司令员的命令放在脑后，政委有点犹豫，说："要不咱们请示一下。"

王近山急忙拦住他："救人如救火，有什么事我担着。"

听说要打鬼子，洪洞县武委会主任孙明烈来了劲。最近临汾城的日军开着汽车在临屯公路来来回回，车上装满了弹药和抢来的物资，人数不多，车喇叭按得天响，弄得公路边上的韩略村老百姓人心惶惶。

鬼子物资车经过韩略村，王近山的眼睛顿时一亮。韩略村附近的公路两侧是两丈多高的陡壁，再把两头一堵，日军除非长了翅膀，要不然真飞不出去。韩略村离日军前敌指挥所驻地临汾又近，八路军都捅到心窝上，不信围攻后勤部队的日军不急吼吼地分兵回来救援。

10月24日凌晨，部队全部进入韩略村附近公路两侧的陡壁上。战士们头戴高粱秆、玉米秸扎成的帽子，眼睛死死地盯着公路。9连1排的战士和民兵趴在日军炮楼对面的斜坡上，只要日军敢出来，马上给他们来个大扫荡。

9点左右，10辆大汽车和3辆小汽车载着日军飞驰而来，毫无警惕地钻进了王近山的伏击圈。

"叭、叭"两颗红色信号弹升空而起。埋伏在陡壁上两头的战士将早就准备好的大石头推了下去，发出震耳欲聋的巨响，将公路堵了个水泄不通。2营6连的战士，将一腔怒火全部发泄在日军身上，手榴弹、掷弹筒在日军车队中发出震响，燃起滚滚浓烟。机枪手也不甘落后，端起机枪对着车上的日军就是一阵狂射，惊起一阵惨叫。

有埋伏，此地不可久留，日军汽车司机急了，开动马力就想冲出埋伏圈。车速飞转，不时地溅出火星，埋伏在陡壁上两头的八路军28团战士掏出手榴弹，笑了：哥儿们有种，连大石头都敢撞。

"轰"的一声，头车翻倒在地，后面的汽车司机看得出了一身冷汗，"吱"的一声来了个急刹车。

要你命，趁你病，埋伏在陡壁上两头的八路军28团战士很大方地将手榴弹投向了一动不动的汽车。

日军开始被这突然的袭击打得晕头转向，乱作一团。一阵慌乱之后，车上齐刷刷的跳出100多名军官，以汽车为掩护向28团还击。

打伏击打出一窝日本军官，王近山看得心发怒放，这下日本人要肉疼了。

韩略村村南碉堡内的日军听到枪声大作，一队鬼子操起枪支、端起刺刀就往外走，想探个究竟。刚下了高地，9连1排的战士和民兵在对面的斜坡上开火，当场扫倒几个。剩下的几个日军见势不妙，连爬带滚地回到碉堡，操起电话就给汾阳城的指挥部打电话："公路上有八路军主力打埋伏。"

王近山没听陈赓司令"路上碰到日军不能手痒"的嘱咐，速战速决却是记得清清楚楚。王近山一招手，埋伏在公路两头的4、5连的战士抢起雪亮的大刀就冲进了鬼子人群中。4、5连的战士人人使得一手好刀法，又经过武术训练。刀光闪处，不是人头落地，就是胳膊横飞。枪声渐渐地稀疏下来，120多个敌人除3人逃脱性命外，其余全部被歼。

八路军后勤部队被"大扫荡"的日军围了个三重门，真是上无上天之路、下无入地之门。正在焦急之际，就见鬼子大部队呼啦一下全后撤。看着鬼子汽车溅起的一路尘土，所有的人都摸不着头脑：鬼子这是玩的哪一出啊？

日军"铁滚扫荡"的人马突然撤退，远在太岳山区里的陈赓奇怪得很，以为冈村宁次又要什么新花招，于是立即命令侦察员去探听消息。侦察员很快来报：日军在韩略村中了埋伏，冈村宁次"战地观战团"被八路军28团来了个一锅端，1名少将旅团长、6名大佐联队长以及100多名中队长被打死。

陈赓一拍桌子，笑骂道："反了这个死疯子，打了胜仗也不报告一下。"

到延安后，王近山被任命为陕甘宁留守兵团新4旅旅长。毛泽东握着他的手说："韩略村一战打得好啊！我早就听说红4方面军有个王疯子，现在一见，果然是名不虚传啊！"

毛泽东接见后，王近山进了中央党校学习，仍兼任新4旅旅长。

五、破襄阳刀劈三关

1948 年 7 月 2 日，我军在攻下开封后，豫东第二次战役结束，刘邓首长命令桐柏军区司令员王宏坤、刘志坚指挥第 6 纵队、桐柏和陕南军区部队发起襄（阳）樊（城）战役。

襄樊城是襄阳、樊城的总称。襄阳城北依汉水，与樊城仅一水之隔，城南及城西南为万山、真武山、琵琶山、凤凰山、虎头山、羊祜山等海拔 160 米到 460 余米不等的山地，形成护卫襄阳城的天然屏障。城四周有高厚的城墙，城墙外有宽阔的水壕，城内外和城南、城西南山地有大批永备工事，易守难攻，所以在当地老百姓中流传着"铁打的襄阳"的说法。

防守襄樊的是国民党第 15 绥靖区司令长官康泽，他不懂军事，和驻防襄樊地区的川军 163 旅和 164 旅没有什么渊源，于是就向蒋介石推荐郭勋祺作绥靖区副司令。郭勋祺毕业于四川陆军军官学校，资格老，又是出了名的猛将，人称"郭莽子"，有他出马，掌控部队没有问题。蒋介石答应了他的要求。

依托有利地形，襄阳城内的国民党守在城南羊拓山、虎头山、十字架山这些制高点和山头，构筑了大量碉楼、地堡、交通沟，并在交通要道、火力死角及开阔地带密布地雷，构成能相互支援的坚固防御体系，妄图凭险据争，与我军周旋。为了"固守"襄阳城，不给解放军掩护的机会，康泽下令化学炮连用美式迫击炮发射黄磷弹，烧毁城外的所有民房。

虎头山、十字架山、岘山险要，王近山当即决定全力夺取襄阳城的西面屏障——琵琶山、真武山和西门外的铁佛寺。这三处是从西面攻城的三道关，三关一下，就能从西门破城而入。

7 日，我军展开了襄阳外围作战。由于敌人工事坚固，火力很强，攻击部队有伤亡，进展不大。

要想接近襄阳城西门，首先要打掉直接以火力控制西面走廊式通路的"拦路虎"——从西南大山上伸下来的两座山头：琵琶山、真武山。

17 旅旅长李德生决定亲自率 17 旅主力团 49 团对敌人"猛虎掏心"，攻下琵琶山、真武山、铁佛寺，直捣西门。

7 月 9 日黄昏，在我军炮火掩护下，49 团 3 营开始攻打琵琶山。琵琶山很陡险，山头上的 2 座碉堡更是如毒蛇一般封锁了我军冲锋的路线。李德生从纵队调来 4 门山炮，一阵炮轰过后，碉堡轰然倒塌。49 团 3 营的战士从隐蔽的地方一跃而起，端着刺刀就冲上山。15 分钟后，3 营占领了阵地。第二天，敌人的飞机、炮火齐鸣，溅起的尘土甚至将 3 营的战士全身埋住。3 营的战士一动不动，静静地等着敌人的冲锋。一次，二次，……六次，气势汹汹的国民党发动了六次冲锋以后终于认命：失守的琵琶山，不可能再收回来了。

襄阳有了缺口。李德生又率 49 团 2 营攻夺真武山。真武山在琵琶山以东，是控制城关的最后一个高地，号称"襄阳城的一把锁"。不到 300 平方米的山头上，国民党军竟构筑了 30 个永久、半永久的地堡，工事也很完备。

49 团 2 营攻势如潮，康泽急忙命令炮兵 14 团 7 连向山头不发断射黄磷弹。黄磷弹炸不死人，却是一着就燃，别说树木花草，就是石头都能烤得半熟。康泽用意很明显，解放军想乘着夜黑、树木攻城，我就烧你个无处藏身、全身焦炭。

49 团 2 营营长也是成精的人，带着战士硬生生地向山顶冲去。炮火无情，不信黄磷弹就不会烧到国军的头上。49 团 2 营离地堡越近，地堡里面的国军越心慌：再不阻止，地堡都得烤成火炉。国民党炮兵 14 团 7 连眼看大火就要烧了自己人，赶紧住手。49 团 2 营 6 连指导员带领突击排，机动灵活地采用侧翼迂回的方式，打下所有地堡，仅 20 分钟即占领真武山，摧毁了真武庙内敌人的团指挥所，国民党团长李大海连滚带爬逃进了城里。

锁都丢了，共军进出襄阳城就会像进自家菜园子一样方便，白崇禧大怒，命令康泽亲自督阵，不惜一切代价夺回真武山。

康泽直接用枪顶住李大海：拿不下真武山，我拿你的脑袋做夜壶。李大海鸡啄米一样的点头，康泽却仍不放心，将手一招，唤过警卫连连长：他敢后退半步，就地枪决！

脑袋做夜壶，李大海也豁出去了：早晚是死，不如拼一把。李大海"嗷嗷"叫着带着国民党士兵往上冲，刺刀在夜里发出白光。拼命，49团2营还就好这口。6纵司令员王近山号称"王疯子"，常说："没有'熊'兵，只有'熊'将。部队能不能打，决定于指挥员。一人投命，足惧万夫。"上梁疯来下梁愣，6纵士兵个个都是敢把皇帝拉下马的主儿。

一番激战，李大海的部队没有一个活着回去。拼命都拼不过，康泽只好作罢，再也不敢进犯真武山了。

王近山却是越打越瘾，命令李德生率17旅连夜拿下铁佛寺。铁佛寺在公路左边，离西关大石桥仅50米，和西门城上之敌成犄角之势，两处火力可以构成交叉火网，严密封锁着攻城的唯一通道。国军用1个营防守铁佛寺，寺庙的高墙上密密麻麻配置有各种口径的枪炮孔。外层则是铁丝网、鹿

李德生

砦，再外层几十米方圆的田野里，埋有各式各样的地雷。

拼命不是送命，李德生极其冷静，命令各攻击部队首先加紧深挖交通沟。因为离城太近，部队必须全部在地面下活动。作业进行紧张，日夜轮番不停。天一黑，就到地面上挖，天亮就下到沟里挖。壕沟挖得又宽又深，人在里面走，外面也看不到，抬着担架行走能顺畅通过。同时，李德生还组织部队排雷。白天观察清楚敌人埋雷的新土堆，天黑后，就用十五六米长的竹竿，拴上三角钩扒取、引爆地雷；若是踏雷，则用手榴弹炸响。

接连 3 天的接敌准备，地雷已扫光，交通沟挖到了离铁佛寺四五十米的距离，双方讲话都能听见。敌人急得调炮打，但炮弹落得远远的；扔手榴弹、用机枪扫射，找不到目标；又不敢端刺刀出来冲杀，只好提心吊胆等着挨打。

李德生率部在襄阳西关悄悄进行挖壕作业。王近山命令肖永银的 18 旅旅沿汉水隐蔽北进，突然袭取了东关护城堤，建立了东关攻城基地。这样一来，城西、城东、城东南都出现了我军，城北面是滔滔汉水，仅有南门外剩下一条与大山连接的道路。

康泽被李德生"声东击西"迷惑断定我军不会从西门进攻了，于是将总预备队 6000 多人调往南门增强防御。

7 月 13 日晚，李德生 17 旅控制西关，并保护和控制住进攻西门的唯一通道——大石桥。

西关已丢，白崇禧的援兵迟迟未到，康泽更加着慌。蒋介石看出了康泽的心境，急忙发电报给他打气："共军连日猛攻，炮弹消耗殆尽，无力攻破襄阳坚固城防。加之空军助战，只要指挥若定，必能渡过难关，将来更能立名成业。"

康泽略微振作了一点精神，将山地部队转移城内，紧闭四面城门，固守待援。

敌人撤进城后，南山不战而得，我军形成了对襄阳城的包围。

7 月 15 日晚 8 时 30 分，纵队下达了对襄阳发起总攻的命令。一红一绿信号弹腾空升起，不到 5 分钟，城楼就被火光、硝烟、尘土笼罩得什么都看不见。

突击部队呼喊着冲过石桥来到城门口，49团1营教导员谭笑林带着突击营攻到了城下。城门虽然没有炸开，城墙顶端已被我军炮火轰开了一个大缺口。突击营立即一边往缺口上扔手榴弹，一边架梯子爬城。经过激烈的争夺战，1营突击排首先登上了城墙。

突击营一上城墙，城内的守敌立即扑过来，希望能将突击营打下城。李德生立即令部队紧跟上去，46团、50团的后续部队立即分多路登上了城墙。

襄阳城攻破了！敌人全线崩溃了，我军17旅、16旅、18旅各部都从西门突破口涌进城内，继而展开了巷战追击。

经过彻夜激战，至7月16日上午10时，襄阳城内守敌大部分被歼灭。

康泽司令部门口响起激烈的枪声，士兵退进屋内。康泽指挥特务营和宪兵数百人拼死抵抗。突然，只听几声巨响，碉堡露出一个大洞，康泽只见血肉横飞，周围一片惨叫，自己也一头栽在地上。

解放军战士端枪冲进碉堡，只见康泽卧倒在地上，身躯右侧被火药烧伤，但伤势不重，因戴着钢盔，头部未损。

枪声停止，襄阳城破。

襄阳战役一反历史上取襄阳必先夺南山之惯例，用"掏心"战术，集中主力从东、西攻城，全歼守军2万余，活捉国民党军十五绥靖区司令康泽。朱德称此役为"小型模范战役"，六纵队由此享"最善攻坚"之誉。

旋风司令
——韩先楚

韩先楚 (1913-1986)，湖北省黄安（今红安）县二程人。1929 年加入中国共产主义青年团，1930 年参加游击队，同年转入中国共产党。土地革命战争时期，任红 25 军 225 团排长、连长、营长、红 15 军团 224 团团长、78 师副师长、师长。抗日战争时期，任八路军 115 师 344 旅 688 团副团长、689 团团长、344 旅副旅长、代旅长，新 3 旅旅长兼冀鲁豫军区第三军分区司令员，抗日军政大学第一大队大队长。解放战争时期，任东北民主联军第 4 纵队副司令员、第 3 纵队司令员、第四野战军第 12 兵团副司令员兼 40 军军长和湖南军区副司令员。新中国成立后，任中国人民志愿军副司令员、志愿军第 19 兵团司令员、中南军区参谋长、中国人民解放军副总参谋长兼福州军区司令员、中共福建省委第一书记、兰州军区司令员、中共中央军委常委。1955 年被授予上将军衔。

一、振士气枪顶上司

"谁退，打死谁！"

所有人都愣了，游击队队长看着顶在脑门上的枪，冷汗沿着额头不停的往下流。

出来干革命就是提着脑袋吃饭，一碰上敌人人多就撒开脚丫跑，那还不如回家抱媳妇。游击队队员韩先楚满脸杀气，再次怒喝："红枪会也是一条命，大不了拼了。谁再退，老子打死谁。"

韩先楚这家伙连队长都敢动，还有谁他不敢开枪。与其被当作逃兵打死，不如拼一下。溃退的游击队员停住脚步。

1913年，韩先楚出生在湖北省黄安县二程区的吴家村。家里穷，为了活命，韩先楚讨过饭、给地主家放过牛、做过工。

黄（安）麻（城）起义胜利后，韩先楚明白了穷人为什么拼命干活吃不饱、穿不暖，于是开始他参加革命的人生。他16岁加入农民协会、中国共产主义青年团。1930年10月，他更是动员了村里10多名小伙子参加了红军游击队。

韩先楚所在的游击队在黄陂、孝感一带活动，向农民群众宣传革命。不过令一些游击队员失望的是，发到手中的武器不是大刀，就是木棍。

游击队领导给大家集中讲话："同志们，队伍刚成立，有困难。想要枪，不能等着靠上级给你发，要主动去向敌人要。"

枪在敌人手中，游击队的主要对手就是地主土豪豢养的红枪会。红枪会手中拿着的可是真家伙的枪，比起游击队手中的大刀、木棍强多了。更要命的是，据说红枪会的人喝朱砂酒、口念口诀就会刀枪不入。

游击队还没向红枪会夺枪，土豪头子就带领100多名红枪会会众嗷嗷吼叫着向游击队驻地扑来。

红枪会会众光着上身、口念口诀，手中的枪在阳光下更是夺目，游击队一些人当时腿就不听使唤：这仗还怎么打，人家让你砍都砍不进，更别说人手里有枪。

这仗没法打，那就跑，游击队队员撒开腿就往回跑。红枪会会众一看游击队队员要跑，抬手就是一阵乱枪，当时就打倒几个游击队队员。

队长一看人心散了，队伍不好带了，抬脚也要跟着跑。敌人已经冲到跟前，再不跑就成枪靶，夺枪只能等下辈子。

韩先楚一把拉住队长，枪直接顶在他的头上：要想稳住军心，就得杀鸡给猴看。

后退的队员停住脚步，不敢跑，也不敢动。跑，就得死；和红枪会会众干，人家刀枪不入，上去纯粹就是找死。队长脸色惨白，想骂娘却又不敢，惹火了这位爷，走火可不是好玩的。

"我们是革命战士，不能死在红枪会这帮龟孙的刀下，要死也得拉几个垫背！"韩先楚咬牙切齿向队长大声吼着。"砰，砰，砰"，他连放几枪，顿时打倒几个"刀枪不入"的红枪会会员。

韩先楚身边的两个战士看到韩先楚击毙了三个敌人，勇气大增，大喊："谁说他们刀枪不入！老子给他来个白刀子进去、红刀子出来！"边喊边用刀猛力向敌人砍去，只见两名红枪会会员头身分家，血涌一地。

游击队队长看到韩先楚等几名战士已击毙了几个敌人，惨白的脸顿时有了血色，立刻挥着手里的枪，怒吼起来："都给我往前冲，狠狠地打呀！"

刀枪不入是假的！游击队战士如雷灌顶，只要能砍进去，大家都是一条命，谁怕谁啊！

游击队战士一齐扑向敌人，有枪的瞄准敌人射击，拿刀的猛砍敌人。游击队战士越战越勇，锐不可当。

韩先楚从敌人手里夺过一支枪，交给曾向他要枪的战士。那战士接过枪，咧嘴笑了。

好几位原来拿刀的战士现在都从敌人手里夺到了枪，更是奋不顾身地杀向敌阵。

红枪会会众目睹自己的弟兄死伤不少，惊恐万状，任凭在后面督战的红枪会头子怎样吼叫，也没有人听。红枪会头子见势不好，掉头混在逃命的人群中跑了。

这一仗打死了20多个敌人，缴到了10多支枪。在总结会上，游击队队长拉着韩先楚的手说："我过去对红枪会也不甚了解，这次多亏你带头出击，我们才打垮了敌人。"韩先楚听了表扬，反而有些不好意思，低下头说："我当时也是急红了眼，心想只有豁出来拼了。你如果不出来指挥大家拼杀，要战胜敌人也是困难的。"

这一年的秋天，游击队改编为独立营，韩先楚被任命为一连排长。不久，他又被调到营部负责通信班的工作。

二、将有令审势而为

树上的枝条发出新芽，又是一年春天。

春天本该是令人愉悦的季节，鄂豫皖革命根据地却迎来了冬天。1934年春，蒋介石任命张学良为鄂豫皖三省"剿共"副总司令，调东北军对鄂豫皖革命根据地的红军进行"围剿"。

敌人封锁严密，红军日常必需的粮食、弹药更是成了禁品，根据地一时陷入粮荒、弹药荒。

不久，上级决定夺取敌人防守薄弱的太湖县城。太湖县城位于皖西的大别山南麓，像卧在山边的一只老虎。太湖县城旁边有一个小镇，小镇一面靠山，一面濒河，地势险要、易守难攻，驻守在那里的国民党军随时可以增援太湖县城。要夺取太湖，就必须先控制附近的小镇，拔掉老虎的"牙"。

上级把拔虎牙的任务交给了韩先楚等人组成的小分队，要求他们不放一枪一炮、不动声色的拿下小镇。

攻城不放枪，这根本是不可能完成的任务，小分队有的队员当时头就直摇：这事除非孙悟空用定身法不可，要不然没辙。

队员丁平喜琢磨一阵子，眉梢上扬，韩先楚眼尖，心中一喜，这机灵鬼肯定又有新点子。

第二天赶集时，化装成农民模样的韩先楚和丁平喜提着鸡、鸡蛋、瓜子不紧不慢的混在人群中，向城门口的地堡走去。

哨兵背着枪，哈欠连天，无精打采的看着进城的人群，一群穷鬼，打死都榨不出什么油水。

韩先楚走上前，把手里的鸡往他面前一伸："老总，我这鸡又肥又嫩，买只下酒吧！"

正找不到敲竹杠的主，这主倒自己送上门，哨兵一喜，接过鸡，故意说："我进去问问班长买不买。"他是想将韩先楚、丁平喜引进碉堡，好白要这只鸡。

韩先楚不露声色地说："好，跟你去。"进了碉堡，韩先楚发现没有别的敌兵，心中暗喜。

"班长不在，鸡我要了，钱明天给你们！"敌哨兵抓住鸡，恶狠狠地说。

"老总，我们要现钱买米。"韩先楚靠近哨兵。

"我们家里有病人，几天没有粮了。"丁平喜故意去夺鸡。

"少啰嗦，快给我滚出去。"敌哨兵这时只是一门心思抓紧那只鸡。韩先楚向丁平喜使了个眼色，两人迅速从篮子里抽出刀，一人一刀刺死了哨兵。接着，他俩又冲到碉堡门口。外面的敌哨兵听到动静，刚一进门就被韩先楚结果了性命。

韩先楚、丁平喜两人不到 10 分钟就夺取了这个关键的碉堡，与此同时，其他小组也夺取了敌人的碉堡。

指挥员得知"虎牙"已拔，立即命令部队进太湖城"打虎"。经过短兵搏斗，当场击毙了 100 多敌人，击伤 80 余人，生俘 63 人，缴获重机枪 1 挺，轻机枪 3 挺，其他枪支 200 多枝，子弹 15000 余发。

不久，韩先楚升任 225 团 3 营 9 连连长。韩先楚虽然是连长，打起仗来还是猛牛一头，每次作战都是冲在连队的最前面。1935 年到陕北时，他已是营长了。

刚当上营长，韩先楚就赶上劳山战役，奉命带部队打伏击。埋伏圈好办，找个有利的地形，将队伍一摆，就算完事。不好办的是敌人会不会伸长着脖子往绳圈里钻。

部队一进入埋伏圈，韩先楚就要求部队必须隐蔽好，不允许暴露目标，违者军纪论处。

从日出等到日落，再从日落等到日落，始终不见半个敌人露面。

"敌人知道我们埋伏在这里了吧？"

"情况判断错了吧？敌人不从这里走了。"

"也许敌人根本就不会来！"

战士们议论纷纷。有的干部沉不住气了，来找韩先楚。两天了，敌人都没有来，再等下去会不会错过战机？

韩先楚给他们打气："老虎捕食可以在地上趴上三四天，难道咱们还不如一只老虎？再说这里是敌人的必经之地，他们除非长了翅膀飞过去。"

躁动的心沉静下来，迷乱的眼睛变得清澈。战士们一动不动地趴在阵地，静静地等着那鱼儿上钩。

第三天早晨，敌人果然进入了红军的伏击圈。韩先楚率营与敌激战 5 个小时，终于将其全部消灭。此战结束后，韩先楚被任命为团长。

1936 年 5 月，中央军委发布了西征的命令，以 15 军团为右路军，侧击定边、安边、靖边一线之敌，韩先楚被任命为红 15 军团 78 师师长。

当 78 师行军经过定边城关时，侦知驻守定边的是马鸿逵的一个骑兵营。由于惧怕被红军围歼和弃城逃跑交不了账，这个骑兵营一直龟缩在城内。先前经过的红军忙于赶路，都没有动它。

韩先楚策马绕城一圈，城墙坚固，但并不高。拿下定边，对扩大陕北根据地、保证红军后方联络具有重要意义；撒手不管，这可是安在西征红军背后的一把刀，捅不死人也得捅残。

韩先楚让参谋长发电报给西征总指挥彭德怀："敌惧我歼，攻城可克，我师决计克城歼敌，望速核复。"同时向 233 团、234 团下达命令："务于下午 4 时前赶到定边准备参战。"

很快，军团转来西征总指挥彭德怀指示：置定边于不顾，继续绕道前进。彭德怀当时顾虑若攻取定边不下，影响整个作战行动。

接到命令后，韩先楚很犹豫：打定边，违抗了彭德怀的军令；放弃则太可惜，将来攻取定边必定要付出大的代价。

左思右想，韩先楚决定违抗军令。

上级的特派员见状，出来阻止，对韩先楚说："总指挥有指示，要我们绕过定边继续西进。"

韩先楚回答道："我们现在消灭敌人完全有把握，总指挥来了看到这种态势，他也会主张打的。"

6 月 17 日清晨，韩先楚下令攻城。78 师 3 团指挥所随部队冲入城内时，突然看见师长韩先楚已经站在城头上了！3 团副政委石厚刚认得韩先楚，惊讶地问："师长，城门才打开，你从哪里上来的？"

韩先楚笑道："你们能爬城墙，我就不能爬吗？"说完，他大步走下城墙，朝枪声激烈的城内奔去。

韩先楚随即进入城内指挥作战，全师密切协同，分割围歼敌人，将敌骑兵营全部消灭，定边城宣告解放。

彭德怀得知胜利，来电嘉奖了韩先楚的果断指挥。

三、战长乐铁锁马庄

1938 年 4 月 4 日，日军第 108 师团主力、第 16、第 20、第 109 师团及酒井旅团各一部共 3 万余人，南自邯长公路（邯郸至长治），北自正太路（平定至太原），西自同蒲路（大同至风陵渡），东至平汉路（此平至汉口），分九路向晋东南地区中国军队大举围攻。

大敌当前，八路军总部命令 115 师 344 旅增援晋东南，配合 129 师粉碎日军九路围攻。

接到总部命令后，344 旅徐海东旅长当即做出部署：第一梯队 687、688 团由娘子关以西过正太路分南路南下。旅政委黄克诚率旅直和 689 团为第二梯队，自平山县出发，尾随主力跟进。

在团长韩先楚、政委崔田民率领下，689 团迅速转移到外线涉县一带待机。八路军的一路英勇阻击，将日军逼得寸步难行，不得不退回武乡县城大镜。

打狗就得打死，韩先楚带着 689 团直奔武乡县城。部队赶到武乡县城，只见县城火光冲天，日军已经逃离 1 个多小时。

杀人放火还想一走了之，八路军总部发出命令：追，坚决让这股日军有来无回。

韩先楚刚听了个大概，还没听清楚电话线就断了，等到电话员重新接上电话线，时间已经过了半天。接到命令，八路军 4 个团兵分 3 路，沿浊漳河两岸平行追击日军。16 日上午 8 时许，八路军两翼先头追击部队在马庄、长乐村一带追上了日军。

韩先楚因电话线故障耽搁了半天，任务明确后命令部队拿上干粮，边跑边吃，居然赶在日军前头，在马庄堵住了敌人的去路。

马庄是个只有十几户人家的小村庄，地处半山腰。日军一个分队占领马庄前方一座百米高的小山头，固守待援。此山是日军的一个重要支撑点，日军分队居高临下，利用火力封锁路面，对八路军进攻造成极大的威胁。此山不拿下，后患无穷，刘伯承师长命令韩先楚带领 689 团拿下山头，斩断日军左翼。

看完地形后，韩先楚命令 2 营营长颜东山、教导员贺大增率领全营攻取山头。

上午 10 时左右，颜东山带领 2 营向小山头的日军发起进攻。集中火力冲锋，借着地势匍匐前进，狙击，2 营的战士无所不用其极，却一直攻不上去。

日军分队就是认定一个理：人少我不和你拼命，我拿火力封杀你。冲锋也好，匍匐前进也罢，老子就是一梭子子弹。

打到下午 2 时，小山头没有攻下，2 营倒是牺牲了两位连长、5 名排长，全营更是伤亡 100 多人。

再这样打下去，2 营只怕连番号都打没了。韩先楚心中着急，却知道遇大事得沉着，于是命令 2 营暂停攻击，一来休整一下调节士气，二来研究一下攻山战略。

正在这时，作战参谋张竭诚向韩先楚请示："我和史参谋去侧翼侦察一下道路，看能否从敌侧后进攻，配合正面部队消灭敌人。"

这倒是个办法，韩先楚点了点头，嘱咐他们注意安全、快去快回。

史参谋观察很久，一直没有收获，正在着急，张竭诚手指往前一指：老史，这条小路好像直通山后。

小路都是荆棘，史参谋一边擦汗，一边说："这路除了咱俩走，只怕连兔子都不打这过。"

正说话间，张竭诚一把掩住他的嘴。史参谋定睛往前一看，小路尽头居然是日军的重武器阵地，几个鬼子背对着小路，正伸长脖子往山下看。

听说有小路直通山顶，韩先楚派了一个连翻越小山沟，迂回到日军后面，等到山前面枪声大作就在背后给日军狠狠地捅一下。

为了吸引日军的注意力、掩护侧面的连队，韩先楚命令部队从正面发起强攻。正面攻击部队将擅长掷手榴弹的战士编成一组，匍匐前进到山腰下，将一束束的手榴弹扔进了日军的阵地，震得整个山体晃了又晃。硝烟四起，冲锋部队发出震天的喊声，向山顶发起攻击。

八路军要强攻，山顶的日军慌了山脚，齐刷刷地涌向正面，手中的火力疯狂地吐出火焰。

绕到山后的连队悄无声息地摸到山顶，只见一排日军弯着腰、端着枪往山下猛射。

他奶奶的，死到临头还这么嚣张。一连长暗骂一声，操起冲锋枪就射出一梭子愤怒的子弹。身后的战士早就忍不住了，呐喊着对着鬼子就是一阵猛射。

听到枪声，受到袭击的日军一下子就木了：八路长翅膀了，居然抄了自己的后路。

后路被抄，前有强敌，山顶的日军心都乱了，手中的枪居然变得沉重起来。韩先楚听到山顶枪声大作，日军正面的火力忽然稀疏下来，心中大喜：鬼子背部中刀了。

他抬头望了一眼日军占领的山头，将吊在背后的日军钢盔往头上一扣，要警卫员把手枪拉开了栓，子弹上膛（因他左手在战斗中负伤残疾用不上力），提着枪向2营阵地上冲去。

团部参谋人员和勤务人员见团长往前冲，大家也不约而同地跟着团长。韩先楚到了2营，向部队下达命令：跟我冲呀！

颜营长见团长带头冲了，也向部队大喊一声："冲啊！"顿时，全营指战员奋不顾身地冲向敌人。

这时，喊杀声、枪声、手榴弹声、号声如惊雷轰顶，敌人终于溃退了。日军前后受攻，又遭两侧攻上来的八路军夹击，除了三四十人逃走外，其余都被击毙。

两军鏖战时，朱德总司令、刘伯承师长、邓小平政委、徐向前副师长等正聚集在戴家墩北侧山坡上观察战情。当首长们用望远镜观察到 689 团与日军拼杀时，都为 689 团指战员英勇顽强的战斗作风和一往无前的献身精神而感动，连声赞扬：打得好！

日军被追歼，于是急电求援，战场形势发生变化。

日军气势汹汹，以猛烈的炮火掩护，向马庄东南韩先楚的 689 团 1 营阵地攻击。激战 17 个小时后，又来了 1000 余名日军增援。这时师首长鉴于李庄、邢村之敌已基本被歼，再战于己不利，便下令撤出战斗。师指挥所下令 689 团和 769 团各派出 1 个连队展开游击战，从侧翼阻击和迷惑日军，掩护主力迅速撤出战斗。

这次战斗，韩先楚率部配合 129 师作战，给日军 108 师团以沉重打击，为粉碎敌人九路围攻作出了重要贡献。

战后第三天，朱德亲自到 689 团视察、慰问。朱总司令说："祝贺你们在长乐村战斗中取得重大胜利！这一仗，689 团打得硬、打得好！扩了一个很好的胜仗。689 团是很有战斗力的，要保持这种无坚不摧的战斗作风。你们团伤亡很大，但不能伤元气，总部决定给你们团补充 500 名新兵，让你们保持满员。你们将要接受新的任务，希望你们再接再厉！"

朱总司令的讲话，使全团干部战士受到了很大鼓舞。

四、虎掏心伏千里驹

1946 年初至 10 月中旬，杜聿明为了实现"先南后北"战略，调集了 8 个师，从沈阳地区出发，兵分三路，妄图将在南满的民主联军 4 纵和 3 纵逼上长白山。

杜聿明的中路敌军又分左右两翼。左翼由 52 军军长赵公武率领第 2 师和军直属队，由正面向安东推进；右翼由 25 师师长李正谊率全师（欠 1 个团）向赛马集进犯。

敌强我弱，根据敌人的部署，辽东军区决定集中兵力打击中路的 52 军，并把这个任务交给了 4 纵。

听说要打 52 军，韩先楚顿时来了劲。国民党 52 军的第 25 师号称"千里驹"，全师都是清一色的美式装备。要是吞下这块肥肉，4 纵发笔洋财不说，蒋介石还得肉疼几天。

韩先楚惦记着一口吞下国民党第 25 师。国民党第 25 师师长李正谊却是满肚子火：驻守马赛集的两个营居然被共党一口吃掉，这不是打老子的脸。

一气之下，李正谊撵着 4 纵的一个营就向新开岭地区追来。

新开岭在宽甸以西大约 35 公里处，四面环山，背面是老爷岭；东面瑷阳边的东山可以控制公路东头的出口；南面黄家堡子边的南山，可以控制皇家堡子一带；西面有潘家堡子高地，可以封锁公路西头的出口。一条公路从新开岭穿过。

韩先楚看着地图，越看越觉得老爷岭顺眼。只要控制了这个地方，东北、正北、西北就捏在手中，然后将路一封，别说是千里驹，就是万里云都得折在这里。更妙的是，师警卫营已经控制老爷岭。

胡奇才司令员听后，觉得韩先楚分析得有道理，立即打电话给蔡正国师长，撤销了原准备撤出战斗的通知，表示了要坚决打的决心，并要求部队抓紧时间，做好战前准备。等 10 师赶到，就向敌人发起攻击。

料敌在心，察机在目。韩先楚向司令员和政委提出组织一个前线指挥所，自己到前面指挥作战，让司令员和政委仍然留在小沟边原设的指挥所，指挥全局。

一脚踏入绳套，目空一切的李正谊仍然没有认识到自己已经被包围了，他只感到弹药和粮草不够、山区道路狭窄不好走。他在作战室里踱了几步后，命令副官发报给坐镇沈阳遥控指挥的杜聿明，请求他空投弹药和给养。

　　杜聿明收到电报后，在作战地图上一看 25 师的位置，立即深深地倒吸了一口冷气：这不是找死啊！什么地方不走，偏偏往山沟钻？两头一堵，中间填土，这就是一棺材。

　　杜聿明越想越急，立即给李正谊发电报，命令他占领有利地形，固守待援，随后又急电催北路的 195 师、南路的 2 师、西路的 22 师火速向宽甸以西的新开岭开进，救援 25 师脱离险境。

　　李正谊仍然任性不拘，妄自尊大，竟给杜聿明回电，拒绝援兵。他在电文中断然说："只要弹药粮草，不要援兵！"

　　纵队决定在 11 月 1 日上午 10 时发起攻击，李正谊此时已经觉察被围攻，于上午 8 时抢先攻占老爷岭。

　　经过一天的激战，10 师和 11 师不但进展不理想，人员伤亡还不少，战斗受挫。

　　进攻受挫，国民党的各路援军却越来越逼近新开岭地区。打与不打，让韩先楚焦急不安。

　　想来想去，韩先楚立即赶到前沿，想帮助部队总结失利的原因，找出攻打的妙计。

　　韩先楚找到 28 团胡润生团长、张继璜政委和参谋长李书轩，听了介绍情况后，提出了从正面佯攻，从两翼迂回攻击的意见，并要他们掌握好攻击时机。

　　这时，韩先楚接到通知，要他回纵队参加党委扩大会。形势严峻，大会气氛有点沉重。如果不能快速解决战斗，纵队就有可能被三面赶来的敌人包围，陷入内外夹攻被动局面。

　　韩先楚沉默了一下，手一挥："这仗一定得打！ 25 师被我们四面包围，粮草弹药靠空投，大部分还投到我们的阵地上，可以说只剩最后一口气。敌人援军虽离我们近了，但要赶到这里还要十几个小时。国民党军向来互相观望，指挥难以统一，都想保存自己的实力。只要把 25 师干掉，他们会犹豫不前。"

听了他的发言之后，会议最后决定先集中兵力攻打老爷岭，把纵队预备队30团也拉上去，要集中一切炮火轰击老爷岭。配合步兵从侧后两翼攻击。这也是韩先楚首先提出的攻击方案。

韩先楚急匆匆地赶到炮团，找到王一萍团长时，正好有40辆马车拉着炮弹赶到了，真是雪中送炭。

韩先楚非常高兴地说："太好了，全部拉到老爷岭下。"接着，他又对几位领导下达了具体作战指示："纵队炮兵团、军区炮兵一团一律向前移至距敌阵地500米至1000米处，要直接瞄准射击。拂晓前做好一切准备。"

劲兵重地，控制万里。老爷岭实在太重要了，韩先楚决心先攻下老爷岭。

一切准备工作在夜色掩护下，兵马调动神不知鬼不觉地进行着。敌人万万没有想到韩先楚这一仗，将会给他们以致命的打击！

天亮时，30团开始向敌侧后两翼运动了。28团团长和政委集合能打枪的机关干部、炊事员、闲杂人员，组成一个突击队。团长王润生任队长，政委张继璜任指导员，担任冲锋歼敌任务。

韩先楚接到总攻开始的命令后，向各个炮兵阵地发出了射击命令。顿时，万炮齐鸣，火光冲天，硝烟弥漫，敌阵地一片火海。工事一个接一个被轰塌，碎片泥土乱飞。

在炮火掩护下，28团突击队向敌人阵地冲去。10师作战科副科长段然和28团参谋长李书轩举枪带头冲锋，高喊着鼓励战士英勇杀敌的口号，一鼓作气地向老爷岭主峰冲了过去。

韩先楚举起望远镜，看到冲上老爷岭的战士，高兴地叫了起来："好啊！冲上去了，快，炮火赶快轰击敌人第2梯队！"

敌人第2梯队是驻守在老爷岭正背面的两个营的兵力，他们是随时准备增援老爷岭这个至关重要的阵地的。韩先楚带人侦察老爷岭攻击道路时就发现了这股敌人，但没有动他们，只是派人监视。炮轰前，我炮兵早就测好了距离，做好炮轰的一切准备。

这两个营的敌人和他们的上司万万没有想到老爷岭这么快就丢失了，自己还没有来得及出动，冷不防地又突然遭炮击。炮弹像长了眼睛似的，顷刻间在两个营的人群中爆炸，炸得几百号人血肉横飞、死尸遍地，剩口气的则四处逃命。

攻下老爷岭，战士们的欢呼胜利声响彻了整个阵地。这时，全体指战员受到了极大的鼓舞，更加勇猛地向各自阵地上的敌人发起了攻击，真是群威群胆，所向披靡，锐不可当！

李正谊等25师指挥官妄图极力反击，可是他们已经回天无术。

敌25师丢失了老爷岭，就如一硬汉子的脑袋突然挨了一闷棍。25师失去了第二梯队，如同硬汉的脑袋被人重击后，又被打断了脊梁骨，再也无力反抗了。敌人阵地出现了全线溃逃，纷纷向黄家堡子逃去。

10师攻占了老爷岭后，除留下少数兵力坚守外，其余部队如同猛虎扑食般将敌人压缩在黄家堡子西面的河套内。

韩先楚命令炮兵向25师设在黄家堡的指挥所猛烈轰击，炸得汽车、装甲车、辎重车统统起了火。火光冲天，硝烟弥漫。

接着，韩先楚发出了向敌人冲击、展开抓俘虏竞赛的命令。15师少将师长李正谊被打伤了左腿，化装成伙夫企图逃跑，可是没走多远就被解放军捉住了。

新开岭一役，4纵歼灭国民党军号称"千里驹"的精锐部队第25师8900余人，俘虏少将师长李正谊、少将副师长段培德、少将团长李公言、赵振戈等一大批军官和士兵，缴获其全部武器装备，开创了东北民主联军在一次战斗中全歼国民党军一个整师的范例，受到中央军委、毛泽东主席和东北民主联军总部的通令嘉奖。

五、出奇兵四保临江

1946 年 12 月 16 日，根据会议决定和陈云同志的指示，韩先楚率领 4
纵冒着 −30℃的严寒，踏着没膝深的积雪，穿过敌人一道道封锁线，出其不
意地向敌后挺进。

敌后环境十分恶劣。部队经常露宿在雪林中，靠烤火过夜，啃冷冻窝头
充饥，吃冰雪解渴。韩先楚经常深入连队问寒问暖，千方百计让大家吃上热
饭。为了减少冻伤，批示部队夜间放哨由一小时轮换改为半小时轮换，并命
令干部替战士站岗。

4 纵在安奉线的两侧声东击西转战一个多月，连克敌据点 44 处，歼敌
3000 余人，直逼沈阳、本溪、抚顺等重点城镇，搞得敌人大惑不解，不知
是什么部队，有多少人，迫使敌人将新 22 师和 91 师回调。

韩先楚率部深入敌后大闹天宫，有力地配合了 3 纵正面作战，粉碎了国
民党军第一次对临江的进攻。

国民党军继续加紧了"先南后北"计划，除原有兵力外，又调集新 22
师和 207 师的 1 个旅、新编 184 师，以及 14 师、2 师各一部，还从热河调来
89 师、54 师中的一个团，共计 6 万余人，分三路向临江发起第四次进攻。

国民党军很快进至湾口镇、柳河地区，是打是撤，大家争得口干舌燥却
没有个结果。

韩先楚认为国民党第 89 师及 162 团新来南满，情况不熟却骄傲冒进，
集中兵力痛打它一顿毫无问题。

军区很快批准了韩先楚的意见，并指定他统一指挥 3 纵和 4 纵的 10 个师作战。

接受任务后，韩先楚立即部署兵力，用一个师阻敌援兵，用一个师从正面诱敌深入至三源浦地区，进入预设战场，以求消灭敌人。

4 月 3 日向敌人发起进攻，韩先楚命令 8 师从正面出击，7 师和 10 师在炮火的支援下，从敌人的南北两侧进行迂回包围，切断敌人退路，并迅速夺取兰山、大花钟等制高点。

经过 10 个小时的激战，全歼国民党第 89 师及 54 师的 162 团，俘虏副师长张效堂、秦世杰以下 8200 余人，还击退了敌企图增援的 5 个团，使国民党军惊慌失措。有的军师指挥官丧胆销魂，望而却步。

四保临江战役的胜利使东北战场的形势对我越来越有力，东北野战军转入战略进攻。为大量消灭敌人，连续发动了夏、秋、冬季攻势作战。

1947 年夏季攻势中，韩先楚统一指挥 3 纵和 4 纵的 10 师，首先向国民党军防御较弱的沈吉线中段发起攻击，以 3 纵一部攻坚山城镇驻敌，以主力打援，进行了战略部署。

国民党王牌新 6 军第 22 师急忙出援。

韩先楚（右二）在东北

韩先楚动员部队时，提出"吃菜要吃白菜心儿，打仗要打新6军"的战斗口号，极大地鼓舞了部队的战斗情绪。韩先楚施计将敌人诱至南山城子村一带设好的伏击区，突然发起猛攻，歼敌1500余人，缴获敌人全部重装备。这仗，打垮敌人最精锐的66团，给该军以沉重打击，使新6军畏我如虎，尽量避免与我作战。

韩先楚紧接着指挥第10师在3纵的配合和炮兵的支援下，向国民党战略要点、交通枢纽梅河口守敌新组建的184师发起猛攻。敌人凭借坚固工事，拼死固守。

韩先楚指挥部队进行反复猛攻，激战4夜，歼敌7100余人。184师新组建，又被再次歼灭。并俘虏敌师长陈国文，创下以1个多师的兵力，在攻城战中歼敌1个师的范例。

夏季攻势作战时，韩先楚任3纵司令员。他抓紧部队建设，加强部队训练，提高部队战斗力。

秋季攻势作战中，研究歼敌对象时，多数人主张先打第116师守西丰的一个团，而后再向纵深发展，认为这种打法比较稳妥。

韩先楚经过认真研究分析，主张主力以渗透侦察到敌纵深，即以潜师远袭，先歼16师师部及其附近部队，先打乱敌人指挥所首脑，再歼灭其余部队。这样仗好打，有全胜的把握。

当两种意见不一致时，韩先楚并没有以司令员的身份把自己的意见强加于大家，而是主张将两种意见一起上报，由野战军总部决定。

野战军总部首长将收到的两种方案，进行比较分析，很快批准了韩先楚的方案。

韩先楚进一步同纵队领导和干部进行研究，率纵队主力以长途奔袭方式，隐蔽地包围了敌116师师部。敌人在完全没有料到的情况下，突然遭到强大攻击，仓皇失措。在混乱中，纵队摧毁了敌人师部，消灭了师部直属部队，俘虏敌师长刘润川、副师长张绍贤。敌失掉指挥，其余各团很快被歼灭，击毙、击伤和俘虏敌8100余人。

1947 年底，东北野战军开始冬季攻势，主力挺进至沈阳西北寻机歼敌。

国民党东北军政长官陈诚觉察东野动向后十分紧张，为了确保沈阳的安全，他赶紧拼凑起 15 个师的兵力，分 3 路气势汹汹地向东北野战军压过来。

韩先楚发现进攻的敌人中新 5 军前进的位置比较突出，于是率 3 纵迂回从敌后插入，首先切断了新 5 军的退路，想配合兄弟部队围歼新 5 军。

新 5 军是陈诚一手栽培的部队，装备精良，是国民党军精锐部队之一。

在平原攻城战，天寒地冻，冰天雪地。围歼新 5 军战斗进展缓慢，不增强攻击力量，一时解决不了战斗，想增兵又无部队可调。

攻城部队无兵可调，新 5 军也好不到哪儿去。沈阳和左翼的新 6 军压根就没有伸手拉一把的意思。敌军救援决心不强，不如趁此良机蜂拥而上、乱拳打死老虎，韩先楚决定攻城部队和打援部队齐上，灭了新 5 军。

第二天，3 纵各师向新 5 军发起了新的更大的攻击。

8 师连续攻克北岗子、水口、李家窝棚等 3 个村落，直逼新 5 军军部。接着消灭该军 195 师一部。9 师攻占了姚家屯及其西南地区，对新 5 军的包围态势完全形成。

7 师攻克了深井子的敌人后，向叶家窝棚展开了猛烈进攻，经反复争夺，终于突破了敌人的防御阵地。

韩先楚指挥部队，彻底歼灭敌新 5 军军部和 195 师师部，43 师师部，俘敌军长陈林达以下 4700 余人，击毙 2000 余人，创下东北野战军一次歼敌一个军的战例。

新 5 军被歼后，在国民党军内部引起了极大的震动，甚至有人要求陈诚以死谢罪。

六、攻锦州克凡尔登

攻克义县后，东北野战军司令员林彪、政委罗荣桓确定在一个星期内攻克锦州，命令2、3、7、8、9纵，6纵的17师和炮纵作为主力，2、3纵队及6纵的17师，配属炮纵、战车团从城北突破，由韩先楚统一指挥。

守锦州的国民党第5兵团由范汉杰指挥，约10万人，已在锦州经营3年之久。军构筑了大量永久性半永久性工事，妄图依托坚固工事固守待援。

接受任务后，韩先楚马不停蹄地连夜赶到锦州城北。听了侦察人员汇报后，又亲自带领纵队作战科长尹灿贞、侦察科长郑需凡和司令部一些参谋到前沿阵地勘察地形、了解敌情。

在向各师布置任务时，韩先楚强调指出："大家要有在外围同敌人打硬仗、打恶仗的充分准备！只要大家很好地解决外围战斗，锦州就算攻下来了。"3纵一到锦州北郊，立刻加大了对国民党军暂编第22师的压力。该师正面重要据点配水池82高地、大亮甲山等处的战斗，逐步激烈起来。

在3纵进攻的正面有两个制高点：一个是配水池，构有坚固工事，敌人自吹是"第二个凡尔登"、"固若金汤"；第二个是大疙瘩。这两个制高点一东一西，构成北城的两扇铁大门，居高临下，控制着通往城内的公路。这两个制高点是攻取锦州的必由之路，却又是易守难攻的屏障，影响炮兵对城内的射击。

韩先楚深入到火线，命令攻取这两个制高点，扫清外围障碍，为攻城战斗创造条件。

3纵由邓岳师长率7师攻打配水池敌核心阵地。战斗打得很激烈。敌凭借有利地形、坚固工事、强大火力死守。

3纵8师24团攻打距配水池700多米远的亮甲山。山周围是壕沟，配有各种火力发射孔和掩体，壕沟外围有屋脊形铁丝网，山上还有很多暗堡，临城一面有一条通向城内作增兵用的交通壕沟。

3纵部队攻打了一天，没有攻下这两个据点。眼看部队攻击受挫，韩先楚焦虑不安，反复思索如何拔掉这两个"钉子"。

夜幕刚刚降临，韩先楚就带领参谋人员奔向20团指挥所。

"首长，您怎么到这儿来呢？"团长吃惊地问。

"我怎么就不能来这里吗！"韩先楚反问道。

"这儿太危险了，敌人不断向这里打炮。"团长担心地说。

"大家都不怕，我怕什么，伤亡大吗？"韩先楚关切地问。

"敌人的工势太坚固，火力又猛，我们还没有完成任务。"团长把进攻受阻的情况作了简要汇报。

"我看，用大炮、山炮抵近射击，才能解决问题。"韩先楚观察后说。

"这地形，山坡运不上去啊！"

"我看可以把炮拆开，挖条地道运上去！"

战斗的关键时刻，指挥员一个正确的指点，就能引导部队取得战斗胜利。

工兵连用一个晚上的时间，就把交通壕挖到距敌阵地100米处。

用炮直接射击，炮声一响，就把敌人暗堡炸开了。

"同志们，冲啊！"全营战士一个冲锋，敌人所谓的"第二个凡尔登"就被攻克了。

攻占了配水池，控制了城北的制高点，韩先楚非常高兴，要立即去配水池阵地，觉得那里看得远，有利指挥。

突然，他的胃部一阵阵疼，警卫员们轮流背着韩先楚上了配水池阵地。韩先楚打了一会儿盹，清醒后，表扬部队攻克配水池，为夺取锦州立了大功。接着，他拿起望远镜，观察亮甲山的战况。

韩先楚通过仔细观察发现：亮甲山后有一条交通壕，敌人不断地向山上运送兵员和物资，便对作战科长尹灿贞说："你快给8师打电话，要他们立即派一个连从侧后插到亮甲山后边，把敌人通向城内的交通壕截断、炸毁，切断山上和城内的联系。"

趁敌不备，8师派出部队迅速插到山后，切断了敌人的交通壕。然后，8师又增强了攻击兵力，经过几次争夺，攻下了亮甲山阵地。

这时，从各方面传来消息，2纵也在刘震司令员指挥下将其他外围据点攻下来了。

部队全部占据了外围阵地，敌人会更加注意控制攻城的通道，加强火力封锁，固守城内待援。为了减少攻城的伤亡，韩先楚要求部队利用攻打义县的经验，连夜向城内挖掘交通壕。于是，各部队投入了挖交通壕的紧张作业。到总攻前，2、3纵挖了近2万米的交通壕。

14日上午10时，打锦州的总攻开始了，900多门大炮一齐向敌军猛轰。攻城部队利用挖好的交通壕，迅速接近了目标。

19团和23团的突击部队冒着敌人的火力网，仅用10多分钟就越过了300多米的开阔地，将红旗插上了城头。部队很快突入城内。经过逐街、逐巷、逐院争夺，先后攻占了铁路管理处、车站、交通学校等一批重要据点，捣毁了中央银行大楼国民党军第6兵团指挥部和"剿总"指挥所。

这时，国民党军暂编22师依托省署大楼顽抗，3纵后续部队受阻，战斗难以进展。

韩先楚观察到这一情况后，立即命令7师、8师主力以及9师、17师由突破口东侧突入。

部队经过逐点攻击，先后攻占了的铁路管理局、车站、交通学校等。摧毁敌第6兵团指挥部和东北"剿总"锦州指挥机关。

到了14日下午，双方反复争夺阵地，城内守敌已无预备队可用了。守敌炮兵因没有弹药，完全停止了射击。

范汉杰等守城指挥官仓皇逃走。敌军失去指挥，韩先楚指挥3纵和兄弟部队从四面八方围歼残敌。

15日下午4时，范汉杰经松山向塔山陈家屯间山地小道逃窜。16日，尽管他化了装，仍被解放军潜伏哨兵抓获。

经过31个小时的激战，全歼国民党守军10万余人，俘范汉杰。

七、借木船瞒天过海

1949年12月，第12兵团副司令员兼第40军军长韩先楚在雷州半岛接受解放海南岛的任务回来后，立即将部队开往海康、徐闻、北海等地训练。

渡海作战兵团的任务极其艰难。绝大多数北方战士晕船不说，指战员指挥海战也是大姑娘上轿头一回。有的连队不懂海上气象贸然出海，结果遇到风暴，桅断船翻。战士们担心出海翻船、木帆船难以对付国民党军的军舰和空中轰炸，有的同志甚至埋怨："这回是九死一生，革命到底（海底）了。"这样的作战素质，别说没有空军海军支援，就算有，不想全军覆灭都难。

韩先楚领着机关人员深入部队，同战士们一起训练，一起研究解决各种难题，部队掀起了训练高潮。很快，利用汽车引擎改制出的"土炮艇"也出现在训练场。许多战士学会了游泳，大部分人学会了划船和摇橹，由"旱鸭子"变成了"水里蛟龙"。

韩先楚把军指挥部移至海边，一边指导部队训练，一边进行实地调查。他走访有经验的老渔民、老船工，请他们当"顾问"，向他们了解风向、风速、潮汐、水流等情况。他派人在旧书摊买回《航海手册》《潮汐表》等资料，认真学习、研究，终于摸清了季风和水流的一般规律，对大海有了进一步的认识。

正当韩先楚为船只焦急时，侦察部门送来一份情报：盘踞在涠州岛的"广

韩先楚

东反共自卫军"劫持 400 多只民船,全是多篷多桅的大船,可作渡海作战用。韩先楚立即派出 119 师一个加强团夺取了这批船只,加上多方收集到的大小帆船 1000 多只,解决了渡船这一难题。

薛岳觉察到了解放军渡海攻琼的意图。从 1950 年 2 月起,在加强海岸设防的同时,他增调兵力"围剿"五指山革命根据地,企图在解放军大部队渡海前消灭冯白驹领导的琼崖纵队。这样一来,琼崖纵队处境更加困难。

韩先楚了解海南敌情变化后,觉得派小部队偷渡是个好办法。

3 月 5 日,他亲自到灯楼角起渡点为第一支偷渡部队送行。他把一面写有"渡海先锋营"字样的红旗授予首批渡海的 800 名勇士,鼓励他们克服困难、偷渡成功。

偷渡部队出发后一直比较顺利。可是行至半夜,风停了,航行速度减慢。战士们奋力摇橹、划桨前进。6 日拂晓,当船队行驶到预定登陆海域时,前面突然出现 10 几只敌帆船和 4 架敌机。指挥员立即用敌人的旗语、信号迷惑敌人,顺利登岸,与前来接应的琼崖纵队胜利会师,进入了五指山。不久,

43 军 1 个营的兵力偷渡成功。

在反复核对气象资料后，韩先楚决定把进攻时间定在 1950 年 4 月 16 日。计划上报后，很快得到了批准。

16 日 19 时，几百只载满全副武装解放军指战员的大木船乘风破浪，直指海南岛。当船队接近海南岛海岸时，空中突然亮起了照明弹，敌军舰"海狗"号不断向我船队开炮，飞机也来轮番扫射轰炸。

这时我军自制的"土炮艇"发挥出了威力，击沉敌舰 1 艘，击伤两艘。次日晨 2 时 30 分左右，第一梯队接近了海滩。敌人发现后，岸上、空中，舰上各种武器一齐开了火。韩先楚十分冷静，命令船队加速前进，做好登陆准备。

船离岸还有五六十米，韩先楚命身先士卒，跳入齐腰深的海水中，指挥部队冲锋。

敌人发现解放军已登岸，所有火力一齐向滩头倾泻。登上岸的战士们倒下去了，海水中泛起一片殷红。后面部队发起集团冲锋上了岸，消灭了敌人一个个火力点，紧接着向纵深发展。

17 日晨，韩先楚指挥的渡海作战兵团第一梯队数万名官兵在琼崖纵队和先期偷渡登岛部队的策应下，将敌 64 军 131 师 391 团大部歼灭，击溃了敌 392 团，全部于临高角至花场港之间登上了岛，占领和巩固了这一带的登陆点。薛岳的"伯陵防线"，被韩先楚指挥的部队撕开了一个大缺口。

得知解放军偷渡，薛岳慌忙调整兵力堵缺口，把"围剿"五指山的部队抽回来加强东西两侧阵地。

43 军登陆后，副军长龙书金就发现情况不妙：一个连占领了老鹰嘴。如果海水涨潮，老鹰嘴就会与海南岛隔断。龙书金当即命令这个连撤下来，并嘱通讯员鸣枪驱赶。

连队刚刚撤退，汹涌的怒潮就奔腾而至，"老鹰嘴"与海南岛隔断。国民党敌两架野马式飞机出现在空中，一时间炮弹横飞，"老鹰嘴"的地面被轰出一个又一个巨大的深坑。

龙书金命令译电员给军部发报登陆成功，但译电员掉队了，龙书金让电台利用海边的电线杆子架起天线，用联络信号直接发出"登陆了"的报告。

龙书金带领先后登陆的三个团和琼崖纵队一部，在美亭附近包围敌252师一个团。这时，薛岳才意识到此次解放军登陆与前几次不一样，来势很猛，是要同自己决战。于是，他又急调其62军等部4万余人，对128师实施反包围，企图一口吃掉128师。

21日天刚拂晓，敌62军等部在飞机、重炮支援下，向128师发起疯狂围攻。128师以少数兵力利用有利地形抗击外线围攻之敌，集中主力将被包围的敌252师歼灭。128师进行内外作战，战斗打得异常残酷、激烈，连128师师长也亲自端起枪反击敌人。

正在危急时候。韩先楚的40军部队及时赶到。40军部队由外往里打，龙书金率43军部队反守为攻往外冲。龙书金正在指挥作战，一架国民党飞机飞掠而下，一颗炮弹呼啸着掉了下来。龙书金眼明手腿快，赶紧卧倒在地，这才躲过一劫。

战至22日清晨，解放军同时在内线和外线向敌人发起猛攻。一举歼灭了敌32军252师，重创敌62军、暂编10师和教导师等部，薛岳"伯陵防线"的核心阵地琼北守备区被攻克。

薛岳这时才意识到厄运来临。22日黄昏后，薛岳率海防司令部要员从三亚机场登上飞机，匆匆逃往台湾。

从1949年12月底开始战役准备，仅历时4个月，人民解放军木制船队就战胜拥有海空军优势的敌人，解放了海南岛，创造了战争史上的奇迹，开创了人民解放军胜利渡海作战的先例。

★ LIUXINGSHANGJIANG HONGXUEZHI ★

六星上将
——洪学智

　　洪学智，安徽省金寨县人。1913 年出生，1929 年参加商南起义，同年加入中国共产党。土地革命战争时期，任中国工农红军第 1 军 3 师 8 团班长、排长、红 4 方面军第 10 师 29 团连长、营政治委员、第 274 团政治处主任、红 31 军第 93 师政治部主任、红 4 军政治部主任。抗日战争时期，任中国人民抗日军政大学第 3 大队 1 支队支队长、副大队长、中国人民军政大学第 4 团团长、抗大第 5 分校副校长、苏北盐阜军区司令员、新四军第 3 师参谋长、副师长。解放战争时期，任辽西军区副司令员、黑龙江军区司令员、东北野战军第 6 纵队司令员、第 4 野战军 43 军军长。中华人民共和国成立后，任第 15 兵团副司令员兼参谋长，中国人民志愿军副司令员兼后方勤务司令部司令员，中国人民解放军总后勤部副部长、部长，国务院国防工办主任，中国人民解放军总后勤部部长兼政治委员，中共中央军委副秘书长。1955 年 1988 年被两次授予上将军衔。

一、吃大户投身革命

战火，匪祸，旱灾，哪一件都是让人头大的事情。

短工洪学智看着坡上吃草的老牛，心中不禁一阵苦涩：老牛饿了可以吃草，自己明天的饭还不知道在哪里。

穷人的孩子早当家，是坚强，也是无奈。14 的洪学智年纪虽小，经历的事儿却算曲折。

1913 年，洪学智出生在大别山北麓的安徽金寨县（原河南商城）一个农民家庭。洪学智家里只有两亩贫瘠的山坡地，住的草房租来的。父亲多才多艺，裱糊字画、烧制木炭、编织手工艺品哪件都是拿得起、放得下，还开了一家小杂货铺，却仍然只糊了一张嘴。

家里条件不好，妻子又在洪学智 3 岁那年去世。日子穷困，父亲却没有放弃让儿子读书的念头，省吃俭用供洪学智上小学。书中有没有黄金屋暂且不说，让娃识几个字不是坏事。

《三字经》、国文洪学智念得刚上道，父亲却连累带病去世了。饭都没得吃，上学更是不可能，洪学智被迫退学。

不久，当地的共产党员余海若、刘伯力为掩护活动，在刘氏祠堂办了一所小学。见洪学智孤苦伶仃，校长余海若便让他到学校半工半读。农运积极分子在学校秘密开会，他们就叫洪学智在校大门口放哨。有时候，他们还派洪学智秘密送信。

洪学智做事极是可靠，只要是交代的事情都办得干脆利落。余海若、刘伯力看在眼里，喜在心里，对他更是关照。洪学智的学海生涯还未盛放，很快又落幕。由于缺少经费，学校办不下去，洪学智再次失学。

学做雨伞，累得半死，却是没有销路。1927年豫东南地区的老百姓可以说是倒霉到了极点，哪件事都摊上。收成不好，路上到处都是饿死的人。洪学智眼看卖伞没有活路，到一个远房亲戚家当了短工，混口饭。

吃饭都成问题，共产党领导的农民武装在鄂豫皖边又开始活跃起来，发动了抗租、抗债、抗税、抗捐、抗粮的五抗斗争。

有人找上门来，问洪学智愿不愿意参加联庄队。联庄队是民间防匪防盗的组织。土匪一来，锣鼓一响，男女老少就扛着土枪刀矛打土匪。不过到了后来，有的联庄队成了地主老财的看家武装。

给地主老财看家，洪学智不乐意，张口就说："给老爷看家，这事我没兴趣。"要的就是对地主老财不感冒，来人一笑，压低声音："联庄队打着防匪防盗的旗号，做的是吃大户的事，想为穷人找条活路。"

吃大户，洪学智顿时来了劲：同样是人，不做事的老财凭什么吃香的喝辣。自己孤苦无靠，打短工根本没什么出路，不如跟着他们干。

洪学智参加了南溪的联庄队。每天一到晚上，联庄队队员就开到地主家，让地主管一顿饭，混顿饭吃。

南溪的联庄队吃大户吃得风生水起，双河、南溪、汤家汇地区的各路联庄队也是热火朝天。地主老财恨得牙齿直痒、怕得四肢哆嗦，天大的家业都得被穷鬼吃光，于是地主老财建围子、修寨子、设碉堡，依靠民团、联合军阀镇压联庄队。

中共商（城）罗（山）麻（城）特委决定以暴制暴，利用商南地区山高林密、敌人力量薄弱、容易武装割据的特点，组织各地联庄队、兄弟会、穷人会迅速发动武装起义。

中共商罗麻特委书记徐子清、商罗麻特委军委书记徐其虚和萧方一商量，要想成功，就得打敌人一个措手不及。5月6日（农历三月二十七）是立夏节，地主豪绅忙于过节，警惕性放松，实在是一个天赐良机。

夜黑，湿雨。民团教练周维炯不停的招呼民团团员喝酒，使劲和民团副队长张瑞生划拳喝酒。，周维炯想，有酒就行，逢年过节，不信就灌不翻这群酒鬼。

周维炯是民团教练不假，可他还有一个不为人知的身份：中共商罗麻区委委员兼少共区委书记。周维炯打入商南大绅士杨晋阶的民团目的只有一个：夺枪！

晚宴持续到深夜，副队长张瑞生和不少团丁都醉倒了。周维炯见时机已到，喊了声："动手！"大家立即控制了存放枪支的房间，封锁了宿舍，捆绑了张瑞生。

周维炯站在天井院中间，朝天放了两枪，大声说道："弟兄们，不要惊慌，我们是共产党。共产党打富济贫，是给咱们穷人打天下的。我们要打倒地主，没收地主的土地分给穷人。你们都是穷人，是团防局逼来当兵的。你们愿意跟着我们干更好，不愿干的可以回家，我们绝对不为难大家。"

与此同时，革命浪潮翻滚。萧方率人活捉了商城县团总杨晋阶，地下党领导人毛月波率人解决了斑竹园的民团。廖业祺率人解除了吴家店的民团。徐其虚率人消灭了白沙河禅堂的民团一部。

南溪的联庄队也同时动手，向地主大院发起了进攻。洪学智夹在蜂拥如潮的人群中，抢着木棒向地主老财家冲去。一夜之间，反动民团都做鸟兽散。

按照商罗麻特委的指示，联庄队、穷人会正式编为自卫军、赤卫队、游击队。赤卫队和自卫军不脱离生产，有事才集中起来。游击队是专职战斗人员，危险性高，流动性大。

联庄队的领导征求洪学智的意见。洪学智一想，要革命就得全心全意，于是报名参加商城游击队，也称赤南县游击队。

二、留商南智打游击

打背包，到担架队报到。

洪学智动作极其利索。游击队员是革命，担架员也是干革命，上级指哪俺们打哪。

上级组织心中暗喜：精干，能吃苦，打仗敢拼命，服从组织安排。这娃是个好苗子。

干一行爱一行，洪学智在担架队忙得浑身是汗，组织上又派人找他谈话："经过组织考察，决定发展你为党员。"

过了几天，在蔡氏祠内举行了入党宣誓仪式。党代表张正清握住洪学智的手，郑重地说："从今天开始，你就是共产党员。过去是别人领导你，现在你要起模范带头作用，要领导群众了。"

1929 年 11 月至 12 月，洪学智所在的赤南游击队编入红 1 军独立旅第 5 团，留在豫东南坚持游击战争。独立旅旅部驻汤家汇，商南一带是独立旅活动的中心。

独立旅在商南一带打游击，一是自身力量薄弱，二是河南省南 5 县的民团总指挥顾敬之不是等闲之辈。

顾敬之手段毒辣，杀人无数，反复无常。商城起义后，顾敬之曾经配合国民党湖北 13 师和安徽省防旅到南溪"清乡"。所到之处，见牛羊就拉，见人就杀，见房子就烧，杀害共产党员和红军家属 500 余人。为了立威，他把人放到大钟里，外边架起柴火烧。血海深仇，顾敬之的民团成了独立旅的眼中刺、肉中钉。

刺太深、钉太紧，独立旅无力拔刺、拔钉，于是改变战术，时不时地找准机会给顾敬之的民团来一下，打了就跑。独立旅昼伏夜出，远袭近突，有时一晚上要打好几仗。为了迷惑敌人，独立旅白天向东走，晚上又绕回来。

民团吃了暗亏，顾敬之心中恼怒，命令民团撵着独立旅跑，时不时地阴独立旅一下。顾敬之的民团都是地头蛇，地面上有个风吹草动都会吹进他们的耳朵里。独立旅一不小心就会被他们包围。

双河庙一仗，洪学智和几个战友被民团堵在庙里。硬拼肯定不行，几个人决定分散突围。几个战士刚刚冲到门口，就被民团的人用绳子捆了个结结实实。

洪学智一看强突不行，一咬牙，抓住二楼的窗口就想往墙外跳。民团的人一看有人跳墙，扯起嗓子就喊："抓活的，抓活的！"

洪学智一松手，跳到了楼下的水沟里。只听"咯吱"一响，腿受伤了，痛得脸都变了形。洪学智顾不得察看伤口，踉踉跄跄的一头扎进了竹园里。

民团一看到手的赏金就要飞走，顾不得共党是死是活，对着竹林就是一阵乱枪，打得树枝"啪啪"直响。

洪学智踉踉跄跄跑出竹林，游击队的两名战友看见他腿肿了，架起他就跑，这才逃过民团的追杀。

竹林遇险，至少还有路可走。走进死胡同，那才是叫天不灵、叫地不灵。看着洪学智和两名游击队员被一群民团追进死胡同，急得中队长周鹏举连连叫苦。民团太多，自己就是一个人，就算搭上自己这条命也救不了他们，于是扯着嗓子就喊："快回来，快回来！"

洪学智倒是想回，可没有机会，一群民团撵着屁股追来，枪也不放，嘴里直嚷："抓活的，抓活的！"

胡同到了尽头，两名游击队员当时就木了，这一次可要交待在这儿了。民团一看是条死胡同，心中大喜，张开双手，就围了过来。

洪学智胆大心细，迎着人群就往回冲。两名游击队员虽然不解，但也跟着他往外冲。民团的人一愣，这共匪居然敢拼命，下意识的就去摸枪。洪学智不管不顾，迈开双腿，风一般的从人群中冲了出去。两名游击队员一看突围有门，鼓起腮帮、用尽全身力量冲出人群。

民团只听风声呼呼，手法快的操起枪就想射击，只见四下里都是自己人，抬起的枪又放了下来。

民团多次利用地形打伏击，独立旅的领导来了脾气，于是决定以其人之道还治其人之身：利用地形打袭击，给民团来个当头棒。

翟邱的民团"围子"枪多墙厚，围墙四周都是几米深的水沟。要想进围子，除了一条吊桥外，根本无路可进。

游击队的两名队员顺着水沟爬进围子，找到雇工，请他在晚上放下吊桥接应游击队进围子杀地主。听说要杀地主，雇工无神的眼睛顿时放出光芒，地主平常把男的当牲口用、女的当男人用，想不到也有今天。

月黑人静，游击队摸到围子外，吊桥果然放了下来。游击队摸进围子时，地主一家和民团还在睡觉。游击队不费一枪一弹就缴了一堆枪。

豫东南、皖西一带除了国民党部队的正规军外，地主武装、民团、红枪

洪学智

会、孝子会等形形色色的反动武装多如牛毛。他们各占一块地盘，时不时地在红军背后捅刀子、挖陷阱。

坏脾气是惯出来的，对于敌人的嚣张气焰，只有一个办法：打！

麻埠的红枪会、孝子会嚣张是出了名的，枪打出头鸟可以起到杀一儆百的效果。独立旅计划袭击麻埠的红枪会、孝子会，顺便搞点布匹解决服装问题。

麻埠的凌晨一片死寂，独立旅一早就摸到了麻埠街边上。枪声大振，红枪会倒下了一大批。洪学智看着敌人像稻草一般被割倒在地，心中不由得大振，抡起大刀就往红枪会人群中冲去。

突然间，只听喊声震天，空中一片呐喊："刀枪不入！刀枪不入！"满山遍野都是身穿白衣、手拿扇子的孝子会的会众，受到重创的红枪会回过神，手中的枪又突突起来。

伏击变成了被伏，独立旅的领导也不恋战。青山不改，细水长流，胜负不争一时。

撤退的军号一吹响，洪学智"蹭"的一下跳进身边的沟里，顺着大沟就往对面跑。大沟对面就是竹园，竹林茂密，是个脱身的好去处。

孝子会的人看着着急，扇子可以扇风，用来捉人那是绝对不可能，于是扯起嗓子喊："抓住他！"

民团也冲了过来，二话不说，端起钢枪就射。上头发话了，只要是共匪，不论死活，大洋十块。

子弹打在竹枝上"沙沙"地作响，树叶落了一地。共匪虽然只有一人，民团的人却不敢追赶进林中。民团的人虽然没听说过逢林莫入的江湖俗语，却也知道被人暗算的凶险。

苏家埠战役时，红4军10师29团担任阻击陈调元援军的任务。机枪连两任连长倒在血泊中，洪学智在火线中被任命为机枪连连长。

洪学智率领机枪连坚守七里桥的一个小山头，将敌人的冲锋一次次的扼杀在山坡下。突然，一颗子弹打在他的胸口，洪学智应声倒下，鲜血从左胸伤处汩汩地流出。

担架队抬着洪从前线撤下来，医院当时就犯了愁：病人伤了左肺叶，呼吸十分困难，更要命的是连片药都没有。

这时候，恰好被俘虏的敌军医生也被送到医院。敌军医生看了洪学智的伤口，叹了口气，从自己口袋里掏了几片药，给他吃了两片，又留下几片，说："就这几片，算你走运。"

那药也真管用，洪学智吃下药去后既不咳嗽，也不吐血块了。

部队路过家乡时，家乡人听说他身受重伤，当时就劝他回家，免得丢了性命。洪学智摇了摇头，却一句话都说不出来。

到部队后，洪学智给家里写了一封信。信中有这样一句话："……作为红军，反对派一天不消灭干净，我就一天不能回家。"

三、摸三江夜袭取胜

红军4方面军第73师217团一脚深一脚浅在泥路中急行军。大雨、泥路固然让人难受，但要是让川陕边区剿匪督办田颂尧的部队堵住三江坝隘口，红4方面军将士只怕连难受的机会都没有了。

三江坝隘口位于河口、甑子垭、南江三条江的交汇处。北面是地势险要的华盖山，西面是与东山对峙的险要山口。东面是从北向南流的东河，水深半腰，水流湍急。

红4方面军将士的忧虑是正确的，国民党川陕边区剿匪督办田颂尧算盘正是如此。他命令手下刘汉雄集结重兵据险而守，试图阻止红军通过三江坝隘口进入旺苍、广元地区。

敌军9个团，据山而守；红军4个团，冒险而攻。兵弱，地不利，红4方面军却不得不攻，背后还有几万敌军眨眼就到，红军等不起，也伤不起。

红4方面军徐向前、陈昌浩、王树声等首长到前沿看了看阵地，最后得出结论：这仗一定要打，而且要巧打，把任务交给第73师217团。

接到作战任务后，217团团长陈友寿和团政治处主任洪学智心里顿时一沉：这活可不好干，一旦干砸，全军都得毁在这。

强攻，肯定不行；拼命，损失太大。团政治处主任洪学智闭上眼睛想了好长时间，长出了一口气，说："老子就不信他不睡觉，晚上打他个落花流水，看他还敢丑狗挡道。"

在当地山民的带领下，第73师217团第2营营政委桂干生带着第2营直扑东河对面的山梁。2营是从血路中杀出来的部队，突击战、阵地战、夜战无一不精，用他们作夜袭主力可以说是人尽其才。

东河水急，第2营战士踩着石头、手拉手不敢发出半点声响向对岸走去。战士李得利走到河中间，只觉鼻子一痒，暗叫不好，一头埋进水中，这才将喷嚏逼了回去。

部队来到对岸的悬崖下，第2营侦察班的几个战士掏出带有铁钩的长绳奋力一扔，只听"嗖嗖"几声响，铁钩齐齐地扎进了悬崖的峭壁中。侦察班的几个战士用力扯了又扯，然后顺着绳子就爬了上去。

悬崖上火光一闪，营政委桂干生知道侦察班的战士已经控制了悬崖顶，低呼一声："行动！"

绳子从天而降，第2营战士紧张有序、一声不吭地顺着绳子爬了上来。

第2营一摸上悬崖，1连连长、2连连长立即带着队伍从左右两路向国民党军工事包抄过去，营政委桂干生带着3连悄无声息地从正面直扑工事。

估算着左右两侧都已经到位，桂干生抬手就是一枪，3连的战士振臂一挥，数颗手榴弹落在工事上，发出震耳的声响。

爆炸声过后，3连的战士呐喊着冲进工事。熟睡中的国民党士兵被巨响震醒，正在发愣，就见一群人冲了过来，当时吓得不轻："红军攻上来了！"

工事地势险要，国民党士兵一向认为红军要想攻上山坡，除非用尸体推上来。事出突然，国民党士兵完全没有心理准备，黑暗中只听枪声大作，顿时慌了神。胆子稍微大的还能对着人群放枪，胆子小的丢下枪就想走人。

1连连长听到正面枪声大作，带着一连战士就往工事里冲。2连战士王飞听到枪声心血大振，提起枪就想往里冲。2连连长一把扯住他："慌什么，待会儿敌人够你杀的。"

1连、3指战员越战越勇，刀光闪处，血肉横飞。工事内的国民党士兵越战越心惊：黑暗中不知来了多少红军，要是被人包了"饺子"，只怕看不到明天的太阳。

正面有敌人，左面有敌人，右边却是一点动静没有，国民党士兵心中一喜，右边有活路。

2连连长握着刺刀一动不动的守在工事右侧的大石头后面。敌人要想从右面突围，这是唯一的出路。

捅，捅，再捅，2连连长自己都觉得不好意思：国民党兵脑袋进水了，每次都是一个接一个的从工事跳出来，怎么就没点新意。

20多人出去，工事外居然没有动静，莫非这些狗娘养的先跑路了？工事里的国民党士兵越想越不对，开始一窝蜂的向外冲。

2连的战士早就手痒得不行，听到嘈杂的脚步声越来越近，子弹、手榴弹雨一般的招呼过去。

随后，217团全团战士冲了上去，一下子把敌人打垮了，占领了华盖山，突破了敌人防线，打得敌人拼命西逃。

守着西南山口的国民党独立旅旅长张熙民一看山口失守，大惊失色，穿着睡裤、骑上马就往广元方向跑。

国民党独立旅士兵一看旅长穿着睡裤逃命，更加无心恋战，提着枪跟在后面跑。

洪学智一看敌军跑路，带着部队一口气追到旺苍坝。国民党独立旅上下只顾逃命，士兵找不到班长，班长找不到连长，建制全乱了，更别说有人组织掩护撤退。

旺苍坝尽头是东河，逃到东河的国民党独立旅士兵叫苦连天：追兵撵着屁股追，水流湍急的东河整条河上却只有一只船。

眼看追兵就到，国民党独立旅士兵不管会水还是不会水，都"扑通扑通"的跳下水。当官的待遇好点，涌上了唯一的一只木船。

河中人头攒动，不会水的士兵一看船在身边，攀着船沿就往船上爬。当官的提起枪就是一阵乱射，再不阻止，大家都得玩完。虽然如此，木船还是沉了下去，淹死大半人。

217团战士赶到河边，心中大乐：想让红军到东河里喂鱼，田颂尧还真敢想。一阵乱枪过后，河里死的国民党士兵不计其数。

6月下旬，红4方面军在木门召开了团以上干部会议。会议据此作出将方面军4个师扩编为4个军的决定。原有的10师扩编为4军，11师为30军，12师为9军，73师为31军。各师的团扩编为师。31军军长王树声、政委张广才。73师217团扩编为92师，师长陈永寿，政委杨朝礼，洪学智被任命为师政治部主任。

四、征军粮解中央难

1935年4月，红4方面军强渡嘉陵江后，开始了艰苦的长征。5月，部队向川西北进军，准备与转移中的中央红军会合。洪学智率红4军政治部、红 12 师留在后方侧尾，负责建立地方政权，发动和组织群众支援红军。

进入黑水、芦花地区后，红 4 方面军总部把 4 方面军的部分医院、后方伤病员、1 个补充师都交由洪学智管理。1 个补充师都是由俘虏兵组成的，主要任务是抬担架、转运伤员。红 4 军政治部本来就缺盐少粮，筹集粮食又很困难，加上还要照顾大批伤病员，困难真是压力山大。

红军进入鸡公寨后，顿时陷入困境。思想上没有准备，物资上没准备，对少数民族情况不了解，语言不通交流困难。由于国民党反动统治，少数民族与汉族之间矛盾异常尖锐。

少数反动头人一看汉人军队来了，没有别的想法，就三字：放冷枪。少数民族武装拿着枪，打一枪换一个地方，山林、峡谷、河边到处是战场。

敌明我暗，初来乍到，红军战士即使不死，也是受伤不轻。红 30 军俘虏了一些放冷枪的少数民族，交给洪学智。

洪学智拿着这批人还真有些头大：打骂不行，枪毙更不敢，政策不容许；讲道理，听不懂。关了几天，放了出去，这些人还是涛声依旧，放冷枪的依旧放冷枪，敲闷棍的仍然敲闷棍。

1935 年 7 月，红 4 方面军指示洪学智准备粮草、迎接中央纵队。接到通知后，洪学智立即组织民运部、保卫部等机关和直属队攻下几个反动头人的寨子，才筹集到几万斤粮食和几百只牛羊。

负责中央纵队粮草供应的刘少奇见到洪学智后，紧紧地握着他的手说："洪主任，谢谢你了。你们送来的粮食、牛羊和慰问品可解决了我们的大问题。"

1936 年 4 月，红 4 方面军相继攻占炉霍、瞻化、甘孜。占领瞻化城时，与 2000 余人的土司武装发生激战，俘虏土司武装几百人。一番教育后，红军释放了这些人，并将缴获的大批牛羊归还给群众。释放的群众向瞻化城头人巴顿多吉汇报说："红军将我们的枪和牛羊都归还了，俘虏的人也都放了，这个队伍还不错。"

巴顿多吉派人到红 4 军，要红军派人去谈判。他想通过谈判与红军停战言和，并把喇嘛首领诺那交给红军。诺那是国民党中央民族委员会委员，是蒋介石任命的西康宣慰使。诺那带着一个连和一些武器和财物途经瞻化，巴顿多吉当时眼热，不仅抢了枪，连诺那也扣了起来。

眼热时没想那么多，过后一想，这事还真不好办：如果杀了诺那，不好向国民党交待；放了诺那，抢的东西得归还，到手的枪也就没有了；不杀不放，如何处置？巴顿多吉想来想去，只有把这件事推给红军。经过研究，洪学智决定派民运部长周于民去同他谈判。

巴顿多吉约红军谈判的地点是在一个山头。因为怕红军袭击他们，天还没亮，他们就把山头占领，居高临下，布置了很多藏民拿着长筒枪。初步商谈很有成效，巴顿多吉要求到瞻化城去见红军最大的"头人"。

两天后，巴顿多吉来了。洪学智在政治部接见了巴顿多吉，并向他详细说明红军的少数民族政策、红军长征的目的。两人谈得非常投机，洪学智边谈边打开唱片机播放唱片。

巴顿多吉第一次听到唱片，非常吃惊，觉得很奇怪："这么小的东西里面怎么有人唱呢？"洪学智笑着告诉他是怎么回事。巴顿多吉很是佩服，觉得红军真是了不起。

中午，洪学智请巴顿多吉吃饭。巴顿多吉害怕红军下毒，迟迟不肯动筷子，也不肯喝酒。洪学智心中明白，也不点破，端起酒连喝几杯，又将桌上的菜尝了个遍。

巴顿多吉见洪学智如此豪爽，心中大宽，也开始喝酒动筷子。喝到高兴，巴顿多吉要求和洪学智喝血酒结金兰，并说："你们红军纪律严明，是仁义之师，把我们藏人当朋友待，你这个朋友我交定了。"

喝公鸡血酒、义结金兰是藏族风俗，共产党员不兴这个，可一想义结金兰能够团结民族兄弟，洪学智同意了巴顿多吉的请求。

喝酒之间，洪学智将酒杯往巴顿多吉酒杯上一碰："诺那交给红军就行，我就不信蒋介石拿红军有什么办法？"

烫手的芋头终于送出去了，巴顿多吉心中一宽，兴致来了："别的事情我不敢说，红军征粮这事我包了。"

回去后，巴顿多吉告诉所辖的寺庙不准反对红军。寺院也主动捐了许多牛羊和粮食送给红军。不几天，巴顿多吉就把诺那送来了。

诺那70多岁，是黄教的大喇嘛之一。诺那的那匹马很好，巴顿多吉把马留下来自己骑。马是诺那心爱的坐骑，诺那年纪大了没有马不行，洪学智又派人同巴顿多吉交涉，把诺那的马也要了回来。

为便于在当地开展工作，洪学智与政治部商量成立瞻化革命委员会，又请巴顿多吉出来当了瞻化革命委员会主任。在瞻化的几个月，红军需要的粮食、牛羊、帐篷，还有很多物资都是经过巴顿多吉送到红军手里的。

红六军团快到瞻化时，洪学智接到萧克等人的通报，说还有两天时间就要到达，请洪学智准备28万斤粮食。

时间紧迫，别说28万斤粮食，就是一万斤粮食洪学智都拿不出来。洪学智很着急，找到巴顿多吉："老兄，我们又有红军要来，急需28万斤粮食，还有牛羊等，请老兄务必帮这个忙，抓紧筹备！"

巴顿多吉说："老弟，没问题。你的事就是我的事，到时准时送到。"这么大数目，洪学智还是有点放心不下："老兄说话可得算数呀！"巴顿多吉说："你放心吧，没问题，看我的行动。"巴顿多吉只用一天一夜的时间，派人筹粮运粮，男女老少，拉的拉，推的推，就把红军急需的所有粮食、牛羊全都送齐了。

五、援朝鲜两救彭德怀

1950年10月22日，洪学智和他的战友们趁着夜色来到了朝鲜的国土上。

进入朝鲜的第二天上午，志愿军司令部机关全体人员赶到了志愿军总部驻地——大榆洞。下午，13兵团指挥机关也按毛泽东的电令赶到大榆洞与彭德怀会合。

大榆洞是一处金矿，位于朝鲜北部平安北道两座大山的一条深沟里，沟中有一条小路，两侧是一些简易工棚。在南山一道小沟里有一个大矿洞，原是金矿开采地，由于矿洞里积水潮湿，不能利用。志愿军总部机关便在洞口附近搭了些木板房，开始了作战指挥工作。13 兵团指挥机关开到大榆洞后，不久即与志愿军司令部合并，成为志愿军司令部。

志愿军司令部成立后立即进行了任务分工。彭德怀任司令员兼政治委员，邓华为第一副司令员兼副政委，分管干部和政工；洪学智为副司令员，分管司令部、特种兵和后勤。

志愿军没有制空权，美军飞机横行无阻，猖獗到令人难以置信的程度。美机不但可以擦着房顶、树梢飞，还可在山沟里钻来钻去，搜索目标，见人就打，见车就炸，甚至见到地面上的一垛草，一头牛，一条狗，一只鸡，一缕炊烟，也要打上几梭子弹。志愿军总部进驻大榆洞短短的一个月中，曾多次遭到美军飞机的空袭。但由于志愿军总部及时总结经验，采取了严格的防空措施，加强了对空侦察，所以损失不大，没有造成人员伤亡。

侵朝美军总司令麦克阿瑟在每次较大的进攻前总要派出大批飞机进行侦察和轰炸。就在麦克阿瑟发起"圣诞节前返乡"攻势时，夜幕还未降临，志愿军总部的哨兵看到有几架美军侦察机突然在总部驻地上空盘旋了几次，有时飞得很低，这引起了人们的警惕，大家估计美机可能明日要来轰炸。当晚，解方参谋长召开有关防空准备的紧急会议，明确规定要求总部机关在第二天4 点钟以前进入指定的防空地区。

第二天拂晓，志愿军总部机关的同志人挤地人待在洞子里，却始终没见到彭德怀。总部几位领导同志很焦急，要政治部主任杜平去请彭德怀。杜平说："我去可以，但洪副司令员去更好些，他在彭总面前比我办法多。"

洪学智摸准了彭德怀的脾气，知道难请动他，路上就动开了心思。到彭德怀办公室后，见彭德怀正聚精会神地看地图，洪学智一本正经地说："我们几个人在洞里研究第二次战役怎么打，请你参加。"彭德怀一听大家在研究作战方案，跟着洪学智就进了防空洞。

彭德怀进防空洞不久，就听轰的一声巨响。飞机远去，大家钻出来一看，彭德怀办公室已经塌了半边。看来，敌机昨天是侦察好目标的，几发凝固汽油弹直接命中彭德怀办公室。在这次敌机空袭中，毛岸英献出了自己年轻的生命。也是因为洪学智的机智，使彭德怀司令员得以躲过这场劫难。

对于彭德怀和志愿军总部的安全，洪学智最为担心的是防空问题。志愿军没有制空权，敌人的飞机可以随时来轰炸，司令部的安全受到威胁，彭德怀偏偏痴迷于作战，不到万不得已，总不愿意进防空洞。

有一天，防空警报突然尖厉地响起来了。志愿军总部的几位领导正好都在彭德怀的办公室内，就一个接一个地动员彭德怀去防空洞。可彭德怀不挪窝，只是说："你们先走，我马上就去。"

洪学智知道大家先走了他更不会走，便和他半开玩笑半认真地说："我们要走就一起走，要见马克思就一起去！"彭德怀微笑着说："我这个人虽然命苦，但是大难不死呀！入朝后，胃病、关节炎、痔疮一齐来攻，还是不能把我怎么样。你们天天要我防空，还能爬到牛肚子里去！"

不久，防空警报再次响起，总部工作人员各自从几个不同的地方来到彭德怀办公室附近的山洞，进洞一看，发现彭德怀没有来。机关的同志去请彭德怀，接连去了两趟，不但没把彭德怀请进防空洞，还被彭德怀"训"了一顿。

洪学智见状，对这位机关的同志说："你再跑一趟，去了就说这是党支部的决定！"这一招果然很灵。彭德怀听后把电报文件装在皮包里往腋下一夹，向防空洞走来，大家止不住望着彭德怀笑，彭德怀摇着头说："真拿你们没办法。"

彭德怀不愿意进矿洞，洪学智和邓华商议先给彭老总搞一个防空洞。要搞防空洞，就得在靠近彭德怀办公的地方挖洞、炸山。几天后，一个工兵连在彭老总住处不远的地方开始了施工。施工炮声惊动了彭德怀，这对彭德怀集中思考问题难免有干扰。听说是给自己挖防空洞，他很不高兴，还要把部队撵走。

洪学智（前排右一）在朝鲜

彭德怀找来洪学智，不高兴地对他说："你个洪学智，是不是没有事干了，在山下瞎鼓捣什么？"

洪学智解释说："这不是瞎搞，这是为防空，我要保证你的安全！"

彭德怀说："我的安全不要你管！"

"彭德怀，这话就不对了，我是执行中央的命令，中央要管的。"洪学智和他拧上了。

彭德怀说："你什么都不管，光管这个吗？"

洪学智理解他的心意，就召集挖洞的同志说："你们挖好炮眼一齐放，不要零星放炮，以免影响彭德怀的工作。"

就这样，防空洞也就挖成了。

防空洞挖好不久，就发生了志愿军总部被炸事件。那天下午，几架美军飞机在志愿军总部上空转了一圈，炸坏了坡上的变电所。天快黑时，又来侦察，洪学智立刻警觉起来，他想："平时敌人总是先侦察，后轰炸的，明天要在这里开会，研究下一步的作战方案，这里会不会挨炸哟？"他找到邓华，一起研究了明天防空的事情，同时将情况向彭德怀报告。

第二天，作战会议没有开多久，敌人的飞机就来了。彭德怀住的房子遭到一阵狂轰滥炸，一枚汽油弹正好落在了他住室的顶上，房子很快烧掉了。

那天，彭德怀一天没有说话，坐在防空洞里像是一尊雕塑。洪学智去叫他吃饭，他才抬起头来，说："洪大个子，我看你这个人还是个好人哪！"

洪学智处处为彭德怀安全着想，彭德怀自然是很明白，很领情的。志愿军总部被炸，彭德怀幸免于难后，又一次幽默地对洪学智说："老洪，你是个大好人呀！"

"我本来就是好人嘛！"洪学智笑着答道。

彭德怀动情地说："这次美机来下蛋，要不是你老兄，我今天就死在这儿了。"

从士兵到将军

CONGSHIBINGDAOJIANGJUN

无敌虎将
——李天佑

李天佑（1914-1970），广西桂林人。1929 年加入中国共产党，任排长，参加百色起义。土地革命战争时期，任中国工农红军第 7 军排长、特务连连长、红 3 军团第 68 团副团长、团长、红 3 军团第 5 师 13 团团长、师长、红 3 军团司令部作战科科长、第 10 团团长、红 1 军团第 2 师副师长、第 4 师师长。抗日战争时期，任八路军 115 师 343 旅 686 团团长、副旅长、代旅长。1938 年底赴苏联伏龙芝军事学院学习。1944 年回到延安。解放战争时期，任北满军区参谋长、松江军区司令员兼哈尔滨卫戍司令、东北民主联军第 1 纵队司令员、第 4 野战军第 38 军军长、第 13 兵团副司令员。新中国成立后，任广西军区副司令员、司令员，广州军区第一副司令员、代司令员，总参谋部副总参谋长。他是第二、三届国防委员会委员，中国共产党第七次全国代表大会代表、第九届中央委员。1955 年被授予上将军衔。

一、拦追兵月夜救师

听见有枪声，国民革命军第 7 独立团战士李天佑一跃而起：莫不是敌人摸进来了。部队刚从武汉前线撤回到广西桂平农村，一不留神，说不定就会着了敌人的道。

李天佑是广西临桂六塘圩高皮寨人。李天佑的父亲叫李燕川，读过几年私塾，早年在军阀部队里做文书。因为当兵没打过一次仗，回家后就闭口不提当兵的事，只是逢年过节给乡亲写写对联。他写对联时，才说上几句"在部队天天就是抄字、写标语"之类的话。他写了对联，也不收乡亲们的钱。李天佑的母亲没有名字，姓熊，会耕会织，是持家劳动的一把好手。但是李家和山窝里别的人家一样，吃了上顿没下顿，日子过得苦不堪言。由于家境贫寒，父亲只好让李天佑去米粉店当学徒混口饭吃。

桂林米粉很有名，做起来却也很费劲，费人费力更费水，向来有"半担米粉 10 担清水"的说法。学徒李天佑除了帮着泡米、磨浆、榨粉、烧锅、跑堂外，大部分时间就是忙着挑水，米粉店每天要用的 100 多担清水全是他从漓江挑来的。

腰酸腿痛、肩膀红肿不说，还常挨老板的骂。李天佑就不乐意了，觉得混不好就是一学徒，混好了撑死也就是个米粉店老板，于是偷偷地跑到部队当了一名学员兵。

李天佑听到枪声提起枪就往村外跑。刚出村口，就见一个人跟踉跄跄地迎面跑来。他定睛一看，正是自己曾经的教官。教官披着军衣，歪戴着军帽，脚步不稳，显然是受了伤。

李天佑飞快地跑上去，轻声喊道："教官！教官！我来了！"

教官定神一看，发现是李天佑，心中一安，随后又是一顿。追兵眼看就到，这么个十三四岁的小孩也不管用。

李天佑也不说话，扶着教官就往村里走。教官因脚受伤，走路一拐一拐地，身体又重，李天佑才搀扶他走了几步就觉得非常吃力。

这时，枪声越来越近，眼看敌人要打进村来了。教官一把推开李天佑，沉声道："快跑，要不然两个人都跑不了。"

李天佑也不答话，撒腿就跑。教官一阵苦涩：救兵倒是有，却是个啥都不懂的小屁孩。大风大浪都过来了，想不到居然死在这小山村。

苦涩归苦涩，教官还不想白死，心一横，趴在树后，眼睛一动不动地盯着来路，想弄几个垫背的。

正在迷糊，就听背后传来一阵马蹄声。教官不禁一惊，莫非敌人抄了自己的后路。

回过头，只见李天佑已经牵过一匹马来。李天佑扶着教官骑上马，猛抽一鞭，马儿就直奔团部而去。

教官大惊，回过头来："天佑，快上马，一起走。"李天佑当兵 1 年，还从没真枪实弹打过仗，要是敌人追来，只怕是凶多吉少。

李天佑不理他，操起枪，躲在一个阴暗的地方，准备狙击追来的敌人。

几分钟后，果然有一群敌人追来了。

敌人越走越近，李天佑不动声色，手一扬，一枚手榴弹扔在敌人中间。只听"轰隆"一声，顿时炸倒几个敌人。

人群中一片惊呼，接着是低低的呻吟声。李天佑也不歇着，对着声音传来的地方连发几枪。李天佑平常最爱的就是看教官练枪，时不时地端着枪瞄上一阵子，虽说没真枪实弹打过仗，打靶却是极有准星。

追赶兵死伤数人，黑暗中又不知敌人藏在哪里，被人当活靶子的滋味不好。几个人商量了一下，骂骂咧咧地就连滚带爬，从原路逃走了。

李天佑临危不惧，勇敢机智，牵马救教官突围脱险，又孤身阻击敌兵，表现得很英勇。时任李天佑所在的国军第 7 师长的李明瑞听说此事后，立即下令把这位教官解职，然后说："14 岁的娃娃救了 35 岁的教官，这娃娃是块打仗的料！"

不久，李天佑被提升为上等兵。随后，他又被调去广西教导总队学习。在训练中，李天佑提出了严格的训练措施，专门选择各种极端艰苦的自然环境和恶劣的气候条件进行训练。有时在一天的烈日下急行军，一气奔走几十里，累得大家气喘吁吁，大汗淋漓。有时，突然紧急集合，检查武器装备，尔后拉出去，一整天断炊，饿着肚子强行军，锻炼部队野外生存能力。

李天佑是作为骨干带新兵的，他对自己要求十分严格。他背上枪支弹药迈步如飞，行军拉练，从不掉队，而且经常帮助体弱的战士扛枪、背东西。在一次战斗演习中，攀登悬崖峭壁，他最先登上山顶，把军旗插在"敌堡"岗楼上，显示出类拔萃、勇猛绝伦的本领。经过刻苦训练，李天佑终于成了一名名副其实的优秀士兵！

二、战无畏老虎出更

1929 年 10 月，广西教导总队、兼任广西第 4 警备大队大队长张云逸决定首先在部队和群众中宣传党的政治主张，号召群众起来推翻帝国主义和国民党反动统治，建立工农民主政府，成立工农红军和红色革命政权。

教导总队是由中国共产党建议李明瑞培养初级军官而创办的。经过张云逸的一番活动，教导总队进步的政治空气很浓，教导营机枪连的排长李天佑等人在政治思想上进步很快。

12 月 11 日，邓小平、张云逸、雷经天、韦拔群等人领导共产党掌握的广西警备第 4 大队、教导总队和右江农民在百色起义，并成立了红军第 7 军。邓小平任中共红军第 7 军前敌委员会书记、军政治委员，张云逸任军长。7 军下辖 3 个纵队，共约 3000 人。年仅 15 岁的共产党员李天佑被任命为军部特务连副连长。

百色起义的枪声震惊了桂系军阀，也震怒了国民党，他们不断派出部队，向驻有红 7 军的城镇和红 7 军活动的地方进攻，妄图消灭红 7 军。

1930 年 2 月 4 日，桂系李琪师长指挥 3 个团及一个特务营，共 4000 人的兵力，向红 7 军的边沿前哨阵地隆安发起攻击。敌人势大，驻守隆安的却只有李天佑的特务连和一支战斗力不足 300 人的队伍。

4 日和 5 日，国民党部队向红军发起多次冲击，想用人海战术活生生的攻下隆安。敌我兵力悬殊，起义部队却是毫不惧意，一寸防线一寸防线的和敌人争夺着，甚至还时不时的找准机会反攻一下。

李天佑受命带领战士夺取隆安城西的猴子翻车筋斗岭。翻车筋斗岭是隆安城一个至关重要的制高点。国民党覃兴团占据这个制高点后，对隆安城造成了极大的威胁。

地势不利，李天佑领着一排人刚冲到山顶近处就被敌人的猛烈火力压得抬不起头。

部队攻不上去，不得不往回撤。在敌人的疯狂攻击下，李天佑用火力掩护战友们撤退，不幸被子弹击中左腿，鲜血直流，被送进了野战医院治疗。

1930 年初，李天佑伤愈回到特务连，原连长调任营长，他升任连长，负责军首长和军指挥机关的安全警卫工作。

4 月下旬，部队抵达贵州榕县。榕县县城城前有一条由北向南流的河，城墙都是用大青石砌成，依山傍水，易守难攻。军阀王家烈的后方基地就设在这里，里面堆积了许多军用物资。

红军少的就是军用物资，军部立即下令攻下榕县县城。

上午 10 时左右，枪炮声混杂着喊杀声，部队发起一阵阵冲击……守城敌军只有两个团的兵力,但凭借城周围坚固的工事,红军攻了6个小时仍未攻克。

久攻不下,一旦敌人援军赶到,部队就会陷入敌军前后夹击的境地。

撤出,还是继续攻打?军部领导意见不一致,总指挥李明瑞思考了片刻,沉着坚定地说:"守敌虽然粮弹充足,但他们军心不稳。敌人主力远在湘黔前线,短时间难以赶到。我军只要选准突破点,就可以攻下来。城东北面是开阔地带,西南有河流环抱,都不利于我军。南面是丘陵,对我有利。只要派少量兵力在东北门佯攻吸引敌兵力,主力就可以乘虚从东南面攻破县城!"

黄昏时,3发攻城信号弹升空。

第1纵队官兵迅速跃出掩体,带着云梯、竹竿直奔城墙。守城的敌人似乎早有准备,子弹像暴雨般地扫射,形成一道火力墙,挡住1纵队的去路。

李明瑞一看,火了:"特务连,跟我来!"

李天佑见首长要亲自上,急了:"3排长,保护首长。突击队,跟我上!"

"刷,刷,刷!"12名扛着竹梯和竹钉的战士虎虎生威地站了出来。

李明瑞很熟悉李天佑,相信他能完成任务,便下令说:"天佑,攻下城后,我请你喝酒!"

在猛烈的火力掩护下,李天佑带领12名战士直奔城墙。弹丸如雨,李天佑跃出掩体,肩扛竹梯,旋跑如飞。到了墙下,架竹梯,纵身一跃,捷如鹰隼。到了梯顶,仍有半墙,李天佑取一尺余长的竹钉,一根根地钉进墙缝。李天佑和两名战士一手抓住钉在墙缝中的竹钉,一手向墙顶上扔手榴弹,趁手榴弹爆炸后的瞬间,跃上了墙顶,一阵扫射,控制了墙的缺口处。

敌人发现红军登城楼后,加强了火力,并命令城墙上的敌军掷手榴弹,可是大部分手榴弹落在墙根下才爆炸,并没有多少杀伤力。

几名战士刚抓住墙垛就遭到敌哨兵的反击,有的被击中掉了下来,有的被敌人用枪托砸破头。掩护攻城部队,集中火力扫射墙头。城墙上子弹呼啸,弹丸乱崩,尘土飞扬。

时任红7、8军总指挥李明瑞与军长张云逸在阵中观战,四目相对,同声说:"虎崽,虎崽!"

李天佑正指挥突击队员往前冲，突然觉得大腿一麻，再也不听使唤。想走走不动，他干脆躲在敌人尸体后，嘴里不停的指挥突击队员战斗。正喊话间，就见敌人将机枪往不远的城墙上架。李天佑眼疾手快，一连甩出了两枚手榴弹，炸死了敌机枪手，炸哑了机枪。

攻城的先头部队从城墙缺口冲了进来，同敌人展开了白刃搏斗。敌人失去地利优势，顿时乱了方寸。红军越杀越勇，如猛虎扑食，杀得敌人丢盔弃甲，抱头鼠窜，不要命的往城内逃命。

经过 1 小时激战，歼敌 500 多人，俘敌 600 余人，缴获山炮 2 门，枪600 多支，子弹 10 万多发，无线电台 1 部，军马 500 多匹。这是红三军成立后打的第一次大胜仗。

三、反"围剿"屡立战功

1932 年 1 月，李天佑率特务连随军参加攻打赣州的战斗。

赣州战斗打响后，红军久攻不下，部队伤亡较大，军部于是命令李天佑组织敢死队。

为了攻城，红军组织人手进行坑道爆破。一声巨响，浓烟滚滚，尘土飞扬，城墙被炸出一条缺口，附近的敌军被炸得鬼哭狼嚎。

不等烟雾散尽，李天佑带着 70 多名敢死队员就从城墙崩塌的缺口冲了进去。守城的国民党军清醒过来，立即组织火力反击。敌人武器好，兵力多，敢死队又被顶了回来。

李天佑气急了，再一次组织战士反击。在反击中，他右手和背部 3 处受伤，从城上跌落在尸体中，昏死过去。

李天佑（右一）、黄克诚等（右二）合影

战士们不见连长，急忙派人寻找。通信员在尸体堆里找到了李天佑，连喊带推，见他没有一点反应，以为他牺牲了，哭喊着："连长，连长……"

通信员把他背出阵地，放在通道安全处。许多人听说李天佑死了，都跑来看他。通信员正在伤心，就见李天佑的手指头微微地动了一下。

连长还活着，通信员又惊又喜，急忙招呼大家将李天佑送往野战医院救治。

伤愈归队后，李天佑由特务连连长升任58团副团长。不久，又被派到瑞金中央红军学校学习。

1933年，根据中革军委对整编的统一规定，部队一律实行"三三制"，即军团下辖3个师，师辖3个团，团辖3个营，营辖3个连。寻淮洲率领的红21军与邓小平、李明瑞、张云逸创建的红7军合编为红3军团第5师，寻淮洲任师长，下辖第13、14、15团3个团。李天佑被任命为13团团长，毛毕虎任团政委，卢绍武任团参谋长。

6月，李天佑和毛毕虎率13团随师行动，翻越武夷山，进入福建执行东征任务。

东征福建第一战是从围攻宁化县的泉上土堡开始的。泉上地扼宁化、清流、归化 3 县咽喉要道，是宁化北部重镇，绕镇的土堡墙高二丈半、厚约二丈，易守难攻。守敌是福建地方军阀卢兴邦师 307 团和周围 4 个县的地主武装，共 4000 余人。泉上堡东边的归化城还有敌人一个营，如果敌人在我攻城部队进行土工作业实施爆破时出击，对我威胁很大。要顺利攻城，必须先端掉归化城。

在围攻宁化泉上土堡的战斗中，李天佑率领全团勇猛东插，以迅雷不及掩耳之势攻占了宁化城，歼敌一个营，为部队攻克泉上土堡创造了条件。

芹山一战，13 团与国民党 19 军第 61 师 366 团遭遇。第 61 师 366 团是 19 军最精锐、最有战斗力的一个团，从来没有打过败仗。李天佑毫不怯战，居然在运动战中将 366 团吞了下去，创造了红军一个团歼敌一个团的战绩。

战斗结束后，特授给团长李天佑一枚三等红星奖章，授予 13 团"英雄模范团"锦旗。从不轻易表扬人的军团长彭德怀把 19 岁的团长李天佑拉到身边，拍着他的肩膀，说："天佑，好样的，以后继续好好干！"

1934 年 1 月，李天佑升任 3 军团 5 师师长。这时，第 5 次反"围剿"作战正在激烈地进行。

这次敌人采用"持久战"、"碉堡推进，步步为营"的新战略，在政治上推行"保甲制"和"连坐法"，实行镇压与诱骗相结合的政策；在经济上实行严密封锁等一系列对付红军的措施。

中央苏区"左"倾错误的领导人排斥毛泽东同志的正确领导，否定红军过去对敌斗争的正确做法和成功的经验，坚持他们"左"的一套。红军广大指战员，觉得仗越打越难打。

高虎脑和王土寨是国民党部队从广昌到石城的必经之地。为了阻止敌人，上级命令李天佑率领红 5 师正面阻击敌人。李天佑，率 5 师驻守在 5 军团与 4 师之间，5 师 13 团负责防卫石城的高虎脑及半桥北端阵地；14 团在上坪东端，为第二梯队；15 团在高虎脑南端为预备队。

战斗打响后，漫山遍野都是穿黄皮的国民党兵。为了夺取高虎脑制高点，国民党拉出整整 3 个师的兵力。国民党几个营、几个团的发动集团冲锋，但红 5 师像钉子一样牢牢地扎进这片土地。首当其冲的红 13 团 3 营打得弹尽粮绝。

前线吃紧，李天佑亲自赶到前线阵地指挥战斗。阵地早已是一片废墟，工事大都已经被敌军猛烈的炮火摧垮，没倒塌的工事只剩下几堵空墙。阵地上到处都是尸体，战士们时刻准备迎接敌人新一轮的攻击。

突然，一发炮弹飞来，"轰"地一声，李天佑手中的望远镜跌落在地上，巨大的气浪将他震翻在地。警卫员一把拉住他，劝他先回指挥所。李天佑一摆手，说："大家都是娘生的，我要进指挥所，同志们怎么办？"

在高虎脑与敌人血战中，李天佑指挥部队连续打了 3 天 4 夜，没有合过眼。他和政委坚持轮流指挥部队战斗，轮流下到连队了解情况、检查工事，组织优秀射手专打敌指挥官，随时向前沿补充人员和弹药，派人向前沿送水送饭……

面对红军战士的顽强抗击，敌人只攻下 3000 米水平距离的山地，却付出了 3000 人的惨重代价，敌精锐第 89 师丧失战斗力，不得不退出战斗。

尽管红军杀伤敌五六千人，但红军损失惨重。到瑞金集结时，李天佑领导的 5 师有的营仅剩十几个人。

四、战板垣伏击告捷

抗日战争爆发后，李天佑率领的红 4 师编为八路军 115 师 343 旅 686 团。李天佑被任命为团长，并率部赴三原集结待命。

云阳镇召开誓师大会后，李天佑奉命率 686 团在老爷庙附近设伏打击日军。

9 月 23 日黄昏，经过连续的急行军，686 团赶到距平型关大约 15 公里的冉庄驻扎下来。这是与日军交锋的第一仗，大家情绪高昂，都写了决心书、挑战书，发誓一定要给小鬼子一点颜色看看，有的战士更是写了遗书。

25 日零时，各团向预定设伏地开进。夜静更深，尽管是夜间，行动也要隐蔽，各团选择走羊肠小道。没想到，走着，走着，月黑风起，不久便下起了大雨，洪水横流。部队没有雨具，战士们就像从沟里钻出来一样。为了按时赶到阵地，战士们在崎岖、湿滑的山路上奋力前进，不顾一切地疾进！

面前的一条山溪眼看着成了湍急咆哮的河流。为了安全过河，李天佑和杨勇观察了涉水点后，要求大家把枪和子弹挂在脖子上，手拉手的过河。

经过艰苦的行军，部队按时赶到预定的山沟隐蔽待命。为了不暴露目标，李天佑下令不得走动和生火，战士们身上湿淋淋的衣服全靠体温焐干。

李天佑和杨勇伏在一个山坡上，四处观望，不放过任何敌情。地势狭长，公路对面山高坡陡，很难爬上去，李天佑这面山低坡小，便于隐蔽。

杨勇心情大好，这可是个打伏击的好地方，够小鬼子喝一壶的。

两人一商量，李天佑作了布置：687 团在东侧，685 团在西侧，单等敌人上钩。只要军号一响，687团折头砍尾，685团拦腰狠切，将鬼子切成三截。老爷庙目标太显眼，不能提前埋伏，只能在战斗打响后快速地抢占。

太阳升起丈把高的时候，山沟里传来了汽车的轰鸣声，随着声音越来越大，只听到有人小声地说了句："快看，来了！"

大伙往远处望去，隐约地看到100余辆汽车开来了。汽车越来越近，载着日军和物资的车队在前面，200多辆大车和骡马炮队在后面，接着而来的是骑兵。车鸣马嘶，忘乎所以，如入无人之境。车队越来越近，日本兵身披大衣，头戴钢盔，斜背着大枪，叽里呱啦的，十分骄横。

战士们紧握手中的武器，瞪大了眼睛，等着攻击的命令。蹲在沟里的战士仰着头，生怕听不到攻击信号。

在战士们的急切等待中，位于石灰沟南山头的师指挥部终于发出了攻击敌人的信号。顿时吼声四起，杀声震天。枪声、手榴弹声、迫击炮声，响遍了山岗。各种武器一齐向敌人开火。

日军死伤一片，冲锋号响起，指战员们从山坡上，树丛里、公路旁、山谷里杀向公路上的日军。

日军没有想到中了埋伏，到处是枪林弹雨，到处是硝烟滚滚。日军士兵哇啦乱叫，东奔西跑，人慌马惊，乱了方寸。

日军板垣师团到底是经过严格训练的部队，知道中了埋伏后，立即组织部队一面利用汽车，沟坎顽抗；一面指挥一部分人抢占老爷庙的高地。

李天佑早有防备，立即命令3营不惜一切代价抢先拿下老爷庙阵地

"保证完成任务！"3营周海滨营长不仅回答坚决，而且动作十分迅速，领着部队飞快地冲出去了。

"老李，你在这里指挥，我跟3营一起去！"杨勇还没等李天佑的回答，拔腿就向3营冲去。

山沟里炮声隆隆，硝烟弥漫，杀声震天。3营官兵迅速地穿行在枪林弹雨中，越过山沟，冲向公路，既不与公路上的敌人恋战，也不捡日军丢下的好武器，只顾往老爷庙冲。部队冲到老爷庙附近就与敌人展开了白刃格斗，

只见枪托飞舞，刀光闪闪，杀声震耳。

八路军战士第一次与日军面对面交手，面对强敌，毫不畏惧，都以一当十，奋勇厮杀。

"妈的，日军也是肉长的，一捅就喷血，再捅就完命！"一位山东战士一边怒吼，一边将手中的大刀舞出一团刀花。

3营向老爷庙冲击，李天佑命令12连副连长王培根带领一个排抢占东面公路拐弯路旁的一座土地庙。只要控制了有利地形，后面跟进的日军大车队就得全部堵在这里。

王培根赶到土地庙，石头一推，火力一封，截住了大车的去路，又将最后大车炸瘫，日军80多辆的车队顿时动弹不得。日军士兵叽里呱啦，牙龈上火，却是毫无办法，只能仓促应战。

686团的战士们越打越勇，击毙、捅死了一大批敌人，余敌弃甲丢械，退回到停放汽车处，有的凭借汽车作掩护，有的躲在车下保命。

看到这种情况，日军指挥官醒悟过来，赶紧指挥士兵争夺老爷庙制高点。敌人拼死向山头反击，以几十人、百余人、几百人连续发起冲锋，企图夺取阵地，敌人的大炮、快速骑兵也因此派不上用场。看着穿着皮鞋的鬼子兵乱七八糟成群向上爬，制高点上的战士们很沉得住气。等他们爬得上气不接下气、贴近制高点时，才一齐开枪。敌人刚冲上来，就被打垮下去。

在指挥战斗中，杨勇突然被敌人击中左臂，倒在了地上，他奋力想爬起来，可是手怎么也使不上劲。李天佑得知杨勇负伤后十分关心，指示人去把他救下阵地。杨勇坚持负伤不下火线。

日军不断增多，3营伤亡很大，9连干部大多数牺牲了，全连剩下的人也不多了。

李天佑询问3营营长周海滨："你们怎么样？还能打吗？"

"保证完成任务！"周海滨的回答坚决有力。

战斗到下午1时，687团攻过来了，两面夹击日军，辛庄至老爷庙之间的日军很快被歼灭在山谷里。

经过一天的激战，好几里长的公路上血迹斑斑，躺着 1000 多具血肉模糊的敌人尸体。日军的战马、大车、汽车、大炮等各种军用物资遍地狼藉。日军板垣师团第 21 旅团，遭到了毁灭性打击。

师教导大队队长彭明治率领学员和老乡打扫战场，干了两天也没有把东西搬完。据统计，击毁日军汽车 100 多辆，缴获野炮 1 门，炮弹 2000 多发，机枪 20 多挺，步枪 1000 多支，掷弹筒 20 多个，战马 50 多匹，军用物资无数，单是军大衣就够全师每人一件。八路军参战部队也付出了伤亡 1000 余人的代价。

平型关大战的胜利是八路军出师华北前线打的第一个大胜仗，也是中国抗战以来的一个大胜仗，打破了日军鼓吹的"皇军"不可战胜的神话，极大地振奋了全国抗日军民的勇气，暂时稳定了华北国民党部队溃败的局面，增强了抗日胜利信心，提高了共产党和八路军的声望。

平型关大捷的消息传遍全国。蒋介石闻讯大喜，当即发出贺电："25 日一战，歼敌如麻，足徵官兵用命，深堪嘉慰！"

卫立煌喟然长叹："老六团果然名不虚传，如果国军都能如此以一当十、以十当百，战争态势何以至此！"

1938 年 2 月，李天佑任 343 旅代理旅长，转战吕梁山地区，参与开辟冀西南抗日根据地。5 月，赴延安治病。由于战斗频繁，经常几天几夜不眠不休，患了严重的神经衰弱。由于延安医疗条件差，组织上把他送去莫斯科治疗，然后学习。他于 1939 年 6 月到达莫斯科，治疗 3 个月的病之后，进伏龙芝军事学院学习。1941 年 8 月，苏德战争爆发，形势紧张，李天佑奉命回国。抵乌兰巴托后，因交通受阻，一路辗转，到 1944 年 3 月才返回延安。他参加了中国共产党第七次全国代表大会，后随大部队到了冀鲁豫边区待命。

五、战四平威惊明仁

1947 年 4 月，李天佑调任东北民主联军第 1 纵队司令员。

三下江南和四保临江的战斗后，东北民主联军有效地打击和削弱了国民党军的有生力量，迫使国民党军停止了战略性进攻，东北战局发生了有利于东北民主联军的巨大变化。随着形势的好转，东北民主联军从战略防御逐步转入战略进攻。

国民党在东北连败，长春、四平成了孤岛。四平是国民党辽北首府、东北东部的交通中心，又是进入北满的门户，历来为兵家必争之地。

机不可失，东北民主联军总部命令李天佑和万毅指挥 1 纵、7 纵和 6 纵第 17 师组成的攻城部队坚决拿下四平。

四平果然是块险地。东北郊山峦重叠，西南郊河道纵横，地势险要，易守难攻。国民党军在城外构筑了数千个碉堡，挖了数十条交通壕。外壕宽和深 3 米左右，沟底设置木桩和绊索，沟外有数道铁丝网，还有鹿砦等。四平城筑起了高厚的城堡，内有轻重武器射击孔，并有纵深设施。交通要点、主攻方向与容易受到攻击的地方均埋了地雷和手拉索雷。城内工事以军指挥部为核心阵地，以各部据守点为支线，环绕四平城构筑，城防工事相互连通。核心工事内有沟盖、交通壕、射击孔、瞭望台等设备。军指挥所周围布了几道铁丝网、拒马、鹿砦等障碍物。阵地内设有几处指挥所、弹药器材储存处，还有专门的发电设备。

工事坚固，守城的部队也不少。守城部队除了第 71 军和第 13 军的一个师，还有保安和民团等地方部队，共达 35000 余人。第 71 军陈明仁军长信心满棚，说："我们有钢铁般的核心阵地和坚固的外围为工事，四平是万无一失的。"国民党中央社记者们参观后，大发感慨："四平固若金汤，加上国军训练有素，共军难越雷池一步，只能望城兴叹！"

看过地形后，李天佑和万毅率领攻打四平的部队于 6 月 8 日包围了四平城。

经过一阵战前准备，至 11 日，攻城部队已扫清了外围据点，攻占了敌人的飞机场。

射人先射马，擒贼先擒王，陈明仁知道只要将攻城部队指挥所一网打尽，攻城就成了一句空话。于是，他从长春请来几十架飞机，试图来一场斩首行动。

国民党飞机在空中侦察、轰炸，不放过一丝可疑的地段。可是令他们万万没有想到的是，李天佑居然把自己的指挥所放在四平城外 300 来米的土坡的柳丛中。

来而不往非君子，4 月 14 日，李天佑发出总攻命令：首先歼灭铁路以西的敌人，再歼铁路以东的敌人，等炮击后，集中兵力以西南为主要突击进攻方向。

入夜，战斗非常激烈。李天佑指挥部队发起 4 次猛攻。战士们英勇顽强，猛打猛冲，攻占了离市区两公里以外十公里以内的全部村庄，控制了外围阵地。

为了向纵深扩展，李天佑一面调入兵力加强攻势，一面要求炮兵全力支援。炮兵副司令员匡裕民满脸急色，说，"我们的炮弹不多，只用大车运炮弹远远满足不了需要！"

李天佑一听，急了："这怎么行，现在步兵正需要炮兵的支援。"他立即抓起电话听筒通知运输部门："抓紧运送炮弹，不睡觉也得不停地运！"

炮弹到手后，匡裕民指挥炮兵向四平阵地发射了千余发炮弹，一时间城内四处火起。受到重创，第 71 军陈明仁却毫不气馁，致电杜聿明长官："14 日夜，共军集结主力，猛扑四平，自晚至晨，炮火轰鸣不停，职已激励士气，以成功成仁之精神，保卫四平，不负军座之厚望。"

陈明仁这次可以说了拼了老命，日夜督战，命令部队誓死抵抗、和共军血拼到底。

国民党军拼死顽抗，民主联军的炮弹却不能及时、充足到位。由于没有炮兵的支援，冲进城内的少数部队损失很大，几乎全部壮烈牺牲。

李天佑（右一）和战友在一起

共军受挫，国民党就此大造舆论，说什么"四平守军英雄作战，完全消灭城内残余共军"。得知消息后，蒋介石立即派飞机空投了大量慰问品，为四平守军撑腰打气。

局势不妙，李天佑又得到情报：城内敌人有近4万人，比战前估计的多出一倍。

坚持打下去，这块骨头实在不好啃；放弃，不仅助长敌人的嚣张气焰，更乱了军心。思前想后一番，李天佑把桌子一摆：6纵17师上。李天佑一贯善于使用预备队。每次作战，他都尽力保存相当数量的预备队，不到关键时刻决不动用。要全歼守敌，尽快攻占四平全市，预备队该派上去了。

6纵17师是预备队，预备队一上，李天佑再无可用之兵。

6纵17师这支生力军果然不同凡响，采用连续爆破，炸塌了国民党不少碉堡、火力支撑点，直接摧毁了国民党军71军军部，并活捉了陈明仁的弟弟、特务团团长陈明信。

陈明仁慌了手脚，率71军军部人员龟缩到铁路以东地区负隅顽抗。回过神来，陈明仁多次组织反击，却屡遭失败，便采取了守势。

东北联军7纵队从西北方向突破了敌人的防线，歼灭了敌保安团第4连，攻占了铁路大楼，攻进了国民党省政府大院。部队从铁道桥以南地区很快突破到铁道以东，与敌人展开激烈的争夺战。

双方进入胶着状态，到处都是炮弹、手榴弹爆炸声，硝烟滚滚，烈火熊熊。铁路以东地区打得更猛烈了，双方死亡的尸体遍地狼藉，惨不忍睹。

争夺最激烈时，国民党军两三分钟就出动飞机对民主联军阵地狂轰滥炸。联军攻下一个据点，国民党军飞机就轮番轰炸。敌人夜里失去的阵地，白天他们用飞机、大炮轰炸后又夺了回去。阵地是得而复失，失而复得。短兵交手，厮杀，伤亡，减员。战斗的激烈程度却没有减弱。

李天佑指挥部队以顽强的攻势，密集的火力，以及成批的炸药包，接连冲锋，以排山倒海之势，使敌人胆战心惊，惶惶不可终日。正如国民党中央社记者所描述的："中共以数十人一队之数百个冲锋队，用波浪式攻势，前仆后继，踏尸猛冲，尸体堆积如山……"

在民主联军的连续攻击下，陈明仁把自己的卫队也顶了上去。联军很快攻占了四平市五分之三的地区。陈明仁的警卫团战死五分之四，10名连长活着的仅剩4人。面临灭顶之灾的陈明仁接连向蒋介石和杜聿明呼救求援。

蒋介石焦头烂额，坐立不安。他给杜聿明发了一份限令电：限他6月30日以前，必须解四平之围。

四平城双方战斗在巷内展开，争夺得更加激烈。双方打急了，打疯了，打红了眼。联军攻城部队到处遇到碉堡、楼房、工事以及从街垒里射出的交叉火力。战斗集中地区的每一座房子内、每一条街巷中都留下不少双方流血负伤者和大批的尸体。敌人调整了部署，集中兵力、火力，利用有利掩体，给攻击的联军部队造成很大伤亡。

黄昏后，四平市内的上空燃烧弹、照明弹、发光弹以及燃烧的建筑物，将战场照得如同白天。

　　枪声、炮声、手榴弹声和喊杀声此起彼伏，震荡着整个四平上空。经过连续夜以继日的浴血奋战，解放军摧毁了敌人无数的坚固工事和成群的地堡，使敌人步空联合防御体系陷入瘫痪，歼灭了国民党军 71 军军部，暂 3 师全部，以及 87 师和 54 师大部，还歼灭了军直属炮兵团、特务团、保安团等部，击毙敌军副参谋长以下官兵万余人，俘敌 71 军团长以下官兵 6000 余人。

　　正当陈明仁残部即将彻底被消灭的时刻，敌人增援的 4 个军全速向四平开进。民主联军司令部发现敌情变化，立即命令李天佑、万毅停止攻城，撤出战斗。

　　四平攻坚战后，在李天佑的直接指导下，1 纵队总结出 9 条攻坚战的经验教训，并由他亲自向总部写了报告。

　　在报告中，李天佑主动承担了四平攻坚未克的责任，认为在连续胜利的情况下，部队产生了轻敌思想，因而对敌情的判断不准确，过高估计了敌人的困难和不利方面，未估计敌人的有利条件；其次，由于是第一次进行大规模攻坚战，缺乏经验，在总攻时间、突击方向、肃清外围、巷战、防空、物资保障等方面都有考虑欠妥之处，并提出四平攻坚战中创造的并肩突击战法、连续爆破法、"四组一队"等实战经验。

　　读了这个总结报告，林彪眼睛顿时一亮，很快从李天佑的报告内容中进一步提炼出攻坚战斗中"四快一慢"的战术思想。

六、破耀湘重拳双出

　　锦州战争结束后，蒋介石判断东北野战军伤亡大、物资消耗过多，于是下令廖耀湘率部经黑山、大虎山南下收复锦州，然后掩护沈阳守军经北宁路撤入关内。

根据敌人的动向，东北野战军首长向中央军委建议以诱敌深入的方针，在辽西的新立屯、黑山、沟邦子地区伏击敌人，打个歼灭战，消灭总退却的敌人。这是一着妙棋，中央军委很快予以批准。

野战军司令部令锦州地区的李天佑领导的 1 纵主力和 3、7、8、9 纵与 6 纵一部立即隐蔽地向新立屯、大虎山、黑山方向急进，采取拦住头、拖住尾、夹击中间、分割包围的战法歼灭廖耀湘兵团。李天佑的 1 纵第 3 师和 10 纵则撤至黑山、大虎山地区，构筑工事，阻挠敌人前进，以争取时间，等主力部队赶到，围歼敌人。

李天佑于 21 日率部向东疾进，参加歼灭廖耀湘兵团的辽西会战。因为部队接到通知比较突然，要求比较急，官兵们不顾一切疲劳，克服一切困难，昼夜兼程，勇猛推进。在政治思想方面，一面行军，一面进行思想动员和组织整顿，教育补充连队战士。

李天佑命令 3 师直插黑山以东，先敌到达阵地，做好伏击准备。

23 日，敌先头部队带着清一色的美式装备逼近黑山。担任守黑山阵地的 10 纵和 1 纵 3 师要阻击国民党军 6 个军的进攻。

在飞机、大炮的猛烈轰炸和袭击下，国民党军进行了车轮战般的集团性冲击。10 纵和 1 纵 3 师官兵浴血奋战 5 个昼夜，阻击了廖耀湘兵团通过，并将其阻困在黑山地区。廖耀湘获悉东北野战军主力已于 26 日赶到，立即令其各军分别向沈阳方向撤退，但为时已晚。东北野战军各路纵队由西向东、由南向北，将廖耀湘兵团围困在狭长的 120 平方公里的地区内。

李天佑命令 3 师师长刘贤权率 3 师立即从黑山以东插过去打乱敌人的阵脚，又命 1 师跑步前进从右边切断敌人退路，并指定 2 师出击南逃的敌人，大声喊道："绝不能让敌人逃跑了！"

战士们见司令员斗志昂扬，顿时产生了一股巨大的如潮水般的力量，勇猛地冲击，以火力阻住了敌人的逃跑。

全纵队指战员全线出击，勇猛冲杀，大胆插入敌阵中，分割围歼，消灭敢于顽抗的敌人。

炮声震天,到处都响起了追歼敌人的枪声、喊杀声。在各纵队四面猛攻下,国民党军慌了手脚,如鸟兽散,望风而逃,东窜西奔,听到东面有炮声,就向西逃,听到西面有喊杀声,就向东跑。互相踩伤、碰伤、挤伤的不少。只要解放军一冲击就缴枪,一喊杀就举起手。少数顽抗者,立即被击毙!许多人看到顽固抵抗者的下场,禁不住地举起了想活命的手。

各部队展开了抓俘虏竞赛,机关干部、炊事员、民工都在抓俘虏。敌人放下的武器堆积如山。抓住的俘虏,到处都排成了长队。

李天佑后来在回忆当时的场景时写道:"10月的辽西平原到处响起了胜利追击敌人的号声。指战员们忘却了疲劳、寒冷、饥饿、伤痛,哪里有枪声,就冲向哪里。

"在我大军四面猛打猛冲下,敌人失去指挥和控制,溃不成军,犹如热锅上的蚂蚁,东窜西奔。我军东面炮击,敌人就向西逃;西面枪响,又向东奔,甚至自己乱撞乱碰,弄得人仰马翻,东歪西倒。只要我军一打就缴枪,甚至一喊也缴枪。遗弃的汽车、大炮、枪亥、辎重,遍地都是。战士们横冲直撞,大抓俘虏。有枪的拿枪、没枪的拿棍子,机关干部、宣传员、炊事员还有民工,都冲上去抓俘虏。有的部队来不及抓俘虏,只在地上插上两根棍子当大门,向混乱的敌人宣布'凡是从这门里过去,放下武器,就算解放了!'敌人乖乖地从'门'里过去,武器堆积成山。"

经过两天的围歼,廖耀湘兵团近10万人,全军覆没。廖耀湘也当了俘虏。

廖耀湘兵团被歼后,李天佑又奉命率部发扬不怕艰苦、连续作战的精神,以每小时七八公里的速度,向沈阳挺进,参加解放沈阳的战役。

李天佑指挥1纵3师在东进途中,协同2纵攻下新民,沿途歼灭逃敌,昼夜兼程向沈阳开进。

在行军途中,大家得知围困长春的部队已挺进沈阳近郊的消息后非常高兴,更加加快了行军速度。

刘贤权带领3师于31日下午4时多赶到沈阳西郊时,兄弟部队正在东、南、北郊与敌激战。

刘贤权向李天佑请战，要求部队投入战斗。

李天佑指示部队先停下来做战前准备，自己带领作战人员看地形。

李天佑到了阵地，站在高处一看：前面铁西区是敌人主要防区，构筑了各类纵横交错的永久性工事。这时，对如何使用兵力，他心里有了底数。

黄昏时，3 师师长刘贤权按李天佑的命令用第 8、第 9 两个团投入了战斗，连续攻下了敌人的碉堡群，为主力部队进入市区打开了通道。

11 月 1 日拂晓，1 纵、2 纵由西、西北；12 纵由南，各独立师由东、北等几个方向，对沈阳发起了总攻。经过炮击，冲锋，很快突破了第二道防线，敌我双方展开了巷战。

一阵猛冲、猛打后，敌人成了惊弓之鸟。野战军各纵队乘胜向纵深发展，越打越勇！

深夜，1 纵 3 师占领敌东北"剿总"大楼，打到了敌人指挥中心。这时，敌人已无力抵抗，纷纷缴械投降。沈阳解放了。

智勇战将
——皮定均

★ZHIYONGZHANJIANG PIDINGJUN★

皮定均（1914-1976）安徽省金寨县人。1928年参加中国共产主义青年团，任英山县童子团团长。1929年参加中国工农红军，1931年加入中国共产党，参加了长征。抗日战争爆发后，任129师特务团团长，率团随师部转战于太行抗日前线，运用游击战中的灵活多变的战略战术，取得了节节胜利。1944年，日军集结重兵，开始向正面战场河南进攻，皮定均组织豫西游击支队，强渡黄河，开辟豫西抗日根据地。经过半年的努力，建立了两个专署、10个县级政权和10个抗日独立团5000多人。解放战争时期，1945年10月，豫西支队开赴中原军区，被编为1纵1旅，皮定均任旅长。他带领部队粉碎了10倍于己的国民党军的围追堵截，到达苏皖解放区，胜利地完成党中央赋予的掩护全军区向西突围的光荣任务。

新中国成立后，任中国人民解放军第24军军长兼政委。1952年9月中旬参加抗美援朝战争，任志愿军第9兵团第24军军长兼政委。1955年被授中将军衔。

一、砸火神英雄少年

皮定均是安徽省金寨县人，1914 年出生在代家岭村的一个贫苦家庭。他幼年丧父，母亲改嫁，靠要饭、帮地主放牛为生。

1927 年，金寨县建立了中国共产党组织，领导农民运动，很多贫苦农民都参加了农民协会。皮定均只有 13 岁，也闹着要参加农会。

乡农会主席不同意，笑着说："你娃娃都没有锄头高，凑什么热闹。"

皮定均头一拧，说："人矮咋啦？照样革命！你们干啥我干啥，我还就不信了。"

乡农会主席也不在意，小孩子图新鲜，过几天就退烧了。

皮定均和农会干上了。农会开会，他去听；农会游行，他跟着喊口号。更要命的，他还死粘着农会主席，上个茅房都在外面蹲着。

农会主席受不了他，又看他是个孤儿，于是就批准了他加入农民协会的请求。皮定均成了金家寨六区五乡最小的一名农协会员。乡农会看他聪明伶俐、记性好，于是让他担任通信员。虽然是送文件、下通知，皮定均干得却十分认真。

1929 年 5 月 6 日，商南武装起义成功后，皮定均的家乡古碑冲、南庄畈武装暴动也获得了胜利。游击队赶走了商团，并将官商汪东阁、吴立合的布匹、粮食、食盐堆放在街上，号召贫苦农民来领。

东西诱人，身无分文的贫苦农民将物品围了一圈，却没有人敢上前一步。汪东阁、吴立合都是有名的地主老财，万一带人打回来，到时伸手的人都要被打得半死。

皮定均当时才 15 岁，一看众人不敢领东西，一把推开人群，跳上旁边的布堆，大声说："农友们，这些布匹、粮食、食盐本来就是我们穷人血汗换来的。汪东阁、吴立合一滴汗也没出，却霸占我们的血汗钱。现在红军分给我们，这是我们本分。我们不领，难道还要红军还给汪东阁、吴立合不成？这次红军只是取回我们的财产，下次就会要了汪东阁、吴立合这些地主恶霸的狗命。"

红军会要地主恶霸的狗命，人群中发出嗡嗡的声音。有人开始嘀咕着拿东西的事情。

皮定均也不说话，跳下布堆，拿起一匹布就递给了身边的一位老大爷，说："大爷，这块布给你做几身衣服。"老大爷犹豫了一下，看了看手中的布，拿着布走了。

红军师长周维炯将手一拍，说："农友们，这位小同志说得对，这些东西是我们农民用血汗做出来的。现在我们红军分给你们，是你们本分，不能再还给汪东阁、吴立合！"

有人带头拿布，红军又来撑腰，人群一阵骚动，有的人喊"同志，给我二匹布"，有人喊"同志，我不要布，要粮食"。就这样，成堆的布匹、粮食和食盐不一会儿就被分得精光。

暴动后，各级苏维埃政府很快建立起来。皮定均由于工作积极、敢于斗争，被批准加入了中国共产主义青年团，担任乡、区童子团团长。

皮定均的积极勇敢得到了红军和苏维埃很多领导同志的表扬。1930 年，他被调到英山县任县童子团团长，同年冬由团转党，并且参加了中国工农红军。从此，他跟随革命队伍南征北战，在四次反"围剿"斗争中英勇顽强，多次立功，成为一名优秀的红军战士。

二、求上进喜得青眼

1932 年秋，由于张国焘的错误领导，鄂豫皖苏区第四次反"围剿"失败。红军主力被迫西进川陕，开辟新的根据地。皮定均由于少年老成、作战勇敢，又善于学习，被提升为连指导员。

在粉碎敌人向川陕革命根据地发动 6 路围攻的战斗中，皮定均领导的连队连战皆捷，缴获敌人两个连的装备，受到师、团首长的嘉奖，皮定均接连被提升为营政治教导员、军交通队教导员、副科长。

1935 年 10 月，张国焘坚持错误，公然另立中央，分裂红军，分裂党。朱德、刘伯承等领导人和张国焘的分裂主义做了坚决的斗争，并深入到师、团、营、连、排向干部和战士宣传中央北上的正确方针。

这时，皮定均担任直属中央军委领导的红军大学教导师第二团团长。学员全系红 4 方面军的师、团、营、连干部。在张国焘的欺骗宣传下，学员中也有少数人支持反对党中央的北上方针。刘伯承觉得二团学员的觉悟对整个红 4 方面军起着重要作用，红 4 方面军同志自己起来反对张国焘的分裂活动最有说服力。为此，他多次和皮定均促膝谈心，循循诱导。

皮定均识破了张国焘的野心，坚决地站到党中央方面，积极向学员们宣传党中央的正确方针，批判张国焘的分裂主义。二团的觉悟很快影响到整个教导师，学员都逐步觉悟起来，有力地抵制了张国焘的错误。后来，很多同志回忆说："教导师的稳定对红 4 方面军的稳定起了决定作用。这是刘伯承的贡献，也有皮定均的一份功劳。"

皮定均在红军学校担任团长期间，对自己要求特别严格，不仅带头遵守学校的共同制度，还严格遵守自己定的"特殊制度"。

按时作息是红军学校要求全校人员必须严格遵守的一项制度。对此，皮定均总是带头遵守，从不违犯。一次，新来的团俱乐部主任和皮定均住一个房间。熄灯号吹响的时候，两个人正谈到兴头上，皮定均说了声："熄灯了，不谈啦。"说完，当即收住了话头。那位同志还以为年轻的团长为照顾他走了一天路，让他早点休息呢。

一天晚上，皮定均和政委召集干部开会。到了熄灯的时间，政委还在滔滔不绝地讲着。皮定均马上写个纸条递过去，提醒政委结束讲话。但政委看后只说了句"不要紧"，又继续讲起来。散会后，皮定均十分认真地向政委指出："吹过熄灯号就休息，这是全军校的制度，我们领导干部应带头遵守。"

每天找一个同志谈话，是皮定均给自己规定的一个"特殊"制度。有一次，皮定均和一位到3团工作不久的干部谈起这件事时，说："我一天找一个人谈话，一个月就找30个人谈话。"这位同志听了，很是惊讶，心想，作为一团之长每天有多少工作要做，还要坚持找一个同志谈话，能做到吗？便半开玩笑地问："2月份是28天，闰年也不过29天，你怎么办？"皮定均听了也笑着问他："大月31天，你怎么说？"

由于皮定均很好地坚持了自己定的这一"特殊"制度，经常保持同干部和学员接触，不仅对干部的情况很清楚，就是对每个学员、炊事员的思想情况，也了如指掌。后来，校部把皮定均的这一做法推广到全校，对全校的工作起了很好的推动作用。

身为培育指挥员的团长，皮定均结结实实地抓住了作风的培养，但对军事技术训练上他还不在行。他虽然不大懂，但却很自信。

一次，他主持部队夜间进攻演习。演习前，主任军事教员阎捷三问他："今天这个演习，怎么个搞法？"

皮定均手一摆，说："你别管，这个咱在行。"

主任军事教员阎捷三来自中央红军大学，在理论上和实践上均颇有见长，在瑞金时便已经任教，还当过师参谋长。见皮定均如此自信，阎捷三也就没有多问。

皮定均把队伍带到山坡上，对着山坡下面的洼地和洼地后边的山头，下令吹冲锋号。冲锋号吹得很响，山鸣谷应，几百号人冲向洼地。

流血牺牲都不怕，洼地算什么，皮定均培训的就是红军铁的纪律。队伍冲进洼地，才发现根本冲不动。洼地表面有层薄冰，薄冰下面是烂泥，几百人全滚了一身泥，好不容易才退回来，一个个冻得直哆嗦。

回到驻地，阎捷三婉转地说："预先侦察一下，把道路搞好，可能会更好。"皮定均接受了阎捷三的批评，说："以后再搞，要事前摸清情况，就算临时搞，也要派几个人在前面走走，不要匆匆忙忙的。"

又有一次，一个学员跳木马跳了几百次都不成功。皮定均急了，在一旁看了上百次，看的人都累了。

学员再跳，皮定均伸手就在他屁股上推了一巴掌。学员跳了过去，当时就晕倒在地。医生一检查，睾丸碎了。

"好么，为了跳木马、争红旗，皮定均同志一巴掌把学员的睾丸卡碎了，这真是咱们八路军的特大新闻。"刘伯承师长在全师机关干部和团以上干部大会上这样点了皮定均的名。整个会场哄堂大笑。

不管怎么说，皮定均还是扛走了体育竞赛的优胜红旗。刘伯承批皮定均批得很严，见到他也不笑了，但却打心里喜欢他喜欢他争强好胜的个性和他的聪颖机智。

不久，刘伯承提名皮定均担任 129 师特务团团长。

三、打游击大行威风

抗日战争爆发后，皮定均带着八路军 129 师特务团随师部一起，转战在太行抗日前线。

太行山头顶正太（线），脚踏陇海线，西面控制平汉和同蒲两线，南北控制邯长公路，地理位置极为重要。晋冀鲁豫的太行山根据地已成为坚持敌后抗日的坚强堡垒，八路军总部和 129 师师部都设在这里。

为除掉这个"心腹之患"，日军调动 5 万兵力，想打通邯郸至长治公路，把太行分割成南北两块，然后实行所谓分区"清剿"，把八路军消灭在太行山地区。为了保险，日军又勾结国民党顽军朱怀冰、孙殿英、侯如庸等部，约定同时进犯太行山根据地。

为了粉碎敌顽夹击的阴谋、斩断日军伸进太行山区的魔爪，师部命令皮定均率 129 师特务团开赴邯长大道沿线的武安、涉县、黎城、潞城一带迎击敌人。

1939 年 7 月 12 日，皮定均率部刚到涉县西北的岭后村，就得知 300 多名日军因为漳河水暴涨和东岸的主力走散，目前住在西岸的河南店。

日军落单，正是痛下狠手的时候。

雨夜，皮定均带着部队悄悄地摸进了河南店北街。2 连的战士们爬上房顶，揭开屋瓦。雨水滴在鬼子睡的铺上，熟睡中的日军被雨水淋醒，以为是房子漏雨，骂骂咧咧地起来躲雨。战士们不等敌人发觉，一股脑地把手榴弹扔了进去，炸得日军鬼哭狼嚎。

侥幸活着的鬼子顾不上穿鞋，连爬带滚地奔向村西北角，想抢占关帝庙旁的高地。3连1排早已歼灭了关帝庙里的敌人，看到又有日军赶来，架起刚缴获的歪把机枪开足火力扫射。

屋漏偏遇连夜雨，三魂丢了二魂的日军将心一横，扭头便往河边跑。3连的战士一看到手的鸭子要飞，撵着屁股就追了过去。

日军急得不行，哪管水深火热，光着脚就冲进河里。3连虽然不喜欢打落水狗，打落水的鬼子却是有兴趣，架起歪把机枪就是一阵扫射。

对岸涉县城里的鬼子听到歪把机枪的声音，以为是友军在追杀过河的八路，"噼里啪啦"对着河中就是一阵乱枪，想过河，先得问问我手中的家伙。

两面夹击，激流涌动，深夜过河的日军这回倒了血霉。300多名日本鬼子除少数逃上对岸以外，其他都翘了辫子。

日军在河南店遭受打击以后，知道邯长大道上有八路军阻击，变得小心谨慎起来，于是采取大部队行动、步步为营、稳扎稳打的战术。根据敌人相对集中、相互拉大空隙的特点，皮定均采取了"破击战"，破坏敌人交通和通讯联络，使敌人首尾不能相顾，甚至成百辆汽车瘫在公路上不能行动。汽车一瘫，皮定均带着部队一阵枪击，然后撒腿就跑。

针对皮定均的这种策略，狡猾的日军采取分兵"进剿"的战术。皮定均又根据敌人分散的特点，让特务团和各县抗日武装组织三五人一组的夜袭队，利用山熟、路熟、人熟的有利条件，夜袭敌人据点。在邯长大道上，几乎每天夜里都能听到敌人碉堡的爆炸声，打得敌人心惊肉跳。

为了对付夜袭队，日军组织了许多支100人左右的巡逻队，昼夜到处巡逻。皮定均针锋相对，采取"麻雀战"的战术，将特务团和各抗日游击小组分散，藏在山头上或青纱帐里，瞅准机会，就一阵猛打。有时敌人死伤一大片，还不知子弹从哪里打来的。

在皮定均组织的声势浩大的群众性游击战打击下，日军的"清剿"失败了。鬼子虽然付出了惨重的代价，邯长路的交通补给还是得不到保证。他们只得退缩到公路线上，增加了几十个小据点，并抽出部分兵力在公路上来回巡逻，企图保住邯长路的通信和运输安全。

交通是日军的"生命线"，日军为保护邯长大道的畅通，采取了更加野蛮的方式，竟把靠近公路100米以内的树砍光，房屋烧光，沟填平，企图把邯长大道变成人不能蹲、鸟不能停的无人区。日军以为这么一来，八路军和游击队就不能接近他们，他们就可以据点为依托，保护他们的"生命线"。

几个据点就想护路，皮定均一阵冷笑。想待在据点，老子成全你。皮定均带领八路军和游击队，广泛发动群众，制造各种各样的地雷埋在据点外。

一天晚上，战士们在据点外面扎了几个草人：一个鬼子兵，一个八路军，一个老百姓。八路军手里端着刺刀正好插在鬼子的胸膛上，老百姓拿的红缨枪也捅在鬼子背上。旁边插了块木牌，上面写着："打倒日本鬼子！"

第二天一早，一队鬼子出门看见草人八路军活杀日本兵，顿时怒气冲天。一个鬼子伸手就去拔牌子，一个鬼子用劲踢倒了草人，只听得轰隆几声巨响，草人和牌子底下的地雷统统爆炸了，鬼子死伤了一大堆。

皮定均在冀南

路边、沟旁、草堆、树根以及房子里的桌椅板凳、锅碗瓢盆，随时都会给敌人一个突然爆炸。日军被地雷，捆住了手脚，牢牢地拴在据点里，再也不敢乱动。至此，邯长大道又成了八路军的天下，沿线敌人的据点，变成了风雨飘摇的孤岛，守敌也更加惊恐。日军扒房房炸，锯树树炸，去烧庄稼，刚到地边就响了地雷！就是缩在炮楼里、碉堡里，也免不了经常吃地雷。皮定均他们随便在据点外面或山上扎上几个草人，放上几声冷枪，敌人的机枪大炮就会打上几个钟头。敌人真正陷入了风声鹤唳、草木皆兵的境地。

鬼子使用的种种毒辣手段全都被英勇的太行军民战胜了，日本鬼子只好乖乖地听皮定均的指挥，躲在城里一动也不敢动。这时，夺回邯长大道的时机已到，将鬼子全部逐出太行山区的条件已经成熟了。

12 月 12 日，刘伯承、邓小平命令：对邯长大道之敌发起全线攻击。

在 344 旅及各县游击队的配合下，皮定均带领特务团夹击邯长大道中段。前后 10 天，作战 70 余次，打得日军和顽军狼狈不堪，不得不全线退出邯长大道。皮定均率领部队一鼓作气，连下响堂铺、河南店、涉县。至 26 日，涉县至武安间敌十几个据点全被我军摧毁。进犯邯长大道的日寇，除少数逃回武安、邯郸外，大部被埋葬在太行山和邯长大道上了。

此次战斗粉碎了敌人企图分割太行、歼灭我军的阴谋计划。邯长大道上的日军，不管是采用长驱直入、稳扎稳打，还是分区"清剿"、"三光政策"，都被皮定均率领的特务团和当地抗日群众一一击破了。战后，皮定均被提升为太行军区第 5 军分区司令员，领导林南地区抗日斗争。

四、进豫西捏沙成铁

1944 年夏天，国际反法西斯战争已经取得了很大胜利，中国的抗日战争也已经由战略相持转为战略反攻。

为了挽救其最后失败的命运，日军集中 5 万余人兵力进攻河南。驻守河南的国民党军蒋鼎文、胡宗南及汤恩伯部共有 40 余万人，听说日军来袭，不作丝毫抵抗就望风而逃，郑州、洛阳等 38 个县的广大区域沦入敌手。

为拯救处于水深火热之中的豫西人民、打击日军嚣张气焰，八路军总部决定组织两个支队强渡黄河、开辟豫西地区。一个支队是豫西工作队，另一个支队是豫西抗日游击队，皮定均被任命为豫西抗日游击支队司令员。

皮定均接受任务后，迅速率部队从山西境内强渡黄河进入豫西。豫西不太平，到处是荒芜的土地、流离失所的难民和紧紧关闭的土围、土寨和此伏彼起的枪声。

当时的豫西，日军和国民党顽固派占绝对优势，城镇和交通要道均在敌人的控制之下。日军重兵放在郑州到潼关的陇海路沿线和从洛阳到南阳的几条公路线上，指挥中心设在洛阳，各县城都配有一个中队至一个大队的兵力，并有大量伪军充当鹰犬。

敌情严重，豫西百姓的无视却是皮定均最感到担心的。兵火连天，灾害连年，国民党又对共产党不停的诋毁，不少对生活绝望的百姓对八路军基本不信任：国军都斗不过日本人，小米加步枪的八路军还能和日本人斗。豫西百姓一无视，八路军受的罪可真不少，吃饭、宿营、行军、作战等哪件事都不顺心。

一进嵩山，皮定均就觉得这地方不利于开展游击战争。国民党和封建势力统治比较强固，群众对八路军一无所知，要在这里活动十分困难。一番侦察以后，皮定均率领部队进入箕山中心地区的东、西百栗坪。

话是说出来的，信任是做出来的。要得民心，得顺民意。皮定均正在犯愁，就接到一个情报：1万多名民工被日军强征到登封修飞机场。

皮定均眼中一亮：捣毁飞机场，解放民工，八路军抗日的名声想不出名也难。

8月14夜，豫西抗日游击支队第3团冲进机场，将机场的日军来了个一锅端。随后，战士们对着人群里高呼："我们是黄河北边过来的八路军，是专打鬼子来的。老乡们快跑啊，回家和家里人团圆吧！"

鬼子一死，1万多民工胆子壮了，呼啦一声跑得干干净净。欢天喜地的民工回到家中，动不动就说八路的好。"八路军是神兵，从天而降"像一阵春风吹遍了豫西大地。

打铁要趁热，皮定均立即派人分路进行武装宣传，以八路军的模范行动教育人民群众。

豫西有很多力量雄厚的实力派，他们掌握着武装和一批群众。如果能够争取他们共同抗日，对建立和巩固根据地有着莫大的作用。到偃师后，皮定均特别重视做当地实力派人物的统战工作，首先把目光盯准了国民党偃师猴山乡乡长裴子明。

裴子明性情刚直暴躁，好交朋友，重个人义气，人称叫"裴大炮"，在偃师实力派和群众中有较好的威信。日军打进河南后，国民党的县、乡、保长纷纷逃往西安，裴子明说："俺生是豫西人，死是豫西鬼，逃他奶奶干什么？"虽然日寇几次诱降，裴子明都没有变节投敌。

争取到裴子明，不仅可以动员他献出藏匿的弹药，也可以树立一个抗日的标杆。为了争取裴子明抗日，皮定均亲自去拜访他，并特地带了一把从华北战场上缴来的日本军官的指挥刀作为见面礼。裴子明怕八路军对他不利，听说皮定均来了，提前躲了出去。

皮定均向他的大哥、侄子说明了来意，要他们劝裴子明回来。裴子明大哥、侄子找到裴子明，再三劝他："人家司令上门来看你了，你好意思不去见一面吗？"裴子明却不过情面，把心一横说："走！豁出去啦！"他往腰带上插了两支驳壳枪，大机头打开，回到家中。

见了面，皮定均向他说明了来意，说明了团结抗日的政策，裴子明听了很高兴。最后，皮定均把指挥刀送给他说："我们知道老兄不愿意当亡国奴，不愿意出卖祖宗，所以我们非常欢迎你出来和我们一起抗日。这把刀是我专门杀鬼子汉奸的，我送给你，希望你英勇杀敌、为国立功！"

裴子明唰地抽出钢刀，试试刀锋，哈哈笑着说："啊哟，这把战刀利得很哪！"

接着，皮定均鼓励了他不投降日本人的爱国气节，表示欢迎他出来和八路军一道抗日。

裴子明把胸脯一拍说："中！打日本鬼子，咱裴子明跟你们干！"

八路军作风正派，纪律严明，待人和气，所到之处深受人民群众的欢迎。各地的老百姓都说："我们老几辈从来也没有见过这样的军队！"、"八路军才真正是人民的子弟兵！"

豫西人民认识到共产党、八路军是真正抗日的部队，纷纷报名参加八路军。

青年小伙子们参军的时候大多是自备武器，即使没有枪，也总是设法搞到一些子弹、手榴弹。许多老大娘为儿子缝好干粮袋，装满干粮，骑上毛驴，亲自送到部队，说："打鬼子，就得当八路军！"

1945年3月，皮定均与王树声率领的南下主力在嵩山会师，成立了河南军区，"豫西抗日独立支队"已胜利完成了先遣任务，改编为河南军区第一支队兼第一军分区。皮定均率领豫西支队经过艰苦卓绝的斗争，终于取得了豫西抗日战争的最后胜利。

五、走千里弃子保车

共军向东集结!

国民党郑州"绥靖公署"主任刘峙心中一惊:共军这是要突围!到嘴的鸭子想飞,门儿都没有!

刘峙把手往桌上一拍,发出命令:各部队主力向西边的余集、泼阪河、白雀园等地运动,不惜一切代价消灭共军主力。

在刘峙眼中,6 万余人的中原解放军被自己歼灭已是铁板钉钉的事情。

为了这次行动,校长蒋介石已经把前戏做足。日本鬼子投降不久,国共发表"双十协定",引得全国上下一片叫好。叫好声中,蒋介石将 11 个军 26 个师约 30 万人调到中原地区。得中原者得天下,蒋介石深信这是一个颠扑不破的真理,雄踞中原的中原解放军成了蒋介石眼中的一块拦路石。军队向中原集中,蒋介石声称收复失地。收复失地是真,逐步对李先念、郑位三为首的中原解放军形成包围也是真。

1946 年 6 月,网已经形成。蒋介石的设想很疯狂,给共产党一份大礼:7 月 1 日起,48 小时内灭掉中原解放军。

国民党各部马不停蹄,急吼吼的向东狂奔。中原解放军 1 纵 1 旅长皮定均长出一口气:调虎离山成功。国民党各部追逐的只是自己指挥的两个团。为了制造主力西进的假象,皮定均命令部队在夜里向西行军、白天则从西掉头向东进军。

6 月 24 日,皮定均的调虎离山计成功,中原解放军各部纷纷按照计划行动。李先念、郑位三、王震率中原局、中原军区机关和第2纵13旅、15旅45团、359旅等部队向北狂奔,中原军区第2纵队副司令员周志坚一马当先,率部充当北撤的开路先锋;王树声率领1纵2旅、1纵3旅,2纵15旅(欠45团)向南突围,1纵3旅旅长闵学胜、政治委员张力雄率部担任南路突围部队的先锋。

国民党军像马蜂一样涌了上来,1纵1旅旅长皮定均命令部队全力开火。冲锋的国民党士兵像割韭菜一样被放倒在地,"绥靖公署"主任刘峙虽然心痛,信念却更加坚定:共军主力就在这里。皮定均给战士打气:三天!拖住敌人三天,我们就打了一个胜仗。

刘峙有点迷糊:对方战斗力强,火力却怎么都不像主力应该配置的火力。想了半天,刘峙想死的心都有,中了共军的调虎离山计了。刘峙又气又恨,一边命令重兵包围1纵1旅,一边命令部队突破1纵1旅防守的阵地,向西北追击中原解放军主力。

6月26日,国民党部队从东、南、北三面向解放军第1纵1旅发起进攻,企图消灭在白雀园地区第1旅,向西打通追击的通道。皮定均命令1团团长王诚汉指挥1团吸引敌人,自己则率领主力向刘家坪转移。

王诚汉指挥全团坚守阵地,依据有利地形,以密集的步、机枪和手榴弹火力,节节抗击着数十倍于自己的敌人。为了节省弹药和有效地杀伤敌人,战士们都是等到敌人冲到阵地50米、40米,甚至30米的地方时才一齐开火。国民党士兵每向我阵地冲击一次,都要丢下几十具尸体。

估摸着旅长皮定均带着主力已经撤出敌人的包围圈,王诚汉命令1团边打边向刘家坪撤退。

6月28日,皮定均决定开始正式突围。他命令战士们用布缠住刺刀,用布包好搪瓷碗,用棉布裹住马蹄,神不知鬼不觉地撤出了阵地。

皮定均率部从刘家冲整队出发,开始突围。来到潢麻公路,皮定均下令:"跑步通过!"潢麻公路的一侧是小界岭,这是河南和湖北交界的一座山峰。国民党在这修碉堡、筑工事,并设下重兵。皮定均的调虎离山计刚用不久,这里的国民党部队就都去"追"解放军主力了。

6月29日夜，北撤部队到达柳林车站附近，侦察兵汇报敌情：国民党整编15师刘献捷、祝夏年的2个旅驻扎在柳林车站，附近的几个大山头也被敌人占领。

柳林车站背后的四望山和桐柏山脉，那里正是机关西去之地。敌军有两个旅，开路部队却只有两个团。周志坚牙一咬，狭路相逢勇者胜。

冲锋号一响，37团战士立即像饿虎一样从正面扑向柳林车站。47团团长不动声色，率领47团的战士蹑手蹑脚地向柳林车站侧面摸去。

炮声震天，刘献捷、祝夏年都懵了：中原解放军不是被围住了，怎么又跑到这儿来啦！刘献捷将手中的东风往麻将桌上一扔，慌慌张张就往外跑，嘴里大叫："顶住！给我顶住！"

柳林车站的国民党士兵从梦里惊醒，光着身子，抄起枪就向外射击。47团团长一听双方枪声如炒豆子，带领战士就从两侧杀了出来。

勇猛的37团将大股敌人压到了一个死角，消灭了185旅1个营后，迅速抢占了柳林车站两侧的有利地形。此刻，我后续部队跟了上来，和37团一起，组成了一堵铜墙铁壁。

国民党整编15师刘献捷、祝夏年不甘就此罢休，命令部队拼死拿下阵地。国民党士兵想死，37团还真欢迎，手榴弹、机关枪同时发威，倾泻在冲锋的国民党队伍中。

李先念命令13旅政委杨焕民率领13旅警卫连和39团担任后卫，掩护第2纵队15旅45团撤离阵地。杨焕民指挥部队与敌军激战16小时后，又继续向主力部队靠拢。

几天后，李先念等人指挥的突围部队被淅川河拦住了去路。此时正是洪水季节，洪流滚滚，如一把快刀将东西两面斩断。更要命的是，周志坚沿着河岸搜索了几里地，别说村子，连个人影都看不到。河上没有桥，水中连只木船都没有。

追兵眼看就到，周志坚带着几个水性好的战士跳进淅川河，终于找到了一个可以过河的浅滩。这时，军区机关赶上来了，顺利地渡过了淅川河。

7月20日，突围部队来到赵川。胡宗南部和国军党20师早就在这里布了一道封锁线，想把北路突围部队绞杀在赵川一带。

第2纵队参谋长方正平拔出手枪，怒骂一声："他奶奶的，好狗不挡道，老子这就上去搞掉这只拦路狗！"

3纵4旅副旅长吴子杰一把攥住他的手："老方，带我一个。俺老吴没别的爱好，就是喜欢吃狗肉、剥狗皮。"

方正平、吴子杰带着一支冲锋队就往封锁线突去。两人气愤归气愤，心中却是雪亮：此地不可久留，一旦被敌人缠住，整个部队都得搁在这。

方正平、吴子杰带着冲锋部队在国民党的封锁线打开一个缺口，立即就地布置阵地，掩护主力通过。

封锁线撕开一条口子，防守的国军党20师仍然撵着向北突围的李先念部队追赶。敌人阴魂不散，第2纵队副司令员周志坚再次请战："我去断后。"

郑位三说："让别人去吧，你先休息一下。"

"不，我是副司令，危险的地方我不去谁去？"周志坚坚持请战。

周志坚率领45团一部边打边撤，死死地将追赶的国民党20师拦在身后。中原局和军区领导机关顺利地越过鄂陕边界，周志坚率领的后卫部队却被国民党20师拦住。

至少两个团的国民党士兵围了上来了，周志坚带领部队左冲右突。敌众我寡，打到最后，周志坚的身边已经只有警卫员和几个同志。身陷重围，周志坚却极为冷静，带领剩下的战士避开敌人的锋芒，走进了一片森林中，开始了他长达两个月的与敌机智周旋的艰难曲折的历程。

中原解放军主力跟丢了，国民党郑州"绥靖公署"主任刘峙又气又怒，掉过头，派重兵"围剿"中原军区1纵1旅，铁了心要把1纵1旅消灭在大别山。

皮定均早就料到了敌人这着棋，命令部队轻装上阵，每个战士除了武器弹药和一点干粮外，只有一身单衣，并鼓励战士们说："别看敌人多，打不过，咱们还跑不死他们？"

皮定均完全不按常理出牌：有时指挥部队以每昼夜200多里的速度急行军，将追兵拖得叫苦连天；有时却又突然停下来，和追兵兜圈子；有时瞅空子杀个回马枪，狠揍追兵一下，马上又躲起来，打得追兵晕头转向，叫苦连天。

1纵队1旅来到清风岭时，国民党军一个团早就在这布下罗网。清风岭山势陡峭，南面是天柱山，北面是大河。国民党军已占领清风岭主峰，将整条路都封锁，水势湍急无法过河。2团团长钟发生和政委张春森立即指挥部队攻山：2营主攻，1营侧攻。2营战士用绑腿吊上悬岩，登上清风岭右翼的一座高峰，1营从左翼迂回，冲上山顶。经过两个小时激战，拿下清风岭。钟发生和张春森指挥部队追击逃敌5公里，为全旅打开一条通道。

部队来到磨子潭时，国民党的一个营抢先占领了河东金鸡岭，用火力封锁了整个水面。1纵队1旅副旅长曹玉清大怒，跳上小船，指挥其他4只小船的1营战士就往对岸冲。敌人的炮弹不时的在水面上溅起几米高的水花，渡河的战士毫不畏惧，继续用力向对面划去。

船还没靠岸，1营的战士就急不可耐的跳上了岸。几次佯攻以后，曹玉清一挥手：给老子狠狠的打！1营的战士早就清楚敌人的火力和兵力配置，集中兵力就从守军最薄弱的南面攻了上来。一个小时以后，1营占领金鸡岭，牢牢控制了渡河登陆点，掩护全旅渡河。

跨过磨子潭，前方便是一马平川的皖中平原。

皮定均决定运用旋风战术，5昼夜飞越皖中平原。旋风战术的一个核心就是快，在敌人还来不及反应、形成包围圈之前，昼夜行军，不停顿、不宿营，飞越700里！

皮定均率领一旅粉碎了敌人的围追堵截，胜利地完成了中央军委和中原军区交给的任务。华中军区首长高兴地说："你们从敌人堆子里打出来了，真是大喜事，大喜事！"美国新闻记者史沫特莱惊奇地说："你们的奇迹，我一定要告诉全世界人。"

六、敲糖块冷枪破敌

新中国成立后，皮定均任中国人民解放军第 24 军军长兼政委。1950 年 6 月，美国挑战朝鲜战争，战火烧到鸭绿江边，严重威胁着中国的安全。党中央和毛泽东主席毅然决定：挥师入朝作战，与朝鲜人民并肩打击美国侵略者，保卫朝鲜，保卫新生的中华人民共和国的安全。

中国人民志愿军入朝参战，和朝鲜军民一起，连续发动了 5 次强大攻势，歼灭了敌人大量有生力量，敌被迫转为守势。双方在三八线附近实行阵地防御，美国被迫接受"停战谈判"。在此期间，皮定均组织 24 军团以上干部到朝鲜前线进行战地实习，参加了多次战斗，荣立战功，并为后来挥师入朝作战，取得了经验。

1952 年 9 月初，24 军奉命集结，准备入朝。为了振奋军威，提高战胜美军的信心，皮定均对全军干部战士进行了反复动员，控诉美军罪行，学习毛泽东关于"帝国主义和一切反动派都是纸老虎"的论述，并根据自己在朝鲜实习作战的经验，深入细致地介绍了朝鲜战场的形势、特点及美军和南朝鲜伪军的战略战术，举行入朝作战宣誓，为全军指战员入朝作战，打下良好的思想基础。

9 月中旬，皮定均奉命率全军跨过鸭绿江，经过 20 天徒步行军，到达指定的作战地域——朝鲜蜂腰部战略要地——元山。部队进入阵地后，皮定均立即组织全军进行紧张的勘察地形、构筑工事、制订作战方案和练兵运动，并进行加强纪律性和团结友军、热爱朝鲜人民的教育，使部队很快完成了工作、思想、作风和生活习惯的转变。

在志愿军司令部的领导下，皮定均根据毛泽东制定的"持久作战，积极防御"的战略方针，提出"坚守阵地，寸土必争，密切协同，主动歼敌，孤胆作战，近战歼敌"的作战原则，动员全军指战员，作好坚持艰苦持久作战的思想准备，要求营、连、排、班、个人准备独立作战，在敌人的包围下，坚守半年，把敌人拖垮、打败。

24军的防区处于朝鲜中线门户的五圣山、西方山，是敌我必争的战略要点，当面之敌从数量上和装备上都占优势。双方相距多则一两公里，少则几十公尺，都靠阵地工事对峙。

皮定均（左一）和战友在一起

为了坚持持久作战，皮定均要求24军"以阵地为家"、"人在阵地在"。他亲自带领干部战士挖坑道，对坑道的质量要求特别严，不光要能防敌人的飞机大炮，还要能守能攻。皮定均很少在司令部里，经常活动在前沿阵地。由于敌人经常派暗探到我方阵地刺探军情，打冷枪射击指挥员和抓"舌头"，大家都担心他的安全。皮定均却说："我的安全是重要，但你们前沿阵地的安全更重要。工事出了漏子，坑道不坚固，我们全军的安全，整个战场的安全都受到威胁。"

皮定均坚持到最前沿的阵地检查坑道，一个师长向他保证："我们一定按军长的指示办，保证坑道修得不会出问题。"皮定均说："你向我保证，是你师长的责任；我要亲自检查，是我军长的责任，不能互相代替，不检查就是失职。"他援引彭德怀总指挥到前沿阵地视察的指示说："当指挥员的如果怕死，不敢在前沿阵地指挥，是绝对带不好兵的。"说得大家非常敬佩，谁也不好再阻拦他深入前沿阵地。各师、团、营、连指挥员都以他为楷模，坚守在前沿阵地，和战士们打成一片，从而全军官兵团结一致，凝成一体，使全军防区成了战无不胜的钢铁长城。

通过高倍望远镜，皮定均观察到敌人大摇大摆地修工事、搬物资，按部就班地往坑道里送饭，到山下背水，三五成群地在太阳底下仰巴着，甚至在阵地上唱歌跳舞。敌人依仗大炮和空中优势，气焰十分嚣张。

"老子要关他的禁闭！"皮定均放下望远镜，说了这样一句话。

皮定均在坑道里召开党委会，提出两个措施："零敲橡皮糖"，"抓一把就走"。

"零敲橡皮糖，"皮定均解释说，"怎么个敲法呢？橡皮糖，就是用大麦做的那种糖，一个大坨坨粘在一起，得用小锤子一小块一小块地往下敲。咱们前面就是一块大橡皮糖，咱们的锤子就是冷枪冷炮。'抓一把就走'就是每晚派出三两个小组，每组三四个人，七八个人，到敌人那里捣乱，抓一把就回来，叫敌人晚上也不得安宁。"

在部队，皮定均广泛训练神枪手、神炮手和狙击队、突袭队，充分发挥近战、夜战、孤胆作战的特长，打击敌人。这一战术十分有效，有的连在一个月内就打死敌人500多名；神枪手张桃芳一个人就打死敌人200多名，荣获"战斗英雄"称号。敌人被打得心惊肉跳，有的出坑道放哨、值勤，先向上帝祷告；有的被打死后，躲在坑道里的敌人不敢出来收尸。24军的战士兴奋地说："'零敲牛皮糖'威力真大，取消了敌人的主动权，关了敌人的禁闭。"

为了更有效地消灭敌人，皮定均在各营、连都组织了突袭小分队和狙击队，利用夜间摸入敌人阵地，侦察敌军动向，消灭敌军巡逻队，摸敌人岗哨。24军头5个月共出击150余次，歼敌近2000人，捉了不少"舌头"，为志愿军提供了大量作战情报。

美军的飞机极其嚣张，一天出动飞机达 800 到 1200 架次，像蚊子一样在耳边嗡嗡地叫。每出动一次，24 军就得伤亡 100 多号人。

钻坑道、避风头不是不可以，大丈夫能屈能伸，再说皮定均手中根本就没有什么制空武器。他手里没有飞机，甚至高射炮也只有配属的一个团。

皮定均不想让美军肆无忌惮地在自己头上拉屎。24 军飞机没有一架，枪却有 4 万多条。皮定均下令：只要美军飞机再来，集中一半武器打飞机，不信打不死狗日的。

一天清晨，运输部队送来的几十辆卡车物资仍然没有来得及运进坑道。这就是现成的鱼饵，皮定均眼中一亮。赶紧命令全军做好打飞机的准备。

志愿军的物资，美军飞行员看得心花怒放：操作仪一拉，飞机笔直的向下俯冲。

天空黑乎乎一片，响声震天。美军飞行员知道坏了，刚想往上拉飞机，就觉得机身一震。

皮定均一边瞅着空中跳伞的飞行员，一边抓起话筒，命令何凤山："不能叫他跑掉。"

"军长放心，他跑不了！"

降落伞落地，敌人的飞行员正在解降落伞，枪口已经指到他的胸口窝上了。战士们很快发现，这小子头上的钢盔原来是一部报话机，把钢盔拿掉，救援飞机才飞走了。

在朝鲜战场上，皮定均的"零敲牛皮糖"战术屡建奇功，他根据志愿军总部指示，动员全军坚决做到："不打则已，打则必歼，攻则必克，守则必固。"由于 24 军动员深入广泛，火力配备得当，所以接连获胜。在 24 军的阵地上，美军很多所谓"模范阵地"、"钢铁阵地"都被攻克占领。这时，皮定均已接到回国命令，但他十分关注抗美援朝的战事发展，与新任军长张震协同指挥作战。直到夏季攻势取得决定性胜利，才离开朝鲜回国。夏季攻势的胜利，使我军阵地向前扩展 30 多平方公里，敌防区失掉了前线屏障，迫使美伪不得不在谈判桌上签字。

威猛神将
——秦基伟

★ WEIMENGSHENJIANG QINJIWEI ★

秦基伟（1914-1997），湖北省黄安（今红安）县人。1927年参加黄麻起义。1929年参加中国工农红军，1930年加入中国共产党。土地革命战争时期，任红4方面军经理处监护连排长、总部手枪营连长、少共国际团连长、警卫团团长、红31军第274团团长、红4方面军总参谋部补充师师长。参加了长征。抗日战争时期，任八路军129师秦赖游击支队司令员、晋冀豫军区第一军分区司令员，129师新编第11旅副旅长，太行军区第一军分区司令员兼中共地委书记。解放战争时期，任太行军区司令员、晋冀鲁豫军区第9纵队司令员、第二野战军15军军长。中华人民共和国成立后，任中国人民志愿军12军军长、云南军区副司令员、昆明军区副司令员、昆明军区司令员、成都军区司令员，北京军区第二政治委员、第一政治委员、司令员。1955年被授予中将军衔，1988年被授予上将军衔。

一、扛梭镖投身洪流

1927 年 10 月中旬，中共湖北省委在黄安、麻城两地成立了以符向一为书记的中共黄麻特别区委员会，组成了以潘忠汝为总指挥的黄麻起义指挥部，积极进行起义的准备。

11 月 3 日，黄麻特委在七里坪召开会议，决定以黄、麻两县农民自卫军为骨干，群众武装予以配合，首先夺取黄安县城。暴动的口令是"暴动，夺取黄安城！"暴动的口号是"暴动杀尽土豪劣绅！暴动夺取政权，组成农民政府！暴动实行土地革命！拥护中国共产党！打倒武汉政府！农民革命万岁！"

11 月 13 日这一天，秦基伟正在院子里劈木柴，准备等下雪天生火用。正当他满头大汗地干着的时候，虚掩的院门被踹开了。本家的一名堂叔旋风般地跑进来，惊惊乍乍地喊："还劈个么事，闹革命了，还不跟我打县城去！"

秦基伟半天没回过神来，直到看见门外又有一群人，手里拿着梭镖、大刀之类的家伙，一边奔跑，一边咋唬，这才恍惚明白，这就是大鼓书里说的：要起事了，要翻天了，要换世道了。

"叔，我跟你去！"13 岁的秦基伟掂了掂手中的斧头，平静地问："我就带上这家伙？"

堂叔一把夺下斧头，递给他一把用麻绳染成红缨的梭镖，说："你这家伙管屁用。尺把长的柄，还没等你近身，人家早一刀砍过来了。"

秦基伟伸手接住梭镖，又把斧头揣进腰里，然后跟着本村的乡亲们一道上路了。

秦基伟是湖北黄安（今红安）人，1914 年 11 月 16 日出生在湖北黄安秦罗庄一个不算富裕但却充满温暖的家庭。父亲秦辉显和伯父耕种十余亩田地，母亲周氏勤俭持家，纺线织布，饲养牲口，一个哥哥和一个姐姐也都很早地懂得了过日子的酸甜，能够主动帮助大人们干活。

8 岁时，父母把他送进本村私塾读书，希望他能识几个字、念通官府的公告，知道捐税名目，算清收入支出，当一个明明白白的种田人。

然而好景不长，从 1925 年开始家里就横祸接踵而至。一场不知名的瘟疫相继夺走了母亲、父亲、伯父和哥哥的生命，姐姐出嫁后，他更是无依无靠。偌大一个农舍里空落落的只剩下他一个人。白天门上一把锁，下田干活。收工回来，自己做饭自己吃。田里的草薅了，院子里的草又长满了。日子就这么辛酸而又坚定不移地向前走着。

对于起义，秦基伟是一半明白一半懵懂，但他知道穷人一拿起锄头和富人干，富人就吃饭不香、睡觉不安，穷人就有好日子过。

当天下午，起义的群众汇集在黄安北部重镇七里坪，黄安农民自卫军和麻城农民自卫军 2 个排组成的攻城队伍打先锋，直指黄安县城。

一路奔袭，到了打鼓岭，劳累加上激动，秦基伟已是满脸通红。

一位满脸络腮胡子、背扛大刀的乡亲路过他身边，看他年纪轻轻手拿梭镖，就停住脚步问他："伢子，怕不怕？要不我帮你扛梭镖？"

"有什么可怕的！"秦基伟扭过头不看他，这不是小看人嘛。

"知道我们这是干什么吧？"络腮胡子笑了笑，又问。

"革命呗！"秦基伟虽然不高兴，却不想让人看扁。

络腮胡子一脸惊诧，原以为这小孩跟过来是看热闹的。意识到自己失态，络腮胡子笑了笑，又问："革命是什么呀？"

秦基伟还真被问住了，眼珠一转，反问："你说革命是什么？"

络腮胡子想了想，说："革命就是打地主老财，要他们的命，让老百姓都有饭吃。"

沿途人山人海，刀枪林立。到了 14 日天快亮的时候，黄安、麻城两县的农民起义军已将黄安县城围得水泄不通，李先念、詹才芳、吴焕先、王树声等人率领群众四面出击。

天快亮的时候，总指挥潘汝忠和吴光浩指挥部队由城北角攀梯而上，一举攻入城内，全歼县警备队，缴枪 30 余支，活捉县知事贺守忠、司法委员王治平，还有改组委员会的三个人以及十几名土豪劣绅，收缴了一大批钱钞物资。

不久，黄麻特委将参加暴动的黄安、麻城两县农民自卫军编为中国革命鄂东军。因年龄太小，秦基伟不能正式参军，就留下当自卫队员。在斗争土豪劣绅时，维持大会秩序，喝令地主老财，只许老老实实，不许乱说乱动，督促他们为参加斗争会的群众烧开水。

为了表示革命的坚决性，秦基伟把家中剩下的一两张土地契约拿到农会当众烧掉。

二、风波起祸福三折

秦基伟有点窝火：普通战士都是共产党员，自己当排长的居然还是"党外人士"。

共产党员在红军可是个光荣的符号，秦基伟没当排长之前就听说过。当了排长之后，怎么都觉得不自在：排里好几个战士都是共产党员了，有许多事党员们悄悄商量，根本不通知自己。排长竟然不是党员，那工作怎么开展呀？

秦基伟满脸委屈，嚷着要入党，营教导员却是一脸平静。这家伙是棵好苗子，却不够成熟。

1929 年 8 月，秦基伟怀里揣着从乡苏维埃软缠硬磨得来的证明，和六个小伙伴赶到红 31 师驻地。

接班的营教导员一眼看透了几个小鬼的把戏：分兵排队时站到一块儿，分到一个班或者一个排，乡里乡亲好有个照应。

乡里乡亲有个照应，部队上可不好管理。

营教导员吩咐新兵集合，报数一二三、一二三。报完之后，报"一"的上前一步，报"三"的后退一步，报"二"的原地不动。

秦基伟和小伙伴们当时就傻了，一伙人被人为的拆成三截，每截分到一个团。秦基伟被分配在 3 团机枪连当战士。

秦基伟机灵，打起仗来也够威猛。刚当兵不久，部队就和国民党第 20 军郭汝栋的部队在麻城县的城门岗打了一仗。

战斗一打响，生兵蛋子秦基伟连杆枪都没有，舞着一根梭镖跟着部队往前冲。手中没枪，秦基伟满脑子却都是枪，干死敌人，缴一支枪回来过过枪瘾。红军枪少，营长说了，想要枪，就从敌人手中夺去。

夺枪就夺枪，秦基伟不含糊。看着眼前的国民党兵，秦基伟操起梭镖就捅了过去。对面的国民党兵心中一惊，这小子够横，手中的大枪往上一挡，挡住梭镖去路。

秦基伟看着大枪，越看越喜欢，抬起右脚往对手的脚背狠命一踩，哥儿们，兄弟有礼了。

对面的国民党兵嘴一咧，腰顿时弯了下去了。秦基伟得理不饶人，手中的梭镖一抖。血花四溅，国民党兵胸口出了一个大洞。

大枪到手。虽说只是个汉阳造的单套筒，比捷克式和大盖式差点，但终归比梭镖强。秦基伟对着太阳拉开枪栓看看，枪膛好好的，这兵也真熊，一枪没放就撒丫子了，枪膛里还亮铮铮的呢。

不久，崭露头角的秦基伟被提拔为副班长，并被保送到随营学校去学习，随营学校是跟着部队行动的，有点像现在的教导队，又不完全是。进随营学校的条件是：一看战斗表现，二看发展前途。能带兵但怕死，那就不行。不怕死但死脑筋也不行。随营学校主要的课程是学打仗。有时候课堂干脆就是战场，边打边学。

7个月后，秦基伟从随营学校毕业时，他所在的31师已被整编为红1军第1师，他被分配在军部经理处监护连担任排长。没过几天，红1军和红15军又整编为红4军，部队来了个大调整，他又被调到军部手枪营2连当排长。

教导员叹了口气，说："想入党是好事，但目前你还不够成熟，还需要接受党的考验。"

秦基伟一听纳闷了：讲打仗，我打仗够猛；论职位，我好歹是个排长。难道我还不如一个战士？

教导员笑了笑，说："能打仗是优点，可党员不仅仅是这些。你家是中农成分，中农要用更长的时间考验。你平常好打不平，爱提不同意见，政治上还不成熟，这些都需要改。"

部队非常强调成分，尤其喜欢一无所有的雇农。中农是天生的，秦基伟没有半点办法。至于脾气，秦基伟口里答应，心里却是不在意。江山易改，禀性难移。从小到大都是直来直去，真要能改，自己也就不是秦基伟了。

眼看着入党遥遥无期，秦基伟倒不急了。秦基伟不急，好事倒上了门，尽管营政委说三道四提考验，秦基伟不久光荣地加入中国共产党。

秦基伟迎来他人生新的一页，苏区却迎来一阵恐慌。

秦基伟虽然没被杀头，但工作却被做了调整，从一排长的位置上撤下来，当了二排长。

一排长和二排长虽然只有一字之隔，却完全不是一个档次。红军中的一排长人称"大排长"，作战时紧跟连长指导员的，相当于副连长。连长要是牺牲了，一排长就是连长的不二人选。二排长可就惨了，在连里的地位不仅比不上一排长，甚至还不如三排长。连队提着脑袋打仗，先锋是一排，后卫是3排。二排缩在中间，力量弱、地位差是大家都知道的。

闷了几天，秦基伟憋了一口气：二排长就二排长，还就不信带不好。

一天早晨，他正带着2排进行战术课目训练。来了两个人，都挎着驳壳枪，也不和人打招呼，径直走到场地中间，问："谁是2排长？"

肃反期间，来抓人的都是些陌生人。秦基伟心中一动，坏了，保卫局抓人来了。没做坏事，不等于不会被人冤枉，秦基伟心中害怕，但还是挺身而出，大声应道："我就是2排长。"

两陌生人对视了一眼，秦基伟心中顿时一紧：人家要下自己的枪。给，还是不给。正在为难，左边的陌生人一拍他的肩膀，说："走，跟我们到军部走一趟。"

一路上，秦基伟的心里七上八下，不停地合计：如果说自己是反革命，就向他们要证据，没有证据就不能杀我。如果硬要栽赃杀我，逮住机会就跑，不能白白地死在自己人手中。

到了军部，秦基伟才知道是军长徐向前召见。军长先是和他拉家常，上问父母，下问土地，再问理想，又问决心。

家常聊完了，军长说："行啦，你回去收拾一下，到手枪营2连当连长。"

秦基伟"啊"了一声，半天嘴巴没合拢。直到徐向前又拍了拍他的肩膀，这才回过神来。秦基伟心中埋怨：

哎呀，我的个天啦，紧张了老半天，原来是升官呀。那两个挎盒子枪的同志干吗不早说呢，吓得我差点跟你们动家伙。

三、战黄安大刀扬名

踹门！

红4方面军总部手枪营2连连长秦基伟一脚踹开营长的门："这个岗老子不站了，老子的连队要打仗！"

秦基伟手痒得紧，心闷得慌：红4方面军打黄安打得热闹，叮叮咣当枪炮响个不停，看着让人恨不得立马冲上去和敌人拼个刺刀、过过枪瘾。手枪营人人一长一短两支枪，后背还插一把明晃晃的大刀，精神剽悍的小伙子却当起总部门神，这算什么事呵！11师的部队换阵地路过总部，风言风语寒碜死人："同志哥呀，把大刀借给我们使使怎么样？你看咱这把刀刃口都卷了。"

营长也怒了，打报告不批，现在居然踹上门了，脸一沉："好哇，你秦基伟英雄呵！把连队给我留下，你爱到哪里到哪里去。"

秦基伟懵了：连队留下，那我总不能一个人往前凑吧！黄安城虽然已经被红军围住，敌人还是不少。

盘踞在黄安城的敌人是赵冠英的69师及地方民团武装，共1万余人。为了固守黄安城，赵冠英可以说是煞费苦心：城外工事、碉堡林立，火力发射点星罗棋布，蛛网般的交通沟、鹿砦更是密不透风。

红军费了10多天的工夫才清除了城外的整个防御体系，赵冠英主力却撤进城里，企图守城待援。

"把枪也留下，打完这一仗，封你为秦大刀！"营长又说，依然没抬头。

秦基伟不敢再提参战的事，17岁的他虽然参战心切，却也知道组织纪律一定得遵守。

秦基伟退，国民党军 30 师大部分和 31 师一部分兵力向黄安涌来。在此之前，国民党的二波援兵都被红军打了个"乘兴而来、败兴而归"。

12 月 20 日拂晓，国民党的"敢死队"夜袭红军 11 师 31 团防守的嶂山阵地。"敢死队"突袭来势狠、准、快，31 团 5 连前卫排一时大意，竟然被"敢死队"打开一个缺口。大批的国民党士兵一拥而入，爬上嶂山顶峰，直逼红 11 师指挥所。

天亮以后，在强大炮火的掩护下，国民党军又集中兵力，拼命向红军阵地攻击。血流成河，阵地几经易手，到下午 3 点多钟，增援的国民党军已逼近红军打援部队固守的最后一个山头。山头虽然只是一个山头，离黄安城却仅 10 余里。一旦被攻下，国民党军就直捣攻城红军的屁股。

黄安城内的赵冠英听到嶂山方向枪声大作，知道援兵已到，胆气更壮，发下悬赏令：打死一个红军，提头来见，赏大洋十块！

酒色乱人心，钱财壮人胆。赏银一出，城内的国民党就如打了鸡血一样，居然比先前多了几分狠劲。

屁股被人砍上一刀、捅上一棍，死不死不说，滋味绝对不好受。红军 11 师主力已经同敌人混战在一起，师长王树声一沉吟，怒喝一声："手枪营上！！"手枪营是总部的最后一道护身符，也是王树声最后能调动的力量。

听说要干仗，手枪营的小伙子顿时欢呼一片。秦基伟更是一脚将地上的石头踹飞，大刀又可以饱吃一顿了。

战士欢呼，总指挥徐向前心中却是一阵无奈：后患不除，别说黄安城的城头摸不上，只怕红军都得折在这里。徐向前操起一把大刀，刀光闪亮，好久不摸刀，居然有几分生疏。

秦基伟率领全连刚跑出村庄，便远远地看到徐向前总指挥带着几位参谋和警卫人员，骑着马，向着枪声响得最密的一个山头飞跑。徐向前打仗，向来是哪里枪声最密就往哪里凑。

国民党军此时撕开 11 师的防线，一步一步地往上攻。秦基伟急忙率队扑向前去，冲到徐向前身边。子弹乱飞，秦基伟想把徐向前拽到山的反斜面，但还是没敢动手。

秦基伟和全连战士隐蔽在山坡上，谁也不说一句话，但每个人的眼睛都注视着总指挥。

枪弹越来越密。秦基伟爬上山顶，想看一下地形。来到山顶一看，只见敌人已攻到了半山腰，并且正在拼命向山上攻击。烟火笼罩着整个山坡。

烟火满天，大敌当前，徐向前仍若无其事地站在山顶上观察着前方。过了一会儿，徐向前放下望远镜，转回头来对他身后的参谋说："命令28团和手枪营准备冲锋。"

战士们没有总指挥的定力，再加上憋了一肚子的火气，恨不得立刻冲出去把敌人消灭掉。

掌旗员拉掉了旗套，战士们抽出了马刀，在秦基伟右侧的28团也同时展开了所有的红旗。冲锋号一响，喊杀声震天，手枪营从正面、28团从右侧、11师从左侧像决了堤的洪流直向敌军淹去。

忽然，徐向前的身子向右一侧，右胳膊的衣服顿时红了一大截。秦基伟在一旁看得真切，带着几个战士就向他跑去。徐向前看到秦基伟向自己跑来，左手向山下一指，高声喊着："坚决把敌人压下去！"

秦基伟知道首长军令如山，将眼角的泪水一擦，带着2连战士径直向山下奔去。战士们冲进敌人群里、跳进敌人工事里，远了用枪打，近了用刀砍，与敌人混战在一起。

一个隐蔽在工事里的敌人正瞄准2连的掌旗员射击，立刻被秦基伟发现了。他举起驳壳枪，一枪打去。子弹擦肩而过，敌人一惊，头一缩。秦基伟不待他定神，一步窜了过去，举起马刀，一刀就劈他个血溅。

一个国民党军官见红军来势凶猛，嘴里大嚷着命令部队向红军射击。打蛇打七寸，2连3班长抬手就是一枪。军官顿时哑火，一头栽倒在地，旁边的机枪射手一见，扔掉机枪掉头就跑。3班长三两步赶上去，端起地上的机枪就扫射起来。

敌人的第三次增援彻底被击溃了，城内的国民党顿时消停下来，窝在城里。

城内敌人粮尽弹绝，城外敌人救援都被粉碎，红军战士却又接到了一个令人兴奋的通知："我们的飞机要来黄安城轰炸敌人，散发宣传品，各部队不要发生误会。"

红军当时只有一架飞机。这架飞机原是敌人的一架高级教练机，1930年春，它在宣化店被迫着陆，被红军俘获。那时候，听说飞机的翅膀和其他一些地方损坏了，大家也没把它放在心里。后来居然修好了。

雪过天晴，红军的飞机果然出动了。秦基伟和战友们乐得不行。有的人把帽子、手帕丢上天空；有的人竟跟着飞机跑起来。大家都站在山头上，目不转睛地盯着飞翔在天空的红军第一架飞机。

飞机在黄安城上空盘旋，赵冠英心中一安：救兵没有，有粮食空投也能缓几天。

城内的国民党士兵纷纷撵着飞机跑，再不接点粮食，只怕得饿死在城里。飞机盘旋，地上人头黑鸦一片。忽然，飞机翅膀一侧落下几颗炸弹。一片隆隆的爆炸声过后，黄安城烟雾弥漫着。

外援不济，突围不得，接个粮食还被炸得人仰马翻，赵冠英顾不上抱怨流年不利，再一次打起了敢死队的主意，发出重赏：护着我赵某人突围，官升一级，士兵升官。

敢死队一突出城，便与围城部队展开了肉搏战。一番恶战后，少部分敌人突出了包围，绝大部分又被红军迎头打了回去。我围城部队尾随着退回城去的敌人，攻进了城门，与敌人展开了巷战。就在这时，手枪营又奉命配合兄弟部队追歼逃出包围圈的残敌。

秦基伟率领战士们一路猛追，听说敌人逃跑了一部分，大家生怕里面有赵冠英，都绑紧鞋带，紧紧朝敌人追去。秦基伟率领2连一直追到高桥，才全部消灭了逃跑的敌人。仅他们一个连就活捉了200多俘虏。在手枪营2连追歼逃敌的同时，黄安城也被解放，全歼敌人万余名。

第二天，有几位老乡抬着一个身穿大褂、负了伤的大烟鬼来到总指挥部。一位老乡掀掉盖在这个大烟鬼头上的东西，指着他的一只死羊眼说："他就是赵瞎子赵冠英。他就是跑到天边，剥了皮，我们也认识他。"

原来赵冠英在突围时，叫他的秘书装扮成他的模样，骑着他的大白马给他当替死鬼。

可是哪里想到一突围他就负了伤，那不争气的秘书又不甘心当这替死鬼，一被俘就揭了他的底。虽然他使尽了所有的伎俩，左藏右躲，更衣换装，可是仍没有逃出天罗地网。

四、危受命血守临泽

临泽陷入重围。

国民党马家军5个多团兵临城下，将临泽围了个水泄不通。敌人太多，临泽城内的红军防守力量却弱得可怜：缺乏实战经验的干部和几百个女同志及勤杂人员，主要的战斗力量居然只有1个连。

城内力量太弱，救援部队想都不用想。1936年10月以来，红4方面军3个军西征并不顺利，不仅没有打开局面，反而被国民党马家军骑兵撵得四处跑，先头部队5军更是被马家军包围在甘肃西部的高台。

敌强我弱，杀出一条血路可以说是难于上天，总供给部长郑义斋也不舍得就此放弃临泽城。红军总部总供给部门是全军的生命线，这里有驮着全军经费的辎重部队，有全军唯一能造手榴弹和子弹的一个小小兵工厂，还有医院。

秦基伟

生命线一断，红军就会陷入绝境，总部命令郑义斋最少坚守 3 天，拖住敌人，掩护总部撤退。

数万敌军，数百妇弱病残，别说三天，能守住三个小时都得拼老命。城内一片沉寂，城内最高指挥官总供给部长郑义斋召开紧急会议，说："大敌当前，不是敌死，就是我亡！为成功掩护主力突围，我们必须死守临泽城。"

要守城，就得有守城的大将。与会者一片嘀咕：指挥几百号妇弱病残守城，只怕孔明再生也只能弃子认输，谁又敢挑这份重担。

几十双眼睛一起投向郑义斋，等待他点出守城之将。

"秦基伟！"郑义斋高声一喊。

"到！"秦基伟应声而起。

"我代表总部首长，任命你为临泽城守城总指挥！"郑义斋神色庄重，一字一顿地宣布道。

"是！"秦基伟一脸凛然浩气。会场掌声雷动，秦基伟虽然是总部机关科长，从小兵到团长可是打了不少硬仗，与会者都知道他是从血海中杀出来的。

正式任命完毕，秦基伟将手一抬："只要我秦基伟不死，临泽必在。如果突围，老秦殿后！我秦基伟打仗有两支枪，一挺机枪，一把手枪。机枪打敌人，手枪杀逃兵！"

仗还没打就要杀人，果然是个狠角色，人群先是一阵喧哗，然后又是一阵如雷掌声。够狠，生机才能越大。

秦基伟把所有的人统一按战斗的需要编成班、排、连。男同志负责坚守城墙，女同志负责做饭、看护伤兵和捡石头当武器。警卫连两个排作为机动部队分别坚守几个容易被敌人突破的城门楼，分别由自己和警卫连长亲自掌握。

秦基伟够狠，马家军则够急。第二天天还没有亮，马家军的山炮对着城墙就是一阵猛轰。几分钟后，城墙的胸部出现了几个豁口。炮轰过后，马家军挥着马刀、顺着梯子就往城墙上爬。

守城的红军从工事后面钻出来，开枪的开枪，砸石头的砸石头。马家军拼命地往上冲，红军拼命往下打。

秦基伟抱着一挺轻机枪打一阵子换一个地方，一是为了全面督战，二是为了迷惑敌人，造成到处有机枪的假象。这一仗足足打了一个上午，马家军终于未能得手。

在临泽保卫战同时，城外也有几股红军队伍在敌人包围中作战。中午时分，一股红军部队杀出重围，报捷似地向临泽县城方向打了一阵枪。马家军不知就里，唯恐遭到红军内外夹击，丢下一大堆尸体，连忙收兵。

第二天拂晓，马家军的攻击便开始了。

敌人先用山炮拼命地轰击城墙，烟雾和尘土笼罩着全城。几分钟后，山炮把城墙的胸墙轰开了一个口子，马家军便抬着梯子，挥舞着马刀，"冲呀"、"杀呀"地喊叫着，成营成团地向城墙涌来。

秦基伟命令集中起所有的步枪、手枪一齐向敌人射击，手榴弹、石头、砖头也紧跟着劈头盖脸地向敌人砸去。前面的敌人被打倒了，后面的敌人又抬起了梯子挤上来，但是立刻又被乱砖乱石砸回去。乱石、砖头和敌人的尸体几乎把城外附近的地皮盖满了。

第三天，敌人从几个方向发起了更加疯狂的攻击。数次攻城没有得手，马家军的指挥官恼羞成怒，组织一个督战队跟在攻城部队屁股后面，用冲锋枪督战。督战队只有一个任务：不战而退者，杀！

敌人的骑兵、步兵在城外团团转，拼命地喊叫；炮兵拼命地轰击城墙。

战斗进入最紧张时刻，秦基伟指挥人员将全部土炸弹运上阵地，并命令战士们停止射击、静候敌人进攻。

马家军顺着云梯爬到一半，秦基伟拎着一串土炸弹向正爬梯子的马家军扔了过去。子弹好躲，土炸弹却极其难防。土炸弹在空中爆出散状的碎弹片，马家军躲过了左手，逃不过右臂。慌乱中，中弹的马家军纷纷栽倒在地，叫苦连天。

秦基伟抱着机关枪往敌人最密集的地方扫射，正在这时，一颗子弹打在他的机枪上。碎片弹起来，削伤了他的4个指头。他匆忙包扎一下，又接着指挥战斗。

激战3天，攻城的马家军由猖狂到泄气，最后甚至有点奇怪：临泽城小，守军老弱，也不知道吃了什么东西，居然打退了自己一波一波的攻击。

城内伤痕累累，突然接到一个令人悲痛和愤慨的消息：高台被敌人突破了，5军军长董振堂牺牲了。这个新的情况使秦基伟清楚地意识到，敌人立刻会集中力量来围攻临泽。正在这时，总指挥部命令秦基伟率部转移，主动去与30军会合。

夜里，秦基伟留下警卫连的两个班继续在城内牵制敌人。战士们把骡马的蹄子绑上布和棉花，没有负伤的同志搀扶着伤员，无声无息地离开了苦战几天的临泽城。在城外的沙漠里，遇敌伏兵。秦基伟从受惊的骡子身上摔下来。情况紧急，秦基伟忘记了伤口疼痛，立刻爬起来带领部队与敌人拼杀。经过十几分钟的混战，杀开了一条血路，冲出了敌人的包围。

又经过一个白天的周旋和苦战，他们终于胜利地与30军会合了。

五、赤手创太行威风

太谷是个好地方。

八路军 129 师师长刘伯承暗赞一声。太谷不仅是同蒲路上的一道要隘，更是太原东南的屏障和太行山区的西北门户。守住太谷，就能给入侵的日军时不时的捅上一刀。

好地方当然得重点照顾，刘伯承将正在教导团学习的秦基伟叫到跟前，说："山西省太谷县组织人民武装的事情就交给你。"

秦基伟一脸期待，等他的下文。刘伯承眼睛一瞪："想要人？想要枪？我还满世界找咧！"

一个人，一杆枪，秦基伟马不停蹄地赶到太谷县城。县长杜任之倒是慷慨，拱手就把一支人民自卫队交给他。

手中有人，本该高兴的秦基伟却是倒吸一口凉气。自卫队清一色的娃娃军，最小的年仅十一二岁。革命不是请客吃饭，想抗日，娃娃军根本不行。

太谷来了八路军，太谷各界热情如火，纷纷要求组织起来参战支前。娃娃背后是乡亲，秦基伟信心大增。这帮学生娃虽然稚嫩，却也有不少闪光点：有文化，政治热情高。如果加以调教，倒是不可多得的人才。

秦基伟利用同阎锡山政权的统战关系，以"山西牺牲救国同盟会"军事教官的公开身份开办起游击战训练班。

想服众，当然得拿出最拿手的东西。秦基伟一开始就从军事教育入手。身经百战，精彩战例可以说是信手拈来。秦基伟把理论原则同战斗故事结合起来。敌进我退是怎么退的，敌驻我扰是怎么扰的，哪一次把敌人拖疲了再打，打得他怎么样？哪一次敌退我追，追得他落花流水。这样一讲，效果出奇的好。既深刻，又通俗，既形象，又生动。那些学生娃坐在台下眼睛瞪得老大，听得入迷。

理论讲罢，秦基伟带着队伍来到操场，右手一抬，"啪"一枪，将远处树上的老鸦窝打了下来。人群掌声如雷，教官果然是教官，文能上课，武能打枪。学员们都是十几岁的小伙子或者小姑娘，看到他那样自信、洒脱，一下子佩服得五体投地。

在开办训练班的过程中，秦基伟还注意吸收各界爱国青年参加。不到一个月，这个训练班就发展到300多人。

训练班如火如荼，山西的国民党抗日却是冷到了冰点。太原告急，国民党军节节败退，太谷地区的国民党军政官员也纷纷南逃。

国民党人心惶惶，秦基伟看上了县公安局的军火仓库。乘着夜黑，秦基伟带着几个学员翻墙进了仓库，摸了17支步枪，把训练班武装起来。

经中共地下县委决定，公开打出"太谷抗日游击队"的旗号，由秦基伟任总指挥、县委书记侯维煜任政治委员。11月8日太原失陷后，秦基伟把队伍拉上了太行山。

11月12日，朱德总司令率领八路军总部经过榆社县峡口村。看到人群中迎接自己的太谷抗日游击队，朱德非常高兴，特意赠送给他们一批在平型关大捷中缴获的日军大衣和马刀，并勉励秦基伟他们扎根太行山、开展游击战。

为坚决执行朱总司令的指示，秦基伟把队伍拉上了太行之巅的和顺县石拐镇。129师副师长徐向前把先后赶到这里的太谷、榆次和平定三支游击队合编成一个"独立支队"，属129师和中共晋中特委领导，并任命秦基伟为支队司令员、赖际发为政治委员，对外称"秦赖支队"。

秦赖支队只有600人，百把条枪，除了极少数红军战士和地下党员作骨干以外，绝大部分是刚入伍的各界青年，其中男女大学生和中学生就有100多名。

支队人不多，情况却挺复杂。学生兵既不会行军打仗，又不习惯军队的艰苦生活和严格的组织纪律，对工农干部却一脸的轻视，大字识不了几个还想带兵。一些工农干部打仗可以，和学生兵一理论就脸红脖子粗，时不时到秦基伟跟前抱怨学生兵难带。

工农干部文化低，秦基伟的文化水平也好不到哪里，但他却是信心百倍：血路中都能杀出来，就不信带不好几个学生兵。

秦基伟以身作则带动工农干部主动和"学生兵"交朋友。一面虚心地向"学生兵"学知识、学文化，发挥"学生兵"在开展部队文化活动和做群众宣传工作等方面的特长；一面耐心地向"学生兵"讲述红军的优良传统，手把手地教他们行军打仗的本领。课余时间，他还和"学生兵"一起唱歌、打球，处处同他们打成一片。

夜行军山路难走，干部就帮助"学生兵"扛枪或背背包；到了宿营地，又帮助他们烧烫脚水，并教他们怎样治脚泡。执行战斗任务时，干部更是吃苦在先，冲锋在前，带领"学生兵"经受锻炼，增长才干。

就这样，"秦赖支队"形成了工农干部与知识分子亲密团结的集体，在战斗中茁壮成长。许多"学生兵"都很快成长为部队建设和战斗的骨干。一些工农干部也甩掉了"大老粗"的帽子，自己能看书读报写家信了。秦基伟通过与知识分子的接触，更体会到掌握文化知识有多么的重要，从此他天天坚持写日记。

太原失陷后，日军沿交通线安据点、修碉堡，四处"扫荡"，残害百姓。秦基伟运用毛泽东的游击战术，实行"分兵以发动群众，集中以打击敌人"的方针，指挥"秦赖支队"驰骋于正太路以南、同浦路以东的广大地区。"秦赖支队"灵活机动，神出鬼没，不断袭击敌人的据点，炸碉堡，破坏交通线，伏击前来"扫荡"的日伪军，保卫人民的生命财产。他们不断瓦解伪政权，镇压罪大恶极的汉奸，并组织文艺宣传队，用群众喜闻乐见的形式大力开展群众工作。

几个月后，他们就在17个县内建立起拥有100多万人口的游击根据地，并协助这些地方的中共组织建立起抗日民主政权。人民有了靠山，踊跃参加八路军，"秦赖支队"像滚雪球似地迅速扩大。到1938年初，"秦赖支队"已发展到5000多人1000多支枪，不仅有了机关枪，而且有了迫击炮，威震晋中。

"秦赖支队"配合129师主力首先打败了敌人的六路进攻，接着又在4月配合主力粉碎了3万多日军分九路向晋东南进行的大规模"围剿"，取得重大胜利。反九路"围剿"后，成立了以倪志亮为司令员、黄镇为政治委员的晋冀豫军区，统一指挥游击兵团和地方武装。晋中为第一军分区，秦基伟任司令员，赖际发任政治委员，继续领导晋中军民坚持抗战。

1939年初，为适应斗争形势的发展，晋冀豫军区决定将"秦赖支队"和冀西游击队合编，由桂干生任司令员、秦基伟任副司令员、赖际发任政委。不久即进行辽（县）和（顺）战斗。日军从和顺分三路向辽县夹击。由于敌强

抗战时期的秦基伟

我弱和指挥有误，这次战斗没能达到阻止敌人进犯的目的。

战后，在营以上干部总结会上，性情耿直的秦基伟作了检讨，并对军区的指挥失误提出批评意见。5月，支队领导班子进行调整，调秦基伟和桂干生去延安学习。到了军区，秦基伟却被留在司令部任作战科长。由于秦基伟具有实际作战经验又肯钻研和学习，工作得很好，不久便被提升为参谋处长。

1940年6月，太行形势大发展，晋冀豫军区撤销，成立了由129师参谋长李达兼任司令员的太行军区。为加强野战军的力量，迎接百团大战，成立了新编11旅，秦基伟被任命为副旅长。在百团大战中，秦基伟率部参加了平汉铁路的破击战。

百团大战后，为了确保战略要地，129师首长决定将野战军分散到各分区，加强分区的骨干力量，更有利地发动群众打击敌人。为此，秦基伟受命带领2个团到一分区任司令员，打开新的斗争局面。

他领导一分区军民积极开展各种形式的反"封锁"、反"蚕食"斗争，奋力打破敌人的"囚笼政策"。他把根据地军民对敌斗争的重点从正面转到敌后去，把被动的正面顶牛转为主动地向敌后前进。敌人向山区进，他们就向平原进；敌人向游击区进，他们就向敌后进。他把部队化整为零，组成一支支精干的武工队，潜入敌后，建立起一块块隐蔽的根据地，发动和组织敌占区人民起来斗争，袭扰敌据点，镇压汉奸，并发动伪军家属做瓦解伪军的工作，搞得日寇惊慌万状，不得安生。

1942年是太行山上最艰苦的一年。一分区军民积极响应毛主席发出的"自己动手、丰衣足食"的号召，加紧开展大生产运动，努力做到自给自足。同时，他们坚持积极的对敌斗争方针，进一步把反"扫荡"、反"蚕食"和面向敌占区、面向交通线的三大斗争密切结合起来，给敌人以更加沉重的打击。1943年，秦基伟兼任中共冀西地委书记，负责统一领导这个地区的党政军民全面工作。

1945年8月20日，中央军委决定成立以刘伯承为司令员、邓小平为政治委员的晋冀鲁豫军区，辖太行、太岳、冀南、冀鲁四个军区，秦基伟任太行军区司令员。

六、上甘岭坑道拒敌

上甘岭很小，仅 3.7 平方公里。

上甘岭很小，却很重，全世界的眼睛都盯在这里。炮火冲天，血流成河，或许这就是朝鲜战争的新转折点。

上甘岭战斗打响之前，美国在朝鲜停战谈判桌上一直处于劣势。人气决定眼球，战绩决定话语。朝鲜战争五次战役过后，美军在中国人民志愿军手中没有占到多少便宜。从 1951 年 4 月 20 日初次上阵到 6 月 10 日，短短 50 个昼夜，第 15 军歼灭美军 9400 余名（其中全歼美 2 师 38 团），击落击伤美机 40 多架。

1952 年 10 月中旬，为改变美国在朝鲜战场和谈判桌上的被动困境，白宫和五角大楼调集重兵发动"金化攻势"，妄图一举占领"铁三角"，突破中部防线。

想占金化城，先夺上甘岭。上甘岭位于金化城以北 3 公里，小山村一个，地势却极其重要。上甘岭前后两个山头可瞰制金化，控制南北交通。

事关重大，美军第 8 集团军军长范佛里特亲自指挥，并发出命令：不让一个共军活在地平线上！

10 月 14 日，美军出动 105 毫米以上口径火炮 300 余门、坦克 30 余辆、飞机 40 余架，开始对 597.9 高地和 537.7 高地北山发动轰炸。

在 105 毫米以上口径火炮 300 余门、坦克 30 余辆、飞机 40 余架次的支援下，美军第 7 师和南朝鲜军第 2 师各一部共 7 个营的兵力，采取多路多波的方式，连续向 597.9 高地和 537.7 高地北山发动猛攻。

上甘岭一旦失守，整个战局将会重新洗牌。第 15 军出师朝鲜时，秦基伟在誓师大会上带头立下自己的誓言："不树英雄榜，便涂烈士碑。"这一次，他只说了一句话："拚光 15 军，死守上甘岭。"为了鼓励士气，秦基伟将军指挥所设在火线。

美军的炮弹如暴雨倾泻在 597.9 高地和 537.7 北山表面阵地，工事大部被摧毁，山上的岩石变成粉末。

炮声震天，岩石蒿粉，15 军不由得长出一口气：幸好军长有明见，要不然早就被炸成灰了。

早在五个月前，为对付美军的炮火和空中优势、阻击敌人进犯，秦基伟就带领全军大挖坑道，筑起 690 多条坑道工事，把地面防御战转变成地下防御战。

敌人炮弹凶猛，为减少伤亡，秦基伟只派少数连队坚守前沿阵地，进行阻击。面对优势的敌人，战士们发扬不怕牺牲精神，刀枪齐发，甚至将身体的每一个部位当成武器，向敌人索命。危急时刻，不少战士冲入敌群，拉响手雷，和敌人同归于尽。

10 月 20 日，美军凭借着空中优势和人海战术，占领了上甘岭两座山头的地面阵地，志愿军 15 军 45 师则转入坚守坑道作战，利用"地下长城"保存力量、拖住敌人、消耗敌人，等待机会反击。

阵地到手，美军美得不行。坑道纵深，美军不敢轻易攻入，于是不停的用飞机炸、大炮轰，想将坑道摧毁、轰塌。

乱炮轰炸，躲在坑道里的 15 军战士还真不惧它。坑道可是战士们一铁锹一铁锹挖出来的，那质量没的说，用战士们的话就是：坑道好，坑道棒，坚守坑道打胜仗；不怕飞机炸，不怕大炮轰，气死杜鲁门，消灭美国佬。

炮弹费了几千发，坑道里的志愿军却依然活蹦乱跳，时不时的放倒几个美军。美军第八集团军军长范佛里特急了，发出命令：上喷火枪、放毒气毒弹，将中国人给我逼出来。

坚守坑道的 15 军顿时陷入困境。坑道被敌人炮击和炸弹轰炸越打越短，过路时都得贴身而过；缺医少药，伤病员得不到治疗；坑道空间变小，硝烟、血腥、屎尿、汗臭熏天；环境恶劣可以克服，水、饭却成了志愿军不可克服的痛。极度缺水，战士们舐吮坑道壁上渗出的一点水珠，甚至以人屎解渴。

从后方到前沿坑道只有几百米，但这几百米却是不折不扣的死亡带。为了防止志愿军运送供给，美军在这布置几层炮火拦阻线和步兵火力控制网。运输部队只要一露头，就可能被打成筛子。

撤出坑道，中国就会在朝鲜战争完败；死守坑道，不是被炮弹轰死，就是困死在里面。

死守，还是撤退，一念间就决定着数万人的命运。秦基伟连续七天七夜几乎没合眼，地上的烟头扔了一堆又一堆。终于，他大手一拍：一命换一命，拼死美国佬。

战意已定，秦基伟立即作出部署：军部和各级机关抽调出 1200 名干部和战士奔赴上甘岭，补充到 45 师的 13 个战斗连队，增强坚守坑道的作战力量；机关和后勤人员立即组成一支 8500 多人的徒步运输队，死都要把各种急需物资送进上甘岭的坑道里，再把伤员和烈士遗体抢运下来。

10 月 21 日，597.9 高地战争再次进入白热化。肉搏战后，某团 3 连 100 号人打得只剩下 15 个人。阵地眼看就要失守，秦基伟当即把军部警卫连拉了上去，对敌人实施反击，并同 8 连的勇士们一起守住了坑道。

战斗到 24 日，身居火线的 45 师师长崔建功亲自打电话向秦基伟军长报告前沿坑道部队的严重减员和处境恶劣的情况。秦基伟听后深感已坚持了五昼夜的坑道战，越来越激烈和残酷，困难越来越大，坚守的部队越来越难于忍受了。但是他的决心绝不动摇。他深情地向这位英勇善战的师长说："老崔呀，你们的困难我知道。但守住坑道，拖住敌人是全局胜利的关键。现在我们压倒一切的任务，就是要不惜任何代价争取胜利！"

崔建功用沙哑而坚定的声音回答说："请军长放心。就是我们师打到只剩下 100 人，我当连长，也保证坚守到底！"

连夜，军党委发出紧急号召："营无闲人，厩无闲马"，全军总动员，全力以赴，支援上甘岭。

"支援坑道，解放坑道，争取决战全胜"已成为全军的口号。该军所属第 29 师在师长张显扬指挥下，积极协同上甘岭方向作战，从地面上狠狠打击敌人。向守志师长指挥的 44 师一面顽强地坚守上甘岭侧翼的西方山、斗流峰阵地，一面频频开展小部队出击，咬住了美军 1 个师。参战炮兵部队也主动把敌人的火力吸引过来，宁愿自己作出牺牲，也要保护坑道战友的安全，并以准确的炮火，支援坑道部队向敌人进行反击。就这样，15 军全军形成了坑道内外紧密团结、英勇奋战的整体，把美军范佛里特的主力死死地拖在上甘岭两个山头上，使敌如陷泥潭。

经过十昼夜艰苦卓绝的坑道保卫战，志愿军终于赢得了时间，作好了总反击的准备。志愿军总部和 3 兵团不仅向上甘岭前线增调了近百门大炮和充足的粮、弹物资，而且调遣 12 军副军长李德生率领两个步兵师配属 15 军，加强了总反击的力量。

10 月 30 日，在秦基伟直接指挥下，总反击开始了。

志愿军强大炮群把成吨的钢铁砸向敌人，步兵指战员势如猛虎，首先对占领 597.7 高地之敌实施反击。连续七昼夜，同敌人展开反复的阵地争夺战，毙伤敌 6000 余名，至 11 月 4 日全部夺回了这个高地。

11 月 11 日，秦基伟乘胜把反击的铁拳又砸向了 537.7 高地。在炮火掩护下，三个精锐的志愿军步兵连以迅雷不及掩耳之势对美军发动突然袭击，全歼守敌 1 个营，恢复了该高地的全部表面阵地。

吃了大亏的美军气急败坏，第二天就动用几十架次飞机进行轮番轰炸，并投入 6 个营的兵力不断进行反扑。但我军指战员越打越勇，经过 16 昼夜奋战，共击退敌人 130 多次进攻，又歼敌 1800 余名，终于全部收复和巩固了阵地，把敌人逐出了上甘岭。

整个战役，我军共歼敌 2.5 万余名，击落击伤敌机 274 架，击毁坦克 14 辆，大口径火炮 61 门。我军阵地屹立未动，创造了以坑道工事为主体的防御作战的光辉范例，被誉为"突不破的防线"。美国报纸惊呼："这次战役实际上变成了朝鲜战争中的'凡尔登'。"

上甘岭大捷加速了美国侵略者在朝鲜的失败进程，打得骄横一惯的美国代表再次在板门店谈判桌旁低下头来。《人民日报》1952年12月18日的社论指出："上甘岭战役的辉煌胜利，对于全世界人民反对美国侵略，保卫世界和平的事业，无疑是一个巨大贡献。"

从士兵到将军

CONGSHIBINGDAOJIANGJUN

★ TASHANMINGJIANG WUKEHUA ★

塔山名将
——吴克华

　　吴克华（1913-1987），江西省弋阳县人。1929年参加中国工农红军，同年加入中国共产党。土地革命战争时期，任红10军第1团排长、军政治部特务连连长、军部特务大队大队长、红7军团第20师60团营长、少先队中央总队部参谋长、红5军团第13师37团团长。抗日战争时期，任八路军山东纵队第5支队副司令员、第2支队司令员、第5旅旅长、山东军区第5师师长、胶东军区副司令员。解放战争时期，任东北民主联军第4纵队司令员、辽东军区副司令员、第四野战军41军军长。中华人民共和国成立后，任第15兵团副司令员、华南军区参谋长、海南军区司令员、济南军区第一副司令员、中国人民解放军炮兵司令员、铁道兵司令员，成都军区、乌鲁木齐军区、广州军区司令员。第三届国防委员会委员，第三、五届全国人民代表大会代表，中国共产党第十一届候补中央委员。在中共第十二次全国代表大会上被选为中央顾问委员会委员。1955年被授予中将军衔。

一、想念书误入军校

1913 年 12 月 7 日，吴克华出生在江西弋阳芳家墩一户有钱的农家。幼年的吴克华并没尝过饥寒的滋味。时常能吃上母亲精心制作的菜干、荷包辣椒、芋头蒸肉等当地的传统美食。

8 岁那年，吴克华在村人吴少清开办的私塾就读。三年后，由于家道中落，为了维持家计，11 岁的他不得不辍学回家帮忙干活。

为减轻母亲肩上的负担，吴克华从此每天做些打柴、割草等力所能及的活儿。两年后，父亲撒手归西。母亲便托人介绍吴克华到弋江镇的一家杂货店里做杂役。这是只管饭吃没有薪水的差事，吴克华对此并不介意。

善良的奶妈劝说做皮匠活的丈夫戴宗良收留失业的吴克华为徒，吴克华于是跟着他的奶父做皮匠。

当地皮匠的营生主要是制作布鞋。戴宗良同情并愿意帮助吴克华摆脱困境，心疼他，并乐于将手艺毫不保留地传授给他。吴克华心中感激，但他并不打算就此做一辈子出息不大的皮匠，而是想去吃军粮走出一条路。

1926 年秋，北伐军掌控了弋阳的政权后，农民运动已由秘密转入公开，芳家墩农民协会的会员们更是大白天的手拿大刀在地主豪绅家出出进进，命令他们出钱出粮支援北伐。

"打倒土豪劣绅"、"打倒贪官污吏"的口号让吴克华热血沸腾，只有如此自己才有一条出路。

1928 年冬，暴动的热潮再次波及弋阳芳家墩，吴克华做出了他人生最重要的选择——加入少先队和手工业工会组织。吴克华拿着绳索刀柜，和志同道合的乡亲们抗租、抗债、抗税。

当平日里趾高气扬的高利贷剥削者、贪婪的土财主低着头将借据契约和盘托出，吴克华看了觉得特别开心。

赣东北的农民革命方兴未艾，酝酿日久的 1929 年秋收暴动风起云涌。弋阳第六区也成立了苏维埃政府，区苏维埃机关就设在芳家墩。

为了保存暴动胜利果实，刚成立的中共信江特委决定扩大他们的正规武装——仅编 5 个连的江西红军独立第 1 团。

一天，吴克华正在县城坤兰姑妈家里，侄子吴全德捎来表姐夫吴思清的口信：马上去吴家墩读书。至于上什么学校，读什么书，吴恩清没说，侄子也说不上来。

有机会读书，吴克华顿时眼睛一亮，辍学一直是他心中的痛。当时全县苏区已办起 5 所完备小学，芳家墩还专门为偏远村庄的几户和独户人家的适龄儿童创办"列宁巡回小学"。管它什么学校，只要有书读就行，再说参加共产党的表姐夫肯定不会坑自己。

吴克华简单收拾一下行李，就跟吴思清去了设在吴家墩吴家祠堂的"信江军政学校"。3 年私塾的文化底子和招揽生意时走村串户练就的胆识给他加分不少，严格的政治审查和体格检查他也都顺利过关了。

1929 年 10 月 25 日，吴克华和他的 170 多位同学开始了漫长的军旅生涯。军校实在太简单了。教室是空荡荡的挂满蜘蛛网的祠堂，操场是一片凹凸不平的沙洲，校长以下近 200 名教员、男女学员统统寄宿在老百姓家里。

军校的物质生活也像它的设施一样简朴。没有制服，穿着打扮与周围的普通老百姓如出一辙：布衣、草鞋、斗笠。没有薪水，甚至零用钱都没有发过，学员每人每天只发四分大洋的菜金。

军校的设施虽简陋得令人难以置信，围绕政治学习和军事训练而制订的规章制度却是极度严厉。这对于自由散漫惯了的学员来说无疑是个严峻的考验，不少人都适应不了这种节奏紧张的生活。刚开学不久，值星支队长就在饭前宣布：吃顿饭至多只许用 5 分钟。日出而作、日落而息的农家子弟根本不清楚 5 分钟有多长时间，大家还是按老习惯慢条斯理地吃。忽然，值星支队长的哨声响了，随即宣布吃饭完毕。这时吃的快的才吃了一碗，吃得慢的，特别是女学员连半碗都没吃下，只好放下了饭碗。

队列、瞄准、射击、投弹，军事训练的内容基本上是沿袭黄埔军校那一套。当教具用的那几支报废步枪早就打不响，即使如此，仍然像宝贝一样在学员们手中传来传去。

重要的军事课几乎都由校长邹琦讲授，也有不少军事课是由哗变或俘虏过来的国民党军的班排长讲授的。有的俘虏尚未来得及脱下国民党军的制服就站到军校的讲台上。

吴克华走村串户也算见多识广，但政治课、军事课对只有 3 年私塾学历的小皮匠来说仍然有足够的新鲜感和吸引力。在这间昏暗的充斥着霉味的封建宗祠里，吴克华知道中国之外还有个令人神往的名叫苏联的国家，也知道了德国人马克思和俄国人列宁的大名。可以说，吴克华人生的第一次飞跃是在祠堂里完成的。

兴趣是最好的老师，吴克华无论是在课堂里还是在操场上的表现都还令人满意。小队长黄元庆是位来自红军部队的学员。吴克华与他关系不错，常常拉着这位参加过几次小规模战斗的老乡问这问那，诸如根据声音判断枪炮弹远近高低之类的战场小常识。

吴克华资历浅、还不到党章规定的入党年龄。巡照惯例本应先加入共青团组织，但共青团的门当时紧闭，一心上进的他便加入了共产党。第二年开始后，吴克华将党证退了，换回张团证，两年后再领回那张党证。

二、打恶战重伤庆生

1933 年初夏，吴克华到闽赣军区教导大队任队长。

在周恩来、朱德等人的指挥下，中央苏区取得了第四次反"围剿"胜利。7 月，吴克华所在的教导大队便编入不久前在黎川县城篁竹街李树坪组建的 7 军团第 20 师，吴克华出任 20 师 60 团 1 营营长。

蒋介石接连吃了败仗不甘心，于是重新筹措经费、培训指挥员、制订"围剿"计划。秋天，蒋介石派遣 50 万大军再次进攻中央苏区。

蒋介石屡战屡败，这让某些盲目乐观的领导者被胜利冲昏了头脑，他们喊出了"御敌于国门之外"、"不让敌人蹂躏苏区的一寸土地"的口号。口号颇有几分豪气，但捉襟见肘的红军兵力就此陷入失败的趋势。不久，国民党军 3 个师便占领了闽赣省党政军领导机关所在地黎州。为了收复这片土地，病中的彭德怀委托 3 军团 4 师政委彭雪枫指挥 3 军团和 7 军团攻击占据浒湾八角亭之冷欣部。

强敌当前，彭雪枫不敢大意，做出夹击的战略：7 军团 19 师从正面攻击扼制浒湾之敌，截断金溪至浒湾的公路交通；吴克华所在的 20 师则阻止八角亭之敌向浒湾移动。

战略正确，执行却出了问题。由于通信设备落后，联络跟不上，联手攻击变成各自为战。只有 2000 战士的 20 师摆成长蛇阵，攻击正面近 10 公里，疾风般卷击八角亭。如果是轻武器对阵，20 师或许还能如愿以偿。然而，国民党军根本不和你玩轻武器，飞机轰炸、装甲车直冲一阵之后，步兵才端着精良的武器上场，这让红军很受伤。

战斗打响不久，防不胜防的弹头削去吴克华的一块头皮。久经战火硝烟洗礼的吴克华没有惊慌失措，简单地包扎一下又继续指挥战斗。

人倒霉了喝凉水都塞牙。第 5 天，吴克华正带着部队往敌人的阵地前冲锋，突然就一个踉跄摔倒在地。他中弹了，而且伤势比上次更重：一块疾速飞行的弹片穿透他的右腮帮、敲掉他的几颗牙齿，一颗子弹打穿了他的左胳膊。

吴克华顿时浑身是血，想要爬起来，却是手一软摔倒在地。身边的战友一看他受伤，急忙把他抬到后方医院治疗。

红军官兵在浒湾、八角亭做了一场噩梦。遇到光凭英勇无畏难以逾越的障碍，"不让敌人蹂躏苏区的一寸土地"的口号让红军吃尽苦头，两个军团伤亡 1000 多人。

实力远不如人，20 师无可奈何地给八角亭之国民党军让开通往浒湾的路。19 师战斗力比 20 师强，但强也强不到哪里去。国民党军反击部队只用两辆装甲车开路，就轻而易举地将 19 师的阵地冲垮了。

这个冬天，吴克华是在令人难耐的痛楚中度过他的 20 岁生日。

当时红军医院缺医少药，没能及时采取措施，吴克华的伤口很快化脓感染。他先是在没有施用麻药的情况下接受手术治疗，取弹片并剔除坏死的腐肉；然后，便是漫长的极度折磨人的伤口愈合期。连碘酒都不具备的简易医院，消炎靠的是盐水，且又是伤着经常需要活动的口腔和胳膊，伤口不易愈合是可以预见的。进食也是需要他克服的重大生活难题。整个冬季，他只能靠稀粥和菜汤维持生命。

在病床上苦熬了将近 3 个月，吴克华才走出给他留下无限痛苦回忆的医院。经过这一番折腾后，本来就消瘦的吴克华脸色苍白，颧骨明显地突出来，眼睛深深地陷下去。

离开医院后，吴克华没再返回 20 师 60 团 1 营，而是走进了设在红都瑞金中国工农红军学校分编扩大的红军大学的教室。

在病床上苦熬的日子里，吴克华不断地反省自己过去的战斗生活，觉得信江军政学校学到的知识已经不能满足作战的需要。吴克华不断的向军团领导提出进修的申请，终于得到领导的批准。

红军大学主要招收营、团以上干部，分设高级指挥、上级政治、上级指挥、上级参谋4个科，吴克华被编在上级指挥科。红军大学当时只有200多名学生，34岁有5年欧洲生活经历的知识分子何长工任这所"红大"的校长兼政委。

在"红大"开设的近10门课程中，吴克华最感兴趣的是朱德、刘伯承主讲的野战条令、步兵战斗条令和外军作战经验，过去一直困扰着他的许多问题都在瑞金城郊那一片大树底下解决了。

经过"红大"的培训，吴克华信心十足，开始上了一个新的台阶。7月份，中央军委调他到21师任团长。

三、行漫路力任铁卫

1935年遵义会议后，中共中央成立了由毛泽东、周恩来、王稼祥组成的负责全军军事行动的3人小组。经过商量，3人小组作出了红军兵分三路、从遵义、桐梓、松坎地区直奔赤水的决定，并命令充当中央红军"铁屁股"的5军团继续掩护中央纵队前进。

土城地势险要，南北西三面是连绵的山岭，东临赤水河。红军要想实现赤化四川的计划，攻占并巩固土城势在必行。

1月27日，军委得知一路撵着中央红军的川军模范师第3旅廖泽部4个团只有六七千人，当即决定吞下刘湘送上来的这块肥肉。廖泽部只有4个团，红军有3军团和5军团两个军团，虽然双方兵力悬殊，军委还是异常谨慎，决定采取诱敌深入战术，把川军引到土城以东屋基坝、黄金湾一线山谷地带消灭。

要打硬战，39 团团长吴克华顿时眉飞色舞，连缠带磨的把一线作战的任务抢到手。

吴克华把 39 团呈一字形在刀壁山展开，1 营为右翼，3 营为左翼，2 营为预备队，团指挥所则设在预备队与一线连队之间。

部队进入阵地后，吴克华传令："要发扬 5 军团近战歼敌的传统，把敌人放近来狠狠地打。"近战歼敌是 5 军团的传统，却也有它的苦衷：部队长期作战，弹药奇缺无比。

军委想吃掉这块肥肉，却没有想到这是块有骨头的肥肉。他们企图一口吞下去的实际为教导师郭勋祺旅、潘佐独立旅以及模范师第 3 旅廖泽部，三部至少 1.5 万人——比红军的 3 军团和 5 军团的兵力还多。

兵力不占优势，川军精良的武器更不是红军的旧枪、旧炮所能比的。郭勋祺旅的 1 个步兵连至少装备 6—9 挺用进口高级合金钢制造的轻机关枪，每个排分别有使用重庆兵工厂造汤姆式冲锋枪的冲锋枪班和使用 36 迫击炮的小炮班，以及由优等射手组成的狙击班。

战斗一开始就打成拉锯式的消耗战。双方杀的难解难分，冲锋、反冲锋多达 10 余次。打到后来，39 团子弹都打光了，吴克华力喝一声："同志们，拼大刀！""哗"的一声作响，39 团的战士挥着大刀就冲进了敌群中，溅起片片血花。

战斗打得激烈，吴克华在 1、3 营阵地之间跑来跑来，指挥一线部队作战，结果政委一个劲地抱怨："你老是跑到前面去，谁来接电话指挥呀！"

1 营林营长被子弹打穿右臂，旁边的吴克华不由分说，扛起他就往后方走。林营长连拦带扯不愿走，使劲的喊："别管我，你去指挥战斗！"

1 营群龙无首，只怕挡不住敌人的进攻，吴克华无可奈何的放下林营长，转身去找人来照料他。没走出多远，就听见闷哼一声。吴克华回过头一看，只见林营长已经倒在血泊中，一个国民党士兵满脸狰狞的站在他身边，手中的刺刀还插在林营长的胸口。

吴克华又悔又怒，操起刺刀就冲了过去，一刀捅在那个国民党士兵的肚子上，随后用力一绞。那个国民党士兵手一软，刺刀掉在地上，一头栽倒在地。

拉锯战，无论是人力、物力还是士气等方面都损伤很大的中央红军不敌攻势凌厉的川军，于傍晚时分退出战斗。

尽管中革军委在 28 日傍晚就下令撤出战斗，但轻装、架设浮桥、安置伤员等撤退准备工作仍需要十数小时来完成。到第二天，吴克华等率领打后卫的 39 团才撤出阵地，开始实施别无选择的"一渡赤水"计划。

3 月 19 日清晨，吴克华等奉军团首长之命率领 2 个营继续扼守茅台河西岸，抵御企图强渡赤水河追击中央红军的郭勋祺部。

19 日黄昏，吴克华等才开始撤退，向 5 军团主力集结地两河口转移。部队赶到两河口时已近黎明，在这里住了一宿的 5 军团主力却正在打点行装准备开赴下一个宿营地。这时，军委又令吴克华部仍回原地守备，誓死阻击敌人。军团首长见 39 团的官兵一个个饥饿难当、疲惫不堪，于是把这个任务交给了 37 团。

国民党军衔尾追击，"铁屁股"可真不好当。为掩护主力，39 团干的就是舍身喂虎的活。这种场面在吴克华充当担负后卫任务的 39 团参谋长的半年多来屡见不鲜。似水蛭般讨厌的追兵不是好对付的，没有两三个小时甚至一天时间休想摆脱它的纠缠。

4 月 18 日，39 团在永宁镇以西黄土塘阻击 3 个旅的追兵，掩护 5 军团从草渡北盘江进入云南。面对数倍于己的强敌，39 团的指战员们不退反进，连续向国民党军发起了 10 多次冲击，并歼敌 1000 余名。军委后来授予打退国民党军 10 多次进攻、因伤亡惨重先后 5 次更换连指挥员的第 5 连"英雄红 5 连"称号。

5 月上旬，中央红军大部在位于云南禄劝县的皎平渡渡金沙江时，39 团在离渡口数十公里的团街附近阻击尾追的滇军。黄昏才占领阵地的 39 团趁敌不备突然发起冲锋，滇军丢下数百具尸体后连退 10 多公里，与 39 团对峙着，不敢穷追。

滇军不敢追赶，39 团才乘坐数只破木船渡过金沙江。这是由皎平渡过江的最后一批红军部队。连日急行军式的猛烈进攻与追击使 39 团受损严重，掉队、落伍、病员增多，但吴克华等率领部队发扬连续作战不怕牺牲不怕疲劳的精神，日夜兼程。

7 月初，吴克华率部翻过了终年白雪皑皑的夹金山。

8 月初召开的沙窝会议后不久进行的把 1.4 方面军混编成左、右两路军的整编中，吴克华所在的部队于 7 月下旬改番号为第 5 军的 5 军团，编入以 4 方面军为主体的左路军。左路军由 4 方面军的第 9、第 31、第 33 军和一方面军的第 5、第 32 军（即 9 军团）组成。

这期间，8 月 21 日，吴克华所在的左路军离开驻地马塘、卓克基向阿坝地区开进。似乎是出于心照不宣的顾虑，擅长打掩护、一路上充当后卫的第 5 军在左路军的行军序列中被摆到前卫的位置。数天后，吴克华那双结着厚茧的脚板便踏在川西北那片荒无人烟形同泽国的茫茫草地上。

四、辟胶东斗伪抗日

抗日战争爆发后，在抗大学习的吴克华调任八路军山东纵队 5 支队副司令。不久，吴克华所在的八路军山东纵队 5 支队与山东纵队特务团合编成山东纵队第 2 支队，吴克华任支队长。1939 年吴克华调任第 5 支队支队长，高锦纯改任第 5 支队政委。

5 支队组建时间短，知识分子多，又没经过系统的军事训练，指战员的军人意识不够强，不敢硬碰硬。别说是跟疯狗一般的日军作战，就是与战斗力很一般的伪军、顽军对阵，这些知识分子胆气也不足。

吴克华动手整军，补充缺额，加强共产党对八路军的绝对领导，培训、选拔和审查干部，进行军事训练和政治教育。按"三三制"编制，5 支队将下辖的 13、14、15 团均扩编为 3000 人的主力团。

经过整编，5 支队不再是单一的步兵，工兵、侦察、通讯、骑兵等专业分队也按规定组建起来。

1940 年 4 月，吴克华率胶东 5 支队 13 团到栖霞县观里集一带活动。5 月 3 日，吴克华率部队包围乘 3 辆汽车进入观里的日军。

顽军赵保原见势不妙，立即派他的精锐部队、全套日式装备的邓学良团赶来支援。老子连日本人都打，还在乎"二鬼子"，吴克华也不含糊，给部队下达近战歼敌、与顽军白刃格斗的命令。激战 10 个小时，13 团毙伤邓学良团数百人，打得"抗八联军"嚣张气焰矮了一截。

铁拳在手，5 支队又通过报纸大力宣传中共中央提出的"坚持抗战，反对投降；坚持团结，反对分裂"的口号，并连续发表通电揭露"抗八联军"的种种罪恶，通过莱阳各团体结合地方人士组成的"临时参议会"罢免赵保原的莱阳县长职务。

为了消灭胶东八路军，日军华北方面军司令官冈村宁次决意对胶东抗日根据地进行 40 多天的"拉网合围"大"扫荡"，参战部队有 12 军所属的独立混成 5 旅团主力、59 师团、独立混战 6、7 旅团各一部、伪军和投降派赵保原等部的 5000 人。

1942 年 11 月中旬，在数千伪军和投降派部队的配合下，日军迅速组成"隔断网"，无山不搜，无村不查，尤其加强对山洞、沟及小村庄、山庵的搜索。

日伪军这次冬季大"扫荡"，无论是规模、部署、兵种、装备，还是技术运用和残酷毒辣程度都是胶东抗战史上空前的。日军庞大的运兵车队在此地的公路上繁忙地跑来跑去，扬起漫天烟尘时，其主力部队可能秘密集结在彼地；为达到行动的突然性以收到声东击西的效果，日军每每在实施一项计划之前，悉心制造许多假象以混淆对手的视听。如篝火通明、枪声不绝的方向实无多少部队，而漆黑一片、寂静无声之处则暗藏杀机。

为了粉碎敌人冬季"扫荡"，胶东军区将胶东八路军的主力部队和地方武装以烟青公路为界分成两个指挥系统，吴克华奉命指挥主力部队13、14、15团及2、3、4军分区在烟青公路以西活动。

敌人主力出动，后方空虚，吴克华认为只要积极破坏敌人交通、扰袭据点，声东击西使其首尾不能相顾，就可能缩短敌人"扫荡"时间，迫使敌人退保老巢。

本着"保存有生力量，保卫根据地，分散活动"的原则，吴克华带着部队适时转移，缩小目标，分区坚持，内线与外线互应，抓紧时机给"扫荡"之敌以有力打击。

对日作战，吴克华有时也运用"敌进我退"的战术，但不少时候，他采取的是"敌进我进"的方针，深入敌后，打击日军的交通线、补给线，以逼敌撤退，粉碎其疯狂的"扫荡"。无论采用哪种战术，吴克华都强调要"客观地认识敌人行动征候的真相，掌握其行动规律，而不受任何征候的欺骗"。

一捕到战机，吴克华毫不手软，他指挥部队打出众多漂亮战：包围道头、夏店据点，歼灭九曲出动援敌；深入黄县、龙口等地区活动，歼灭平城出动至蓝村之敌，将其汽车烧毁，并震惊青岛之敌；袭击马广、沙河、平城、观里、马连庄等据点，吓得日军紧紧闭门，不敢离开乌龟壳一步。

在吴克华的统一指挥之下，路西的八路军齐心协力与日伪军展开破袭战。日军在胶东的主要交通线——烟（台）青（岛）、青（岛）黄（县）、烟（台）潍（县）以及莱（阳）即（墨）、平（度）掖（县）等100多公里路段被破坏，桥梁被炸毁，电话线被掐断，不得不提前结束此次大"扫荡"计划。

五、奔辽东战火迎冬

抗日战争结束后，吴克华调任胶东军区副司令。

1945 年 10 月，吴克华和彭嘉庆等人率领胶东部队 1 万余人跨越渤海到达辽东。胶东部队在东北黑土地上纵横驰骋，发展壮大，先后编为东北人民自治军第 2 纵队，东北民主联军第 4 纵队，中国人民解放军第四野战军第 41 军。

1947 年下半年，国共双方在战场上的形势发生了根本性的转变。共产党由战略防御转入战略进攻，而国民党则从战略进攻转入了战略防御、被动挨打。

解放军步步紧逼，国民党军在东北的主帅陈诚不得不将"重点防御"的战略方针变成"固点防御"。陈诚在沈阳、长春等大城市集结重兵，又以 10 个师的兵力作各个要点的机动部队，一天时间就可赶往各处救援。

面对陈诚的"固点防御"，"东总"决定趁敌部署尚未就绪时再给其一次重击，发动"冬季攻势"，力求再歼敌七八个师，进一步确定我军在东北战场上的优势地位。

冬季攻势战役分两步：第一步，出击北宁线，歼灭沈阳至锦州沿线的蒋军引诱沈阳、锦州蒋军出援，歼其一部。第二步，转兵辽南，歼灭辽阳、鞍山、营口之敌，断其海上交通，并相机攻占锦州，孤立沈阳。

4 纵在冬季攻势中的任务是：第一步奔袭辽阳、本溪之间的敌人；第二步攻取辽阳、鞍山。

12月15日，天气寒冷。4纵由通远堡、连山关一线出发袭辽阳、本溪。经过一天一夜长途奔袭，先头部队11师和12师36团迅速消灭了大安屯、耿家屯一带蒋军，歼敌1000多名。

驻守在辽阳的国民党军25师第73团听到大安屯受袭，立即赶来增援，进到毛头山一线。4纵第31团和32团早已守候多时，枪炮齐发，一阵冲杀，打得国民党军25师第73团伤亡惨重，灰溜溜的窜回辽阳。

1月7日黄昏，解放军4纵10师30团主动向国民党87师259团发起攻击，蒋军慌忙南窜。30团迅速占领了安富屯，尔后又连克陈家台、图颜太堡。当晚，蒋军向4纵进行反扑，均被4纵击退。

"东野"的冬季攻势第一阶段作战任务圆满完成后，4纵奉命东返包围辽阳，

辽阳是一座古城，守城的国民党军有1万多人，以暂54师为主。

国民党军占据辽阳后，立即修筑工事，在城墙的顶端构筑了交通壕和火力发射点，在城外挖了一条深宽丈余的外壕，外壕前方设置了铁丝网和雷区。

林彪将攻城任务交给了吴克华，由他统一指挥4纵和6纵两个纵队。

吴克华迅速作出进攻部署：以4纵11师配属5个野炮营向城东门实施主要突击；以6纵（欠1个师）向城西南实施主要突击；以10师30团配属炮兵团向城南门实施辅助突击；以10师28团向车站方向实施辅助突击。12师为预备队。

2月6日，天刚蒙蒙亮。

炮弹呼啸声掠空而过，随即传来了一阵震耳欲聋的爆炸声，辽阳城顿时硝烟弥漫、火光冲天。

硝烟稍稍散去，东门的城墙上被炸开了一个缺口，担任尖刀任务的31团4连冒着炮火冲到城墙下……鲜艳的红旗插上了辽阳城头。

突破任务完成后，11师的32团没有按原计划行动，而是与31团同时拥向突破口。两个团挤在了一块，突破口狭小，部队无法展开。

就在这时，突破口左侧的一个蒋军火力点复活了，机枪子弹像火舌一般

卷来，顿时扫倒了我军许多战士。

一个战士冒着敌人的弹雨摸到正在喷吐火舌的火力点前，投出一颗手榴弹。硝烟未散就冲了上去，在敌火力点下安放了一个炸药包。一声巨响过后，城墙上那个拦路的火力点哑了。

喊杀声铺天盖地的响起来，我军突击部队巩固住突破口，后续部队潮水般地涌入城内。

吴克华满意地放下望远镜，走下山坡，参谋长过来说："司令员，部队正在分割敌人，进展顺利。"

攻占辽阳后，吴克华率4纵并指挥第6纵队马不停蹄，向鞍山进击。

鞍山是一座形状很不规则的城市，中长铁路贯穿市区，把整个城市一分两半。城西部较为平坦，城东部与山地相连，神社山、对炉山可以直接控制铁路以东的市区，城东南部的铁架山地形险要，易守难攻。

防守鞍山的国民党军是重新组建的第52军25师，他们在鞍山已驻扎一年多，构筑了坚固的防御工事。尽管士气不高，但困兽犹斗，要想制服它还需费一番周折。

吴克华对制服这个对手心中有底。他现在指挥着两个纵队，外加一个炮兵师，兵力6倍于敌人。4纵曾两次进入鞍山，对地形比较熟悉，消灭面前的敌人还是有把握的。

2月16日，肃清鞍山外围据点的战斗打响了。12师36团率先向铁架山发起进攻。铁架山又高又陡，时值冬季，山上布满冰雪，攻击部队要在这陡峭的冰坡上前进，十分困难。

就在进攻分队走三步退两步一筹莫展时，36团团政委潘德彪急中生智，朝众人大喊一声："快！架人梯！"

这一招真灵。战士们冒着敌人的炮火，架起人梯，迅速越过冰坡，交替冲向主峰。

不幸的是，就在潘德彪接近主峰时，敌人一颗子弹飞来，击中了他的胸膛，他来不及说一句话就倒下了。

"为政委报仇！"战士们高呼着口号，冲上了主峰。

2月19日清晨，我第4、第6纵队总攻开始。鞍山城内的蒋军一片混乱，25师师长胡晋生不停地向卫立煌求救，却始终不见卫立煌的回音。胡晋生见求救无望，便想法逃跑，他一面命令部队死守，一面将指挥所向鞍钢转移，企图向大、小营盘方向突围。

吴克华哪能让胡晋生的妄想得逞？他迅速命令6纵17师和18师向鞍钢发起猛攻，同时命令11师在大、小营盘方向设伏，围歼出逃之敌。

胡晋生窜出营盘，却未能逃脱吴克华布下的罗网。

攻克鞍山后，吴克华挥师南下，直取营口。营口的国民党军在孤立无援的情况下，师长王家善率部起义，营口回到人民的怀抱。

六、守塔山驱狼逐豹

1948年9月12日，辽沈战役打响。吴克华率4纵插至锦西，与其他纵队一起完成了对锦州的包围。

4纵正准备在锦州城下大干一场，吴克华却接到了东野司令部的命令：即回塔山、高桥地区，阻击来自葫芦岛方向的敌援兵。

锦州若失，在东北的国民党军将陷入灭顶之灾，蒋介石一边急令廖耀湘兵团出辽西驰援锦州，又抽调华北和山东7个师、锦西原有的4个师组成东进兵团北上，企图解锦州之围。

国民党军东进兵团要增援锦州，塔山是必经之路。塔山位于锦州与锦西之间，东临渤海，西依虹螺山。塔山并不像塔，倒像一个圆圆的窝窝头，它严严实实地扣在锦州与葫芦岛之间最狭窄的一段路上。塔山的争夺战，成为

1947年，吴克华（后排右一）和沙克（前排左起）、肖华、陈云、罗舜初，谢复生（后排左起）、曾国华、肖劲光、韩先楚在通化

当时敌我两军交锋的焦点。

4纵接到命令后，急速向东开进，于10月6日到达塔山、白台山、高桥地区。

4纵的防线是以塔山堡为中心，东至海边，西至白台山。防御正面有12公里半，第11纵队位于第4纵队西侧。塔山北距锦州20公里，南距锦西敌人的阵地只有2公里，敌人还占据了塔山南面的大东山、小东山。4纵的阵地都在敌人的炮火射程内。

勘察地形后，吴克华部署了任务：4纵的12师全部展开在打鱼山西至白台山之间；第11师32团展开于北山之前，重点守备塔山堡、塔山桥。为保证有足够力量持续不断地反击敌人的冲击，吴克华要求各师和团均应有三分之一以上的兵力作为机动力量；第10师全部和第11师31团、33团留作全军预备队，部署在一线部队侧后。

12师的任务最重，吴克华对12师师长江燮元说："塔山堡是要害部位，你要把它变成攻不动的钢铁堡垒！"

10月10日拂晓，在飞机、大炮和舰炮的掩护下，国民党4个师向4纵阵地全线扑来。利用海水退潮之际，蒋军第62师袭占了4纵34团防守的打鱼山。

还没怎么打就丢了阵地，吴克华心中有些恼火，他立即接通 12 师指挥所电话，对江燮元师长说："立即夺回阵地，坚决打下敌人的气焰！"正说话，大地震动，土块落了他一身，敌人的炮弹打到纵队指挥所的墙脚。

过了一会儿，前沿传来消息：经过连续反击，12 师已经夺回丢失的几个阵地。

国民党军的飞机十分猖狂，几十分钟内投弹 5000 余发，我军前沿阵地工事全部被摧毁，部队伤亡较大。国民党地面部队也极其强悍，连、营、团长带头冲锋，不要命地往前冲。一梯队垮下去了，二梯队上；二梯队垮了，三梯队继续上。

局势险恶，吴克华却是极其冷静，命令炮兵集中火力轰击敌人后续梯队集结地域，不让敌人组织连续冲锋。

炮火轰鸣，国民党后续梯队的集结区被砸得山崩地裂。集结的敌人被轰得东倒西歪、抱头鼠窜，更别说组成队形。前沿的部队趁此机会组织阵前反击，一举将当面之敌击溃。

敌人见势不妙，立即依仗其炮火优势，朝我军阵地猛掷炸弹，弹片将平地都犁松了几尺深。大炮过后，国民党士兵再一次发动了强攻。

4 纵战士打得极有气势。不少人拉响了最后一颗手榴弹与敌人同归于尽；有的战士腰折骨断、双目失明，仍在装子弹、投弹；有的战士身带数处刀伤仍在与敌人拼杀；有些阵地已经全是由伤员在防守，直至打到最后一人。

激战一直持续到下午 4 时，4 纵连续打退了敌人 9 次大的进攻后，毙伤俘蒋军 1100 多人，将敌人逐出我前沿所有阵地。

10 月 11 日晨，蒋军还是出动 4 个师，改全线进攻为中央突破，集中力量攻击塔山堡。

国民党的空军也前来助战，飞到塔山上空，向塔山堡投掷了两颗 500 公斤重的大炸弹。竟有一颗炸弹落到了塔山河滩西岸国民党军队的阵地上，炸死炸伤几十人，气得国民党官兵跺着脚骂飞机瞎了眼。

当国民党军推进至我阵地前沿 100 多米时，4 纵突然实施还击，很快将敌人击退。

国民党军的炮兵立即实施报复性射击，连续发射 2000 余发炮弹，我军的阵地再次被炸成一片焦土。守在塔山村头的 4 纵 34 团 1 连伤亡过大，不得不退入村内。国民党军乘虚进入村子，情况万分危急。1 营长组织所有人员对敌实施反击，激战数十分钟，终于将敌人打出村子，恢复了阵地。

从早晨到下午，敌我双方杀得血流成河，4 纵的三个主阵地均一度被敌人突破。4 纵凭着高昂的士气和顽强的战斗作风，打勇敢，打办法，打持久，终于压垮了敌人。

国民党部队也是杀红了眼，被打退后并不退远，而是蹲在距 4 纵前沿阵地一二百米处构筑工事，恶狠狠地虎视一旁，企图形成对峙局面。

眼中钉必须拔掉。4 纵组织了师、团两级的二梯队，在猛烈的炮火掩护下，再次实施反冲击，将眼皮下的敌人赶回了老窝。塔山像攻不动的堡垒，依旧牢牢掌握在解放军的手里。

4 纵的 12 师苦战两日伤亡很大。吴克华调整部署：缩小防御正面，12 师撤下休整，塔山堡以东的阵地交由 10 师防守；将 11 师 32 团撤出一线阵地，列入纵队预备队。

入夜，4 纵的侦察兵在敌人纵深内设伏捕俘。34 团的侦察员们候在一条三岔路处，将敌军一个大胖子副团长逮了个正着。

大胖子副团长供称：为了拿下塔山阵地，上级以每人 50 万金元券的赏金收买了一批不怕死的士兵组成"宁死不退"的敢死队，并在军中建立了庞大的督战队，对后退者杀无赦。

10 月 13 日，国民党军出动 4 个师的兵力全力向塔山扑来。

敌众我寡，守卫塔山主阵地的 4 纵 28 团一线部队伤亡严重。10 师师长蔡正国当即命令二梯队投入战斗。

吴克华接到报告后，对蔡正国说道："正国，你们无论如何要坚持到黄昏，我让炮兵支援你们！"

4纵炮火旋即覆盖敌群，炸得敌人四下逃窜。国民党军中的"敢死队"出现了。他们一个个光着膀子，身背大刀，手提自动枪，狂叫着冲向塔山阵地。10师28团的营、连、排之间多被分割，许多连队伤亡百人以上。

1营2连1排坚守在塔山桥前的小营盘地域，首当"敢死队"进攻要冲。战至下午，阵地完全被敌包围，与上级联系中断。1排孤军奋战，最后仅剩下7人，子弹已经打光，只剩下一些手榴弹。6个地堡被敌人炸掉了5个，最后一个也只有骨架子了。

面对疯狂的敌人，在1排指挥作战的指导员程远茂忍着伤痛把剩余的战士组织起来，对他们说："敌人要想占领阵地，除非踩着我们的尸体上来！"

敌人又冲上来了，程远茂一声令下，战士们将手中的手榴弹投掷出去，在一片爆炸声中，敌人纷纷倒下……

不容喘息的厮杀一直持续到黄昏方才缓下，一线的28团伤亡达800多人，当夜由30团替换。而国民党军的锐气也在这一天基本打光了。

13日深夜，东野参谋长刘亚楼打来电话，告诉吴克华：锦州外围据点已全部扫清，攻城准备已经完成，14日上午实施总攻。

吴克华立即向各师传达这一消息。全纵队上下顿时欢腾超来，斗志更昂，决心像钉子一样牢牢钉在塔山。14日，国民党军集中了全部主力向4纵的阵地发动了最后的攻击。

14日上午10时，四野司令部电告4纵：总攻开始了！

锦州的国民党军即将被歼之时，我军官兵更加斗志高昂。进攻塔山的国民党军急了，企图再堵一把，打开援锦之路。

15日凌晨，国民党军出动了5个师，不鸣枪，不打炮，利用草丛和庄稼地作掩护，秘密运动到4纵阵地前沿，破坏了铁丝网等障碍物，然后突然发起攻击。

连日激战，4纵各阵地的官兵们困倦至极，却依然保持着高度的警惕，及时发现了敌人的偷袭，迅速反击。

偷袭不成，蒋军转为强攻。疾风骤雨般的炮弹落到了4纵的阵地上，蒋军的夜航轰炸机也来助战。一时间，4纵的阵地再度笼罩在火光中。督战队更是大批出动，嚎叫着"退却者杀！"

兵败如山倒，国民党军的士气却怎么也提不起来了，被督战队威逼上来的士兵一与我军接触，立即像潮水一般退下。许多国民党兵钻进臭气难耐的尸堆里装死，一些进退两难的士兵干脆扔下武器跑入4纵的阵地投降。

15日中午时分，国民党军全线溃退。至此，历时6昼夜的塔山阻击战，以我军的胜利而宣告结束。

从士兵到将军

CONGSHIBINGDAOJIANGJUN

冷面战将
——王必成

王必成（1912-1989），湖北省麻城县人。1928年参加本地赤卫队，同年加入中国共产主义青年团。1929年参加中国工农红军。1930年转入中国共产党。土地革命战争时期，任红4方面军第10师3团通信队长、连长、连政治指导员、第10师30团营长、红30军第88师263团营政治委员、第89师265团副团长、267团团长、副师长。抗日战争时期，任新四军第1支队2团参谋长、团长、新四军苏北指挥部第2纵队司令员、第1师2旅旅长、第16旅旅长、苏浙军区第1纵队司令员。解放战争时期，任华中野战军第6纵队司令员、华东野战军第6纵队司令员、第三野战军第24军军长、第7兵团副司令员兼浙江军区副司令员。中华人民共和国成立后，任浙江军区司令员，中国人民志愿军第9兵团副司令员，上海警备区司令员，南京军区副司令员，昆明军区第一副司令员，司令员，武汉军区司令员，军事科学院副院长。1955年被授予中将军衔。

一、斗土豪龇牙豹威

"一切权力归农会，那我丁枕鱼在罗家河说话还算个屁？"地主丁枕鱼又气又怒，一群穷鬼，成立个破农会居然就想翻天，真不知道马王爷有三只眼。

农会罗家河分会的办公室被捣毁，里面的东西被砸得粉碎，来人扬言："丁老爷砸的就是农会！"

农会是在革命浪潮中新近成立的。1926年10月，北伐军攻克武汉后，革命浪潮席卷湖北全境。共产党在麻城县办党部，"打倒土豪劣绅！"、"打倒贪官污吏"、"劳农神圣！"等标语喊得天响，全县一片沸腾，杨泗寨、乘马岗等地纷纷成立六乡农民协会。

土豪劣绅没打倒，居然还敢打上门来！马岗区农协领导人怒了，这种行为不严厉打击，只怕别的土豪劣绅也敢骑在农协头上拉屎。

打铁要趁热，乘马岗区农协的几千会员扛锄头、棱镖连夜直奔罗家河。15岁的童子团团员王必成二话不说，拿起红缨枪就跑在队伍前列。

斗地主，王必成一向拿手，也极热心。王必成是湖北黄麻城市乘马岗乡小寨村长岗人，1912年2月10日出生在一个贫苦的农民家里。王必成5岁丧父，靠伯父拉扯大，读过二年私塾。私塾先生李大雅是一位颇具民主意识的旧知识分子，王必成深受其民主思想的熏陶。

农协一成立，少年王必成立马成了农协的积极分子。喊口号、斗地主，王必成都是喊得最响、斗得最猛。农协主席裴五亭喜欢他的勇猛，就问："成伢，土豪你怕不怕呀？"

"怕啥呀，脑袋丢了只不过碗口大一个疤！"王必成回答。

几千会员把丁枕鱼的宅子围得水泄不通，丁枕鱼吓得不行，哆哆嗦嗦的派家丁死死顶住铁大门。

大门紧闭，铁锁难开，农会罗家河分会的廖荣坤也不和铁大门纠缠，拿起大刀，带着一群青年就翻进院子。

杀气逼人，守在门口的家丁一哄而散，饭碗固然重要，少挨打更现实。廖荣坤把丁枕鱼从屋里拖了出来，捆成一个粽子。

王必成走上前去，伸手就把丁枕鱼的鞋和袜子脱下来，挂在他的脖子上。奶臭未干的小孩都敢骑在自己头上，丁枕鱼头一摆，阴森森地盯着王必成。

王必成怒视着，露出两颗虎牙，喝道：死老财"喊'我是吃人血汗的丁枕鱼，我罪该万死！'"

丁枕鱼眼睛都绿了，就你一个小毛孩，还想让我扇自己耳光，老爷我以后还怎么在众人面前混。

丁枕鱼装聋作哑，不理王必成。王必成也不吱声，抢起梭镖狠狠的给他屁股来了几下。

痛彻心骨，丁枕鱼吓得浑身直打哆嗦，连连叫苦。王必成说："丁十老爷（丁枕鱼的绰号）你莫怕，我和宏义来保驾；到广会馆你莫急，自有农协收容你！"说得农协会员们捧腹大笑。说完，他用一根拴牛的绳子把丁枕鱼拴着，像牵着牛一样拉着走。

丁枕鱼被牵着游行，他的儿子丁岳平可就惦记着要报仇。

1927年4月底，丁岳平、恶霸王"九聋子"、反动区长王既之的儿子王仲槐等纠集民团、红枪会上万人向乘马岗、顺河集等区发起进攻，一路抢东西、拉耕牛、毁青苗、屠杀革命群众，包围县城，制造了震惊全国的"麻城惨案"。

在武昌中央农民运动讲习所学生军的协助下，中共麻城县委打退了红枪会，并帮助六乡农协成立了义勇队。王必成虽然年仅15岁，却自告奋勇地加入义勇队。

报仇不成反被穷鬼们打了个屁滚尿流，丁岳平、恶霸王"九聋子"等人又气又怒：穷鬼都当家作主，地主老财以后都没得混。穷人想翻天，那就要打去。

6月，丁岳平、恶霸王"九聋子"等人再次拉起红枪会，直扑祖师殿。祖师殿因山顶的庙名而得名，山高400多米，山势险峻，易守难攻，是六乡农协抵御福田河反动地主武装的天然屏障。

红枪会来势逼人。红枪会教师爷披头散发，祖胸露臂，带着红枪会的会众直扑山顶，会众口中还直念咒语：昆仑山、缠硬体，观音赐的金刚体。

农协义勇队的队员早就听说红枪会刀枪不入，一见杀声震天，有的人顿时就呆了，这仗没法打。

红枪会喊杀声震天，很快就攻到山腰。义勇队中一阵骚动，有人已经开始往祖师殿退。

王必成抱着一杆鸟铳走到义勇队大队长许世友身边，大声说道："大队长，一枪干死那个教师爷，看他还敢嚣张。"

枪打出头鸟，这倒是个好主意。50米，40米，20米，许世友一鸟铳就撂倒了教师爷。王必成和炮队队员早就等着这一刻，钢枪、鸟铳一齐开火，顿时打倒了一大片红枪会会员。

刀枪不入的教师爷被打成筛子，高喊刀枪不入的红枪会会众顿时泄了气：神都可以被轰死，自己冲上去不是去当活靶子吗？

炮队和上千义勇队员飞舞大刀，杀入红枪会会众，刀矛指处，血肉横飞。敌人死伤大半，其余连爬带滚地逃回了福田河。

1928年春，六乡恶霸地主李静轩在段家畈办起了"清乡团"，残酷杀害了六乡农协主席裴玉亭。听到这个噩耗，王必成牙齿咬得嘣嘣响：李静轩，总有一天我要杀死你！

9月下旬，王树声、廖荣坤率红31师1、2大队来到余家湾、丁家岗等地，王必成顿时心欣若狂：老主席的仇终于可以报了。

红军来到丁家岗，恶霸地主李静轩心中不安，立即从武汉购买了一批枪支弹药，严防红军攻打自家大院。

红军少的就是枪支弹药，地下党支部于是商量派人去把消息告诉红31师1、2大队。打李静轩，王必成不等党支部商量，就自告奋勇去给红军送信。

趁着黑夜，红31师大队包围了段家畈民团，活捉了民团团总李静轩，请他到阎王殿吃了花生米。在红31师1、2大队的支持下，六乡的党组织、农民协会很快得到了恢复，并建立起农民赤卫队。这时，王必成报名参加了赤卫队。不久，他加入了共产主义青年团。

1929年春，乘马岗区各乡相继建立了苏维埃政府，号召青年踊跃参加红军。王必成回家同母亲商量："妈，我想报名参加红军！"

母亲面有难色，说："成伢，家里只有你一个男孩。伯父老了，妹妹年纪还小。你这一走，家里这日子就没法过。"

"不打倒那些地主老财，我们穷人怎得安身呀！"王必成一脸坚决。母亲看他执意要走，只好点头同意。

王必成带着杨业焱、汪辉强等七位好友来到乡苏维埃，死缠烂打的围着乡苏维埃主席朱锡永，要他写介绍信去当兵。朱锡永不肯给王必成开介绍信，说："成伢，你家两房就一个男丁，不符合当兵条件呀！你要出什么事，你们家就得绝后啊！"

"我不符合当兵条件！难道叫地主老财的儿子去当红军？你这个乡苏维埃主席是怎样当的？"王必成揪朱锡永的辫子。

乡苏主席朱锡永被缠不过，给他办了介绍信。从此，王必成步入了漫长的戎马生涯。

二、战茅山二团成虎

1938 年春，新四军第 1 支队第 2 团奉命进入茅山地区，他们以自己的严明纪律、政治宣传鼓动和战斗胜利树立了威信，取得了人民的信赖和支持。不久，团长张正坤调走，参谋长王必成升任团长。

参谋长升任团长，是喜事，可也是难事。2 团 1938 年 4 月初才成立，部队由湘赣边、赣粤边、桂东游击队等四省游击战士组建而成。部队建制不整，战士扛的是长矛大刀，缺乏严格、正规的军事训练。

团长张正坤在时，王必成积极协助团长张正坤工作。一方面要接受国民党 3 战区的检验，对国民党克扣军饷等种种限制行为进行有理、有利、有节的斗争，最大限度地保证部队齐装满员；一方面要加紧进行部队的组编，充实部队的武器装备，加强部队的军事训练，使部队尽快适应新形势下对敌斗争的需要。

挺进江南后，王必成每次指挥战斗都力求敌情明、地形明、打法明，避免打莽撞战和得不偿失的消耗战，强调速战速决，快打快撤。

1938 年 8 月，为震慑南京、镇江等地的日伪军，配合国民党 79 军进入敌后作战，陈毅司令员命令王必成率领 2 团打句容县城。

句容县城虽小，却是新四军首次袭击县城。王必成不敢大意，先找来几位熟悉城内情况的内线人员了解敌人城防部署情况，然后又亲自化装到句容城郊就近观察。为保证万无一失，他又命 3 连连长带两名战士潜入句容城内摸清日伪军设防的确切位置和兵力部署。

一切就绪，王必成拿出了攻城详细方案：1 营主攻东门和南门；2 营负责进袭北门外的飞机场，并对南京扬山方向警戒；3 营担负镇江方向的警戒；支队特务连在地方武装配合下，在天王寺与句容间的张庙等处破坏公路、阻敌增打援。

三个小时后，2 团来了个开门红，首开在江南敌后战场我军以较小代价打下日军团守城池之先例。

苏南处在京、沪、杭敌人的心脏地带，敌情复杂。面对错综复杂的形势，王必成善断战场局势、果断亮剑，不到半年时间，在新丰、仓头、天王寺、高资等地把日军 15 师团松野联队和池田联队等部刺得鲜血直流、元气大伤，打出了 2 团的军威，年底被支队命名为"模范团"。

后院起火，胸口插刀，日军大惊，急吼吼的从前方调回一部兵力回援苏南，增加兵力，增设据点，摆出一副"梅花阵"，想将 2 团一口吞掉或者挤出京镇地区。

日军重兵围攻，王必成压根不和日军缠斗，指挥部队时而集中、时而分散。捕捉各种战机，快如风，疾如电，拔据点、炸军车，破路炸桥，撤退中有进攻，进攻时随时准备脚底抹油。1939 年 2 月，王必成部拔掉天王寺南日军重要据点东湾，毙伤日军 110 余人。2 月 17 日，副团长刘培善率部打掉日军的重要据点延陵，歼日伪军百余人。

日军连连挨打，想追追不上，想守怕挨打，万般无奈之下，龟缩在公路、铁路沿线的几个大据点内。

想保命，只有先干掉新四军 2 团。1939 年 3 月初，日军出动 2000 人，加上伪军 3000 人，兵分八路向 2 团驻地合围而来。

敌情不明，王必成决定先打伏击断其一指。日军这一次学乖了，竟然避过口袋，对 2 团团部及 1 营完成合围。敌众我寡，战略落空，王必成毫不慌张，迅速判明敌情，果断命令部队突围。1 营 1 连仅用 3 分钟就抢占了一个高地，控制住一条生死路。团部及 1 营主力突出了重围。

2 团仗越打越精，王必成在战争中还形成了自己的一整套战术，即一打、两战、两拼、三猛、两速等等。一打就是敢于同日本强盗打；两战就是敢于打夜战、近战；两拼就是敢于同日军拼手榴弹，拼刺刀；三猛就是敢于猛打、猛冲、猛追；两速就是速决战、速转移。由于 2 团战功显著，年底又被支队授予"老虎团"的光荣称号，王必成被支队首长和全团誉为"王猛子"。

螃蟹都敢横着走，心脏中的老虎更是让日军头痛不已。为了对付"老虎团"，日军一方面扩大"扫荡"规模，一方面加强火力配置、情报网络，禁止和 2 团贴身近战。为避免与 2 团近战，日军通令：要对老虎团绕着走，切忌恋战，要迅速收缩，退守一切可利用的地形地物，以绝对火力优势固守待援。

日军有防火墙，王必成则有过云梯。只要有战机，绝对一击必中。

1939 年 11 月 19 日，日军武村大队长率领一个加强出来"扫荡"。一番抢掠之后，拎着鸡鸭喜滋滋的往据点走。

抢了百姓的东西就想溜，新四军第 6 团悄无声息抢占牲口山制高点，冷冷地将武村的加强中队拦住。

日军武村大队长当时就急了，一旦被新四军缠住，手中的鸡鸭丢了不打紧，只怕整个中队都得死在这里。武村迅速组织部队发起冲锋，想打出一条通道。新四军第 6 团守得如铁桶，想攻我不拦你，只管放马过来。

手下连连冲锋，山头没有打下来，倒是死了 20 多人，武村不敢吊死在一棵树上，迅速向贺甲村溃逃。

第 2 团驻守在贺甲村附近，听到枪声，王必成给武村写感谢信的冲动都有，立即指挥第 2 团赶到贺甲村，与第 6 团一起完成对敌包围。

下午 2 时，新四军发起总攻。一番恶战后，第 2 团第 1 营歼敌 40 余人。武村见风向不对，立即率领手下退守到一个祠堂内，7 挺轻重机枪猛扫，并且施放催泪性毒气，妄图固守待援。

毒气毒人，新四军连个防毒面具都没有，想破毒气阵那是千难万难，武村信心十足。

王必成还真不难，一场瓢泼大雨将毒气打在地上。好雨知时节，新四军直接发起冲锋。人倒霉时喝凉水都塞牙，信心十足的武村信心全无，甩开两腿，带着部下就往村北突围。

新四军全力追击，激战至黄昏，终于全歼武村以下日军 186 名，生俘 3 名，缴获无数。

这次战斗，"老虎团"的基本战术再一次显示了神威。"老虎团"的声誉在茅山地区人民群众中更加深入人心，而敌人也更加惧怕"老虎团"了。

日军曾在苏南各个县城张贴悬赏捉拿王必成的告示，称：发现王必成行踪而报告者赏大洋 5000，活捉王必成者赏大洋 1 万。日军要别人报告、捉拿王必成，可是，他们自己碰到王必成却退避三舍，绕着走。

1940 年 7 月，王必成奉命率第 2 团开赴苏北黄桥地区作战。两年后，王必成部队与苏南第 16 旅会合，王必成任旅长，又回到苏南茅山作战。

三、夺敌炮日军求情

王必成重回苏南，百姓知道，日军却还被蒙在鼓里。

1943 年 3 月 29 日，门口塘据点的日军南浦旅团小林中队和一个伪军大队带着大炮跑到广（德）北杭村附近"扫荡"。

好久不见，十分想念，王必成当即决定给日军来个热情拥抱，让他们知道新四军的好。一番研究之后，王必成立即做出部署：第 48 团第 3 营徐超营直插杭村西南慈姑山（原称祠谷山），与杭村东南牛头山的第 1 营夹击日军；第 48 团饶惠谭副团长带领机炮连的小炮排去第 3 营阵地待命；第 48 团吴嘉民政委指挥第 2 营在杭村东北广宜大道两侧埋伏，断了北逃日军的退路，同时堵截溧阳、宜兴赶来支援的日军。

部队赶到牛头山，只见大批日伪军正沿着牛头山与慈姑山之间的广宜大道向牛头山走来。抢掠归来，鬼子、伪军带着大量掳掠的鸡鸭、财物，队伍乱作一团。有挑的，有背的，有缠在腰上的，有挂在枪上的，还有驮在马上的。

吃不了兜着走，想得倒是挺美。王必成冷笑一声，吞进去的都得给我吐出来。日伪军越走越近，王必成手一挥，一阵激昂的号声响彻天空。不等敌人有所反应，第1营和第3营的战士几乎同时发难，步枪、机枪齐开火，从南北两个方向发起夹攻。

鬼子、伪军还没有反应，腰上的鸡、枪上的鸭听到号声已经吓得翅膀乱振，不停的尖叫、晃动。鬼子、伪军有的吓出一身冷汗，有的却已经倒在地上一动不动。中了埋伏，活着的日伪军被打得晕头转向，哇哇乱叫，纷纷丢下掳掠的财物，乱作一团。

日伪军拼命抵抗了一阵，却发现没有最惨、只有更惨，死在地上的人越来越多。更要命的是，大道在两山之间，两头的通道都被新四军火力封锁。

小林中队长见势不妙，脱下军装、皮靴，落荒而逃。中队长都跑路了，鬼子、伪军更是无心再战，拖着枪就向着门口塘方向逃跑。

抗日战争时期的王必成

王必成登上慈姑山，指挥部队追堵敌人。正在此时，第48团饶惠谭副团长带着小炮排的小炮赶到。小炮是从日军手中缴获的，炮弹只有三发，王必成一发也舍不得用。

王必成将小炮排排长戴文辉叫到身边，问："你来用小炮打他的大炮，只准打3发炮弹，你有没有把握？"

小炮没有瞄准器，打炮只能凭经验目测定位，戴文辉头一点："保证完成任务！"

目测，定位，开炮。第一发炮弹在距鬼子炮位三四米的地方爆炸了，鬼子倒下好几个。敌人慌了，王必成却向戴文辉竖起大拇指，然后又喊了一声说："再打一发！"

第二发炮弹飞了出去，打中了炮旁的战马，受了惊的战马狂蹦乱跳，踩倒旁边的几个日军，在人群中飞奔。日军阵型更乱，春风得意马蹄疾，踩不死都得脱成皮，于是像无头苍蝇似地四处乱跑。

惊马乱奔，日军慌神，王必成赶紧命令戴文辉停止开炮，大喝一声："同志们，冲啊！"

霎时间，冲锋号响彻山谷，枪声、手榴弹爆炸声像炒豆子一般，日伪军像庄稼一般被割倒在地。第1、3两个营的干部个个身先士卒，率领战士们从两面山冈的松树林中如猛虎下山般杀出来，把残余的敌人冲得七零八落。

第3营教导员郑大方一马当先，挥起驳壳枪高呼："冲啊，为人民立功的时候到了！"一个排的战士争先恐后地紧跟在他的身后，同敌人展开白刃格斗。第1营也冲下来，敌人狼狈不堪，在两个营的围歼下，纷纷放下武器，磕头求饶。

打了一个多小时，第48团歼灭敌伪军100余人，缴获一门九二式步兵炮和三发炮弹。

"扫荡"不成反被新四军扫去一门大炮，南京日寇侵华派遣军总司令气得一刀将桌子砍去一个角，命令日军加紧"扫荡"，不惜一切代价夺回大炮。如果夺不回大炮，一律严惩不贷。

上峰有令，日军不敢怠慢，将中队长小林捆成粽子，领着日伪军 4000 多人漫山遍野寻找新四军，扬言要夺回大炮。

日军寻炮，王必成早就算到。缴获大炮的当天，他就命令第 48 团的一个连连夜把九二式步兵炮转移到煤山地区去。山路崎岖不平，大炮又很沉重，累得两匹骡子腿都直哆嗦。护送的战士眼看敌人就要追到，立即将大炮拆开，将炮轮、炮架、炮栓、炮后座分别装进木箱，秘密地运到一座山上，分散挖洞埋藏。第 48 团被服厂厂长吕道明等少数几人化装成老百姓，暗中监视敌人的活动。

日军探听到新四军没将炮带走，便猜到大炮被藏了起来，于是人手一把洋镐和洋锹，顺着新四军的行军路线漫山遍野地挖。

山区最不少的就是山和土，日军折腾得个个腰酸背疼，却是连个炮毛都没捞着。一将无能害死三军，领头的日军长官"啪啪"地连扇中队长小林的耳光，要不是你，老子能累得像条死狗？

小林的脸胖了一圈，大炮还是没有音信。鬼子病急乱投医，到处贴《布告》悬赏：谁说出大炮的位置，赏法币 20 万。为了刺激眼球，日军派人挑着钞票到处"扫荡"。每到一个地方，强行集合群众，把钞票往桌子上一摊，开口就喊：大炮的，有赏！

老百姓听说日本人丢了大炮，乐得不行，一个劲地嘀咕：一炮太少，全都丢了那才过瘾。汉奸地主看着桌上的钱眼睛都红了，却只能哀声叹气：爷怎么就没有这好命。

腰也酸了，背也疼了，钱也晒了，大炮不见踪影，上峰的严惩不贷却是要马上兑现。解铃还须系铃人，广德城的鬼子头目硬着头皮派人送信给王必成："只要贵军把大炮还给我们，贵军需要我做什么，只要我能办到的，一切都好商量。"

王必成看了信，回复说："大炮就在这里，想要，自己来拿！"

拿炮，广德城的鬼子还真不敢，万一再让新四军把手中的炮夺去，自己还不得切腹自杀。

鬼子又碰了个硬钉子，大炮没有拿到，反而给新四军留下了笑柄。到苏南后，王必成就调查敌情，主动出击，连续作战 3 个月，打得日军狼狈不堪。无奈，日本鬼子竟暗中派人求和，要王必成手下留情。

留情，可以！王必成大笑：不滚出中国，老子爱你爱到杀死你！

四、战莱芜困仙灭洲

新年新气象。

沂蒙山区的野战军迎来了自己的新篇章。1947 年 2 月初，粟裕领导的华中野战军与陈毅领导的山东野战军会合，统一改编为华东野战军。

华东野战军将士正在喜悦，国民党就聚集重兵，企图将华野主力歼灭在沂蒙山区。北线的国民党第 73 军、第 46 军及第 12 军的一个师进占了莱芜、新泰、口镇一带。

部队刚成军，强敌就打上门来，华野首长当即决定避实击虚，发起莱芜战役，全力消灭北线的李仙州集团，随即发出命令：第 6 纵队司令员王必成率第 6 纵队及鲁中军区警第 4 团全力攻歼口镇和青石桥之敌、新 36 师师部及其所属两个团，切断莱芜之敌的退路，并准备配合第 10 纵队打击由明水来援的敌军。

口镇的国民党主阵地为环绕口镇的石砌围墙，高约 3 米，长达 5 公里。围墙之外是深达 2 米、宽约 3 米、筑有暗堡的外壕。外壕外侧还设有一道鹿砦。镇内多是石墙瓦顶房屋，大街小巷均构筑了街垒和暗堡。敌军师指挥所设在镇东北角核心阵地内的关帝庙内，更是地堡群密集。

占领口镇，就等于断了李仙州集团的退路，随时可以从背后捅他一刀。

王必成命令第 16 师和第 18 师的两个团不惜一切代价攻占口镇；第 17 师及警第 4 团直插口镇以北，主力对青石桥之敌警戒，并以一部配合第 16 师、第 18 师攻歼口镇之敌。第 17 师及警第 4 团师主力摆在枣园地区，布了袋形阵地。一旦青石桥守敌向其主力靠拢，就在运动中围歼它，并派出便衣侦察员潜入青石桥，掌握敌人动向。

2 月 20 日夜，北风凛冽，寒气袭人，担任主攻的第 16 师第 48 团突击连由沿一条深约两米的水沟向口镇秘密运动。

第 16 师第 48 团突击连刚到外壕，国民党哨兵听脚步声沉重，大喝一声："口令！"

要口令，突击连连长不想给，也没法给，抬手就是一枪。哼的一声，哨兵一头栽倒在地。

突击连战士箭一般的冲过外壕，不到 10 分钟，突击连就顺利地控制了数十米长的突破口。

防线刚打开突破口，第 48 团团长就耐不住性子，带着全团压了上去。国民党守军以为只是小股解放军偷袭，一阵炮火轰炸之后，派了一个连的兵力就摸了上来。

炮火如潮，急吼吼的第 48 团团长却忍了下来，命令炮兵先不急着还击。国民党的连队越走越近，第 48 团团长急呼："开炮！"

国民党的连队被炸晕了，小股的共军居然还有炮火。第 48 团步兵出击，将守敌一个连歼灭，俘虏 10 余人，巩固了阵地。

几小时后，第 16 师便控制了口镇的大半街区，取得初战胜利。王必成一沉吟：狭路相逢勇者胜，只要乘胜追击，敌人的士气会被打下去。

王必成命令部队施穿插分割，将敌人消灭在巷战中。

2 月 21 日夜间，王必成发出第二次攻击命令。

第 18 师的第 53 团迅速从南门突破口进入，沿南围墙向东门攻击前进。经 5 个小时的激战，到晚 9 时攻占了小东门。与此同时，第 16 师的 3 个团则由西向东并肩突击，与敌人展开了逐屋、逐街争夺战。他们冒着枪林弹雨和熊熊大火，英勇拼杀，先后占领了小东门至北门以西的全部街区，控制了口镇三分之二的街区，将敌压缩到东北一隅。

防守口镇的国民党第 36 师师长曹振铎被第 6 纵队打得焦头烂额，于是连发两次电报向李仙洲呼救。

李仙洲的处境也好不到哪去，早就被华野主力围了个水泄不通，有气无力地让曹振铎自求多福。

枪都顶在脑门上了，多福肯定没有，多洞那是一定。求人不如求己，曹振铎命令驻守青石桥的第 106 团向自己靠拢，也许可以多撑一会儿。

华东野战军第 17 师的电话接线员当场将命令听得一清二楚，当即向上级报告。鱼儿要上钩，第 17 师的师长心中一喜。

国民党第 36 师 106 团果然出动，多次猛攻梁山。

华东野战军第 17 师的师长冷笑一声：上峰的命令还敢违抗，也不知道你长了几个脑袋。声东击西的障眼法也敢在老子面前用，老子吃定你了。华东野战军第 17 师的师长命令主力按兵不动，只用一个团拦截。

入夜前，国民党 106 团主力一头扎进华东野战军 17 师的口袋。几乎没有付出什么代价，第 17 师就全歼其一个团。战斗结束后，以警 4 团占领青石桥，师主力投入攻歼口镇之敌的战斗行列。

援军被歼，退路切断，防守口镇的国民党第 36 师顿时陷入绝境。王必成正准备全力攻击，野司发来紧急通令：李仙洲已准备放弃莱芜，敌第 73 军、第 46 军共 5 个师向北突围逃窜，第 6 纵队在攻击口镇同时，派一部兵力在口镇以南阻击这股敌人。

接到命令后，王必成立即调第 18 师在至口镇以南布置钳形阵地，阻击围歼莱芜北窜之敌。

口镇与莱芜之间有两条平行公路，两条公路之间相是隔 2 至 3 公里宽的泥土松软低洼地。公路以东多为断绝地，极难行走；公路以西地形平坦，村庄较多；一条曲折的小河从东北向西南横穿两条公路而过，河堤可构筑阻击阵地。第 18 师接到命令后，以主力在公路两侧构成钳形阵地，决心堵歼莱芜北窜之敌。

22 日 21 时，总攻口镇的战斗打响。华东野战军第 16 师的两个团分别由东大街南段及小东街阵地全力向东北攻击，短时间内就接连夺占几栋房屋。

国民党部队见势不妙，连射几颗照明弹，将阵地照得通明。随后，雨一般的燃烧弹落在第 16 师新占领的房屋顶上。顿时，浓烟滚滚，烈焰冲天，火舌漫卷，好几条街成了一片火海。16 师战士全然不惧，冒着熊熊烈火，奋勇向前。

华东野战军第 17 师投入战斗后，采用爆破、火力、突击相结合的战术，连续发动了凌厉的攻势，接连攻占了四条街巷和一个弹药库，缴获了大量迫击炮弹和手榴弹。残敌退至核心阵地关帝庙内，凭借坚固的院墙负隅顽抗。

在轻重机枪的掩护下，爆破组将院墙炸开了一个约 7 米长的口子。烟雾还没散退，第 17 师突击队就潮水般从突破口涌进，一浪一浪的向守敌冲去。

口镇攻坚战鏖战正酣，莱芜城外的华野 4 纵、7 纵、8 纵、1 纵等参战部队却接到停止攻城的命令。

菜已上桌，筷子在手，就等夹菜，却等来放下筷子的命令。许多人不明白为何停止攻城，于是纷纷将电话打到华野司令部，问这是为什么？

电话太多，粟裕一心布局，懒得一一解释，只是要他们执行命令。

援兵被截，粮草将尽，再守下去，自己这把老骨头就得扔在这里。23 日凌晨，李仙洲兵分两路向北突围。

共军节节抵抗，却是被国军冲出一道口子。李仙洲深深地吁了一口气，他庆幸自己总算突出来了。他用手绢擦了擦额头上的汗珠，坐在美式吉普车里看着车外的景色。

粟裕也长出了一口气：放水是项技术活。放得太明显，国军不敢出城；拦得厉害，国军就缩回城。

景色很美，居然还有点眼熟。李仙洲脸色大变，欲擒故纵，自己一心突围，居然一头扎进共产党挖的大坑。

李仙洲大喊道："快，往城里撤！"

"轰"的一声炮响，四下里杀出无数的解放军。华野各参战纵队从四面八方压向李仙洲集团，将李仙洲的 5 万人马挤在了东西约六七里、南北仅三四里的狭小地域里。守城，李仙洲还有城可依；出城，李仙洲已在坑里，四周都是向坑里填土的解放军。

撤不回去，那就死马当活马。李仙洲命令部队不管不顾，拼死杀出一条生路。

10 时许，李仙洲的先头部队杀到 6 纵第 18 师阻击阵地前沿。王必成一声令下，各种枪炮齐开火，炮弹、子弹、手榴弹同时在敌阵开花。敌军惊慌失措，纷纷后退。

12 时，华野的第 1、第 7、第 4、第 8 纵队以排山倒海之势，从东西南三面不断缩小包围圈。

你杀我侧翼，我攻你当头，李仙洲发出死命令；小部防守侧面，主力强攻正面。

炮弹流星一般落在 6 纵 18 师阵地，将地面砸出一个个大坑，溅起飞扬的尘土。

王必成临阵不乱，命令部队不惜一切代价，坚决顶住敌人。第 53 团和第 54 团依托公路两侧高地，以最猛烈的火力回击敌人，枪弹如暴风骤雨一般倾入敌群，只见敌人成片地倒下，阵前敌尸越积越多，成了尸山。

激战持续到下午 5 时，枪声渐渐平息。李仙洲被活捉，其部下近 5 万人悉数被歼。

华野将士将粟裕围了一圈，问他为什么围而不攻。

粟裕微微一笑，说出一番话来。李仙洲守城，早就憋了一口拼命之气。拼命围攻莱芜，不但费时、费物和代价大，而且难免给城内民众造成损失；放敌人出城，有了活路，李仙洲部拼命之气就泄了大半。我军善于野战，布下大坑，只等填土埋人。

五、取垛口了断前仇

李仙洲败，蒋介石伤。山东一失，南京就躺在解放军的枪口。常在枪口走，哪有不中招。想不中招，要么走人，要么毁枪。

走人，老蒋不干，毁枪成了不二选择。

1947 年 4 月初，蒋介石调集华东一线国民党军 25 万人，计 13 个整编师、34 个旅，组成 3 个机动兵团，分别由汤恩伯、王敬之、欧震指挥，沿临沂至泰安线并肩杀奔沂蒙山区，想一举歼灭华东野战军。

强敌压境，华东野战军不进反退，主动由鲁南向鲁中后撤，大胆诱敌深入，寻找战机。

战机可以等待，可以寻找，华东野战军选择的是创造。王必成奉命带领第 6 纵队与第 1、第 3 纵队沿津浦路西侧南下出击宁阳,直逼国军补给重地兖州。

乱中取胜是精髓。补给重地，看你救或不救：救，得回师救援；不救，老子吃肉喝汤，连空弹壳都不给你留一个。

第 6 纵队南下，蒋军则北上，双方部队甚至擦肩而过。王必成指挥 6 纵忽聚忽散，忽东忽西，对宁阳逼而不攻。

第 6 纵队插到了鲁南平邑以南地区后，汤恩伯第 1 兵团整编第 74 师等部却直逼蒙阴的坦埠以南大箭、马山、佛山等地，与解放军的第 4 纵队、第 9 纵队交上火。

敌军调动，战机终于出现。打 74 师，少不了 6 纵！粟裕在临行前给自己的承诺终于可以兑现了。

王必成停止对鲁南地区蒋军据点的围攻，将部队隐蔽下来，耐心等待给老冤家国民党 74 师的致命一击。6 纵和 74 师可以说是一对生死冤家，涟源一战，双方血战成河，6 纵还吃了不小的亏。

5 月 12 日，陈、粟、谭命令王必成率 6 纵急速北上，抢占垛庄，断绝 74 师的退路。

王必成星夜点兵传令：18 师居中抢占垛庄，以切断国民党唯一的退路；16 师强占黄涯山，控制沂蒙公路；17 师展开牛头山、大朝山一线，以阻敌援。并对饶守坤、张云龙、梁金华诸师长说："报 74 师之仇，就在今日。你们谁完不成任务，提头来见。"打老冤家，部队根本不用动员，"嗷嗷"地就往垛庄奔去。

垛庄是国民党 74 师进攻沂蒙山区的交通要道和后方补给点，有坚固的守备工事，两侧有强大的兵团保障，所以 74 师只派一个辎重连守备。

垛庄的情况野战军领导早就知道，却迟迟没有动它。刀子不仅要捅得狠、捅得准，不定期要捅得及时，捅在节骨眼上才能一击致命。困住国民党 74 师，再把垛庄拿到手，就掐住了它的咽喉。6 纵向垛庄运动，国民党军第 1 兵团司令汤恩伯此时发觉华野想围歼 74 师，于是立即亲自打电话询问垛庄情况，并指令 74 师派重兵死守垛庄。

后路被断，死十回都有可能。国民党 74 师师长张灵甫立即派运输团长带 1000 余人增援垛庄，给他两个字：守，死。

4 月 14 日凌晨，担任主攻的 18 师 53 团连夜赶到垛庄以南的彭家岗子。黑暗中只听对面脚步沉重，间杂着一声抱怨声："他娘的，天还没亮就催老子去守垛庄，催魂啊！"

国军！ 18 师 53 团的开路先锋 4 连连长当机立断：开火、冲锋。激战十几分钟后，4 连一口气追出三四里地，并占领垛庄西南岱山寺西侧无名高地，将垛庄内的情况看得一清二楚。

14 日下午 5 时，18 师主力部队全部赶到垛庄以南和东西长命一线集结，查明了垛庄和垛庄附近的敌情，并与左右兄弟部队取得了联系。稍事休息后，就在友军第 1 纵队协助下，对垛庄发起了攻击。

身在后方，垛庄东南不到三公里处就有友军 82 师，西北不到四公里就有友军 25 师，守垛庄的国军睡得挺踏实。深夜乌云不是赏月时，却是奇袭攻击夜。悄无声息，18 师就拿下垛庄。

国民党 74 师运输团长带着人急吼吼地赶到垛庄以东，6 纵 18 师前哨听到人声沸腾，一看是国军，端起机枪就是一阵猛扫。

瞎眼了，自己人都打！运输团长一阵怒骂，老子进庄后非枪毙你不可。

听到骂声，6 纵 18 师前哨乐得不行，打的就是你。6 纵 18 师前哨也不答话，机枪扫得比刚才更欢。机枪响处，国军人群中又倒了一大片。

运输团长这才知道不对劲，急忙下令往回撤。

到嘴的肥肉还能让它跑，6 纵 18 师轰的出动，围了个铁桶阵，歼敌一部，活捉了敌运输团长。随后又乘势攻击，夺占了垛庄附近的要点，并与第 1、第 8 纵队打通了联系，封闭了合围口。国民党 74 师惟一的后路被截断了。

华野的第 1、第 4、第 8、第 9、第 6 个纵队将 74 师团团围困在以孟良崮为中心的狭长地带里，国民党 74 师成了瓮中之鳖。

整编 74 师陷入重围，蒋介石非常震惊，整编 74 师可是自己的心头肉。他一面勉励张灵甫固守待援，一面调动 10 个整编师对华野主力实行反包围，既解张灵甫之危，又借此机会与华野主力决战。

重兵来援，也要吞下这块肥肉。陈毅、粟裕立即作出应对：华野第 2、第 3、第 7、第 10 纵队和鲁南地方武装负责打援，不可放一兵一卒靠近 74 师；各主攻部队强势割裂敌 74 师与援敌的联系，给援敌当头重击。

6 纵奉命兵分两处，一是协同第 1 纵在孟良崮的西南方黄崖山、狼虎山一线，阻击敌黄百韬的整编 25 师；二是协同第 8 纵队在孟良崮的东南方牛头山、大朝山一线阻击李天霞的整编 83 师。

李天霞的整编 83 师曾被我军多次痛揍，早就被打怕了。6 纵攻占垛庄后，整编 83 师吓得不行，连夜退缩到垛庄东南的青驼寺一带。整编 83 师不仅战斗力比较薄弱，还与 74 师矛盾重重，增援被围的 74 师积极性不会太高。王必成就派 17 师 51 团控制大朝山、大望山等高地，阻止该师的可能增援，而派17师的49团和50团两个团把守北方，以防止国军74师夺路逃窜。

黄百韬的整编25师已经进至距孟良崮只有1华里的黄崖山，只要越过黄崖山，就能与74师合兵一处。守住黄崖山，就能要了国军74师的命；守不住，一切只能从头来过。这是一场硬仗、恶仗，王必成把任务交给了善于打山地阻击战的16师。

16师48团火速奔向黄崖山，希望能不惜一切代价将敌25师挡在山下。这时，敌25师一部也正向黄崖山一线急进，企图抢先通过黄崖山，从这里撕开口子，打通与74师的联系。

拂晓，黄崖山上浓雾弥漫，两军同时赶到了山脚下。16师48团由西坡向山上冲去，国军25师一部从东坡向山上攀登。

谁先拿下制高点，谁就掌握先机，生死或许就在一线间。16师48团3营9连长翟祖先率领尖刀排不顾连续行军的劳累，攀悬崖，跨沟坎，越绝壁，冲破一切障碍，终于先敌一步抢占了制高点。

立足未稳还有转机，黄百韬派出两个营向黄崖山阵地发起了猛烈的攻击，命令他们死也得死在黄崖山顶。

担任阻击的16师以第47团接替48团控制、扼守黄崖山，48团则隐蔽、集结在大洞口一线待机反击。敌25师的两个营向我攻击时，我预伏于阵地两侧的部队突然向敌侧翼出击，经过一番白刃格斗，敌人纷纷就歼，滚跌到悬崖之下。

进攻受挫折，敌人再次进行集团冲锋。大炮不停地轰炸47团扼守的阵地，摧毁了山上大部分防御工事。炮击过后，敌25师一个团的兵分成三路，齐头猛攻。我阻击部队虽进行英勇抗击，但前沿阵地终于被敌人突破，情势十分危急。

在前沿阵地指挥的47团团长黄祖煌迅速指挥1营和特务连跃出堑壕，迎着敌人冲上去。经过一场浴血奋战，敌人伤亡惨重，败退下去，47团重新收复了阵地。

狡猾的敌人在黄崖山捞不到便宜，便改换战术，从望海楼北侧迂回，向47团左翼狼虎山、石屋山、老峪一线阵地进攻，妄图夺路通过，同样被我击退。

解放战争时期的王必成

15日上午8时以后，6纵担任主攻的部队陆续投入了战斗。17师投入主攻方向的两个团，密切配合友邻第8纵队向孟良崮的侧翼发起进攻。我18师的53团、54团不顾敌机扫射轰炸，在强大炮火支援下，向敌74师的外围阵地横山、官山、大山场一线猛打猛攻，与敌展开激烈的争夺战。

74师面对我军步步进逼，拼死抵抗。敌我双方便形成对峙鏖兵的局面。

傍晚时分，王必成决定集中兵力和火力，利用夜暗，采取突袭的办法对敌再度强攻。晚7时，我军先以10分钟猛烈的排炮轰击，炸得敌阵地上碎石乱飞，浓烟滚滚，使敌人遭受严重杀伤。随后，攻击部队在强大的炮火掩护下，勇猛冲击，一举突入了敌人阵地，将守敌大部歼灭，残敌遂往东540高地狼狈逃窜。接着，业家沟、杨家庄、大山场等阵地全部为我夺占，敌人核心阵地孟良崮的侧背完全暴露在我军面前。

在6纵向敌人核心阵地步步推进时，华野其他纵队也在缩小包围圈，向孟良崮主峰挺进。74师则被迫全部退守到芦山、孟良崮、600高地及东西540高地一线，人马拥挤，指挥失调，水断粮缺，弹药困难，进一步陷入困境。

16日凌晨4时，浓雾沉沉，芦山、540高地的敌人向东移动，企图突围。

王必成获悉这一情况后,立即下令接敌部队提前实施全线出击。18 师 52 团迅捷,由马家庄向西 540 高地攻击,直扑正在逃窜之敌。在我强大火力的打击下,敌人立刻陷入混乱,大量就歼、被俘。54 团同时向东 540 高地展开攻击,敌人不敢恋战,慌忙溃逃。53 团与 17 师的 49 团沿着横山东侧协助第 8 纵队向芦山攻击。芦山之敌一个整团全部陷入两面夹攻之中。敌人虽然进行了连续反冲击,但均被我军一一击退。经过反复争夺,孟良崮南面的屏障芦山完全被我军占领。

时近中午,在华野各路大军的合力围攻之下,孟良崮周围的主要制高点全被我军占领。残余的敌人以及大批的辎重、骡马都退缩到磨盘似的孟良崮顶和 600 高地等光秃秃的山头上。

此时此刻,74 师已经到了弹尽粮绝、走投无路的绝境。我军每一发炮弹,都要打死打伤敌人一大片人马。

16 日下午 2 时,总攻开始了。榴弹炮、山炮、野炮,从四面八方飞向敌人阵地,把山顶、山崖和 74 师残余人马全部淹没在硝烟烈火之中。炮声过后,嘹亮的冲锋号声在山谷里震荡,各路大军以排山倒海之势,从四面八方向孟良崮压去。

6 纵特务团首先突破孟良崮西侧防线,直取敌 74 师指挥所所在的山洞。绝望的张灵甫在与蒋介石电话告别后,即下令山洞里的残余军官自杀。

已经冲至洞门的 6 纵特务团集中火力向洞内猛烈射击,子弹像雨点一样向洞内倾泻,手榴弹如冰雹似的砸向洞中。直到 74 师的电台发报员高声哭喊:"不要打了,我们师长死了!"6 纵特务团才停止开枪。

至此,国民党的精锐主力 74 师 3 万余人被华东野战军全部彻底歼灭,其中 6 纵歼敌 5700 余人。

战斗结束后,一场暴风陡然而起,倾盆大雨从天而降,驱散了战斗的硝烟,把群山洗刷一新。此时,前方传来捷报:74 师师长张灵甫被特务团官兵击毙。王必成脸露喜色,长出一口气:"大仇已报,可安睡也。"于是进指挥所休息。

从士兵到将军

CONGSHIBINGDAOJIANGJUN

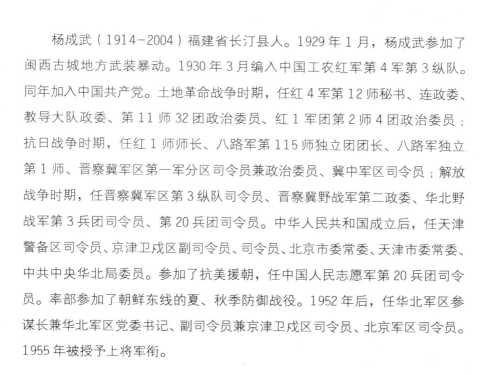

白袍小将
——杨成武

　　杨成武（1914-2004）福建省长汀县人。1929年1月，杨成武参加了闽西古城地方武装暴动。1930年3月编入中国工农红军第4军第3纵队。同年加入中国共产党。土地革命战争时期，任红4军第12师秘书、连政委、教导大队政委、第11师32团政治委员、红1军团第2师4团政治委员；抗日战争时期，任红1师师长、八路军第115师独立团团长、八路军独立第1师、晋察冀军区第一军分区司令员兼政治委员、冀中军区司令员；解放战争时期，任晋察冀军区第3纵队司令员、晋察冀野战军第二政委、华北野战军第3兵团司令员、第20兵团司令员。中华人民共和国成立后，任天津警备区司令员、京津卫戍区副司令员、司令员、北京市委常委、天津市委常委、中共中央华北局委员。参加了抗美援朝，任中国人民志愿军第20兵团司令员。率部参加了朝鲜东线的夏、秋季防御战役。1952年后，任华北军区参谋长兼华北区党委书记、副司令员兼京津卫戍区司令员、北京军区司令员。1955年被授予上将军衔。

一、破天险三渡乌江

乌江又名黔江，由西南向东北斜分贵州为南北两部，是贵州的第一道大川，也是遵义、桐梓南面的天然屏障。在遵义、桐梓之间是娄山关，可以说是"一夫当关，万夫莫进"。欲下遵、桐，必先渡乌江、过娄山关。

据老乡介绍，渡口上游 500 米处有条极小的傍山小路，与对岸渡口大道相通小路勉强可走人，但那里是陡壁，江岸无沙滩。纵然如此，敌人在那里还是小心地配了排哨。敌人在江对岸挖了工事，离江岸约两华里的一个大庙里驻扎了部队，半山腰里还有敌人的一个团。

师首长明确指示：既然渡口大道是敌人的防御重点，工事较强，兵力较多，而渡口上游敌人防守较弱，那就佯攻渡口大道，主攻上游 500 米处的小路。佯攻处声势要大，要把敌人的全部注意力吸引住。

为了吸引敌人的注意力，当天下午，杨成武组织力量大张旗鼓地在渡口南岸搬运架桥材料。对岸的国民党军一看红军要架桥，机枪子弹劈天盖地地打了过来。

就在这时，杨成武用一个营的兵力悄悄赶制了几十只竹筏，又到各个连队去挑选 18 个能攻善战且识水性的战士。

第二天，小规模强渡开始了。上午 9 时，佯攻先行开始。红 4 团机枪歇斯底里地吐着火，对岸的国民党士兵慌慌忙忙进入工事，机枪、迫击炮响个不停，生怕红军冲过江。

佯攻打得热闹，杨成武却在不远的一个小竹林子里接见着渡江 18 名勇士。

杨成武从 18 名勇士中选出 8 名勇士，让他们拉着缆绳先下水，其他 10 名勇士则负责输送缆绳。

天寒水冷，杨成武和耿飚给这 8 名勇士每人斟了一碗酒，然后说："祝你们胜利！"

8 名勇士高举酒碗，一饮而尽。

酒碗往地上狠命一摔，8 名勇士几乎同时脱下上衣，把驳壳枪往腰里一别，绑好的手榴弹往头上一顶，"扑通"一声跳入水中。

他们一手拉着一根缆绳，一手轻轻地划着水。对岸的国民党兵一直盯着江面不放，一看有人想过江，扣动扳机对着江面就是一阵乱射。

浪花四溅，密弹如雨，江水冰冷，8 名勇士却不管不顾地向对岸游去。

对岸越来越近，红军战士都屏住呼吸，成功、失败在此一举。

机枪都不管事，对岸的国民党军又惊又怒，拉出迫击炮，对着泅渡过江的人群就是一阵乱轰。

江心掀起十几米高的水柱，漩涡四起，勇士们拉着的那条缆绳被弹片炸断。缆绳炸断，勇士们退回岸边。

白天泅渡招枪子，那就夜间偷渡。杨成武命令部队赶制双层竹筏，再次组织渡江人手。

入夜，江水汩汩，寒风凛凛。第一只竹筏下水了。毛振华连长和 5 名勇士带着火柴、手电、武器弹药跳上筏子，约定到了对岸之后以电筒光和火柴光为联络信号。

第一只竹筏顺利地离开了江岸。第二只竹筏、第三只竹筏也相继下水了。

除了心跳，江面一片平静。杨成武等人在江边一站就是半个小时，对面却始终不见电筒光和火柴光闪烁。

正在着急，通信员匆忙跑到江边报告：第二只竹筏、第三只竹筏差点儿被水冲翻，现在已经退了回来。

偷渡失败，第一只竹筏音信全无，杨成武正在纳闷，军委副参谋长张云逸却匆忙赶到。

张云逸一脸焦急。身后的薛岳部队眼看就要杀到。如果不能快速杀退对岸的敌人、架设浮桥，党中央和几万名红军势必只能背水一战。

时间紧迫，红4团团党委立即决定出动60多只竹筏强渡。

大雪将竹枝都压弯了，杨成武派出小部队佯攻大渡口，主力集合在竹林里，并指定第1营担任第一突击队。

第一批3只竹筏推入江中。战士们赤着胳膊，穿着短裤，开始强渡。

江面平静，竹筏距敌人约50米时，对岸响起了清脆的机枪声。令人奇怪的是，火力没有对着竹筏开火，而是往岸上打。

竹筏离对岸越来越近，国民党士兵慌得几乎乱了阵脚。暗箭难躲，不知从哪里钻出来的子弹打得身边的弟兄不是丢了命，就是中了枪子。

事出突然，杨成武赶忙举起望远镜朝对岸看，只见对岸石崖底下钻出6个人来。

崖底下有人，国民党士兵又怒又惊，集中火力向崖底打去，居然没有人理竹筏。

竹筏上的红4团战士一看机不可失，不等竹筏靠岸就跳上河岸。

杨成武急忙指挥司号员吹响冲锋号，从气势上打压敌人。竹筏上的战士们顾不得擦去身上的水，枪枝、手榴弹对着敌人就是一顿猛揍，与崖底下的火力组成了交叉火力网，像把钳子紧紧地咬住了敌人。

红军攻上岸，水中又有暗枪伤人，阵地只怕守不住了，国民党士兵立即泄了气，纷纷向后逃窜。

崖底下的人爬上岸，居然是毛振华连长他们。毛振华与5名勇士带着一挺机枪趁黑摸上对岸后，左等右等就是不见后继部队赶到。正在纳闷，就听到头上有动静，国民党士兵正在几米远的地方修筑工事。

战士们就在敌人的脚底下，亮手电、划火柴只会打草惊蛇，毛振华他们只好在敌人工事底下潜伏，等待时机。

第二天拂晓，当强渡的大队竹筏快接近岸边时，毛振华他们才出其不意地从敌人鼻子底下跃了出来，打他们一个措手不及。

第一批勇士强渡成功后，杨成武马上又用十挺轻、重机枪和军团火炮封杀对岸的敌军。第1营乘势过江、占领高地。

正在这时，对岸枪炮轰隆。杨成武用望远镜一看，成群成群的国民党士兵正向第1营压去。第1营势单力薄，只能且战且退，已经被迫退到了江边。

再退，就退到江心！隔江相望，杨成武恨得牙根直痒却毫不济事。

在这紧急关头，炮兵连连长赵章成和指导员王东保奉命赶到炮兵阵地。

炮兵连是军团直属连，本来是炮兵营。那时，炮兵营有四门八二迫击炮、两门机关炮，编成三个连队。湘江觉山阻击战中，炮兵连损失很重，只剩下两门八二迫击炮了，因此一个营缩编成炮兵连，原来的营长赵章成就当了连长。赵章成原在白军部队里当炮兵副连长，受过正规训练，炮打得准极了。

炮弹只有五发，想要打退敌军，杨成武想着都有点担心。

赵章成迅速地架起一门八二迫击炮。战士们从炮弹箱里拿出了5发炮弹。这全都是从苏区一步一步背来的哩。

头一发炮弹传递到赵章成的手里，站在旁边的杨成武对他说："赵连长，沉住气！"

"杨政委你放心！"赵章成说。老炮手一手托起炮弹，一只脚往前伸出半步拉成弓步，没有瞄准镜，而是闭上一只眼吊了吊线，把炮弹送进了炮膛。

"轰！"的一声巨响，敌人仍在碉堡前窜动。

杨成武有点急了，说道："老赵，炮弹不多，这样不行！"

赵章成仔细地瞅了瞅弹着点，沉着地说："不要慌，刚才只是试身！"

说完，他用手指头瞄了瞄，然后双手捧起一发炮弹举过头顶，单腿跪下，对着天空，口中念念有词："不怨天不怨地，我是奉命射击，冤鬼不用拦我！"赵章成信佛，不忍开"杀戒"。

"轰"的一声巨响。炮弹在敌群正中间爆炸了，掀起了阵阵浓烟。

"打得好！"杨成武拍手叫好。

第二发，第三发，敌群中一片浓烟。

硝烟散尽，对岸躺了一大片敌人，剩余的敌人鬼哭狼嚎般地向后溃逃。

毛泽东渡过河的时候，指着泸定桥说："成武啊。历史改道喽！历史车轮的把手攥到我们手里了，按照我们的方向走。所以说，飞夺泸定桥不单单是一个简单的战斗，它是整个红军生死存亡、战略的关键一仗。"

二、燃火龙铁索夺桥

僧多，粥少，最多是大家都不吃饱。

船少，人多，那又如何？

那就要了命，要的还不是一两条命，而是数万大军的命。

1935 年 5 月初，中央红军来到大渡河边的安顺场。大渡河河深，水急，架桥不行；船有，在安顺场渡口，一只；国民党军，河对岸是四川军阀杨森等部，身后是转眼就到的国民党薛岳、周浑元部几十万人。数万大军想凭一只木船过河，结局只有一个：被追兵逼进河里喂鱼！

大渡河安顺场是太平天国石达开十几万人跨不过去的一道坎，蒋介石断定中央红军也会困死在大渡河边。

坎跨不过，那就不跨！27 日清晨，毛泽东命令红 4 团政委杨成武和团长王开湘率领红 4 团沿大渡河西岸奔袭泸定桥，抢桥保证中央主力红军渡过大渡河。

安顺场至泸定桥全程 320 里，路既长又险。有的是绝壁上硬凿出来的栈道，有的是蜿蜒缠绕、忽起忽伏的羊肠小道；左边是悬崖峭壁，右边是汹涌澎湃的大渡河。虽然已是 5 月天，半山腰上却是积雪满地。

杨成武带着红 4 团战士们边走边打，沿大渡河西岸一路狂奔，先后消灭

红军时期的杨成武

敌人4个连，1天走了80里。毛泽东惦记着夺桥，大渡河东岸的四川军阀杨森深恐泸定桥有失，于是抽出2个旅急援泸定桥增援。

一河之隔，两彪人马，拼速度、抢时间、争先机。

红4团开到猛虎岗，大雾弥天，1个营的国民党军借着大雾想打红4团一个措手不及。

偷营，杨成武早就有应急措施。万变可破，唯快不破，1营迅速冲了上去，捅刀子，勒脖子，直接和对手肉搏起来。偷袭的国民党只想捞一把就闪人，一被缠住，顿时就叫苦不已。

经过一场战斗，红4团将敌人击溃，继而占领了摩西面。傍晚7点多钟，红4团就已赶到离泸定桥约110里的小村庄。

部队赶了一天的路，又没有吃饭，战士们又累又饿，天却下起瓢泼大雨。道路顿时一片泥泞，天黑，路滑，想不摔跤都难。即使不摔跤，速度也大打折扣。

大家正在犯愁，对岸却是火光闪烁。国民党杨森部为了抢时间，居然点着火把赶路。

杨成武眼中一亮，说："敌人能打火把，我们也可以点火把！"

"如果敌人发现我们，怎么办？"有的战士很担心。

杨成武说："刚打垮敌人1个营，用他们的番号就行！"

杨成武命令部队立刻将附近小村庄里的竹篱笆全部买下来绑成火把，每个班点一支。为了防止露马脚，他布置司号员先熟悉敌人的联络号音，并叮嘱他们凡是有不清楚的地方就去问俘虏。对面的国民部队是四川部队，杨成武就找了几个四川籍战士准备随时回答敌人的问话。

夜黑星稀，火光分外耀眼，大渡河两岸的火把就如山谷里的两条火龙在空中飞舞。

红4团将士正急速行军，突然从对岸传来了清晰的号声。司号员立即向杨成武汇报，河对岸的国民党问我们的番号。

想查底，那就吹号回答他。杨成武一脸轻松，隔岸相望，你还能看得清我是张三还是王麻子，

司号员按照敌人的号谱吹响了事先准备的答语，四川籍的战士和俘虏也按照事先作好的准备提高嗓门作了回答。

号声无误，一口四川话，对岸的号声立时停止，"火龙"居然慢了下来。

雨下得越来越大了，突然间，对岸那条火"龙"不见了。杨成武摸不清对方的底细，于是要司号员联系。等了好一会儿，对岸号声音才响起，回答："宿营休息了！"

敌人宿营，红4团将士走得更欢。风雨间急行一夜，红4团第二天早晨按照军委预定的时间赶到了泸定桥。

泸定桥果然是地形险要。它飞架于大渡河上，西岸连着贡嘎山，雪峰耸入碧空，如一把冰刀倒立着。东岸是二郎山，坡陡壁峭。奔腾的大渡河水冲击着河底参差耸立的礁石，溅起丈多高的水柱，发出雷鸣般的轰响。从高处俯瞰，只见恶浪滔滔，浓雾升腾，满河都是银色的浪花。

地险，桥更险。泸定桥长80丈长，宽8尺，桥上连块木板都没有，只有13根碗口粗的铁索。9根作为桥面，4根作为扶手。国民党军不仅抽掉桥面上的木板，更在桥东岸垒起桥头堡、架起机枪。

看到红4团来到桥头，对岸的敌人狂妄地喊道："你们飞过来吧，我们缴枪啦！"桥只剩下铁索，桥头机枪封锁，敌人底气十足。

听到敌人的挑衅，红4团的战士气得牙齿咬得格格响。有的战士操起枪就想往桥上突，结果被身边战友拉住。

为了顺利夺桥，不让敌人增援，杨成武立即组织了1个营的火力，专门负责封锁河对岸那条通向泸定城的小路，紧接着又组织了突击队。22名突击队员都是经过精心挑选的，他们手持冲锋枪、背插马刀，腰里还缠着10来颗手榴弹。

下午4时，总攻开始，司号员吹响了冲锋号。杨成武手握短枪，站在桥头指挥战斗。突击队员们冒着对岸射来的枪弹，踩着摇晃的铁索，腋下挟着木板，一手抓着铁索链，边爬边铺桥板。

突击队加快了前进速度。他们迎着敌人的枪林弹雨，在激流奔腾的江面上，攀援铁索，奋勇前进。突然，西城门燃起熊熊烈火，火光冲天。"这是怎么回事呢？"冲到敌人桥头的突击队瞅着这突如其来的熊熊烈焰，顿时愣住了。

这时，杨成武在桥这头情不自禁地站起来，振臂高呼："同志们，冲过去！莫怕火！冲呀！敌人垮了！冲呀！"

突击队员身上衣服着火了，然而，他们仍不顾一切地向火里扑去。他们把手榴弹扔到敌群中间后，随着"哐哐"的爆炸声一个个蹿过火舌，挥舞着闪光的马刀，杀向敌人。

杨成武忽地从桥头一跃而起，带着3连在22个勇士后面一边铺桥板，一边向桥东冲去。桥板刚铺时，隔一步铺一块，人在上面走，下面的铁索猛烈地摇晃着，就像筛筛子一样。然而，谁也不顾这些，在3连后面，第二梯队也像潮水般地拥上了桥头。

此时22个勇士冲进城里，正与敌人做殊死的搏斗。他们的子弹快打光了，手榴弹也快要打光了，敌人不断向他们反扑。突击队眼看支持不住时，杨成武带着3连赶到了。一阵冲杀，把敌人的反扑压了下去。不一会儿，后续部队也投入了战斗。激烈的巷战打了整整两个小时，终于歼灭敌人大半，余下的散兵游勇纷纷向城北逃窜。

当一轮明月挂在滔滔的大渡河水上时，红4团已全部占领了泸定城。一清点人数，突击队伤亡3个人。这时战士们登上巍峨的城楼鸣枪欢呼胜利。

杨成武率部队在桥头迎接了毛泽东、周恩来、朱德和中央机关，以及第1、2、5、9军团主力。在数十万敌军的围追堵截之下，数万名红军战士突出了包围圈，转向安全地带。

三、毙敌酋黄土葬花

胸口插刀！鬼子够毒！

晋察冀军区一分区司令员兼政治委员杨成武虽痛骂鬼子狠毒，却也不得不承认日军迁村大佐眼光够准。一旦日军控制涞源地区，就能不断向四周"扫荡"，随时可以绞动晋察冀军区的心脏。

这一次，迁村大佐率领1000多日伪军分兵3路，向第一分区的银坊镇、走马驿、灰堡地区"扫荡"。

你要我的命，我断你的根。杨成武当即决定消灭从中路"扫荡"银坊的迁村大佐一部。涞源到银坊只有一条道，白石口到雁宿崖一段是长达几百米的悬崖峭壁，中间是一条宽仅四五十米的干河滩，两头一堵，就是一个口袋。只要迁村大佐敢进来，袋口一扎，插翅都难逃。迁村大佐一死，其他两路日军将不战而退。

杨成武立即提出作战方案：1、2、3团的兵力在雁宿岩附近伏击进犯白石口到银坊一线的日军。1团团长陈正湘、政委王道邦带着1团埋伏在雁宿崖东山，3团主力则在张家坟及其两侧山上隐蔽。

中枪，中枪，又中枪，迁村大佐气得不行："扫荡"连八路军一根毛都没捞着，部下却被八路一路冷枪打死好几个。

迁村大佐指挥刀一挥，追！

八路朝着三岔口狂奔，迁村大佐咽不下这口恶气，率领日军一口气撵进了雁宿岩。

八路仿佛累了，居然停住了脚步。迁村大佐大喜，这下子老子要剥了你们的皮！

晋察冀军区一分区 2、3 团战士早就恭候多时了。一见日军进了口袋，子弹、手榴弹劈头盖脸地往日军人群中飞去。迁村大佐一阵心痛，中了埋伏。

黑压压的人群从东、西两面漫山遍野地压下来。1 团则从敌人背后杀出，200 多挺轻重机枪一齐向山下的敌人开火。手榴弹爆炸声、喊杀声震得山岳颤抖。

突然遭到优势兵力的冲杀和猛烈火力的袭击，日军顿时乱作一团，死的死，伤的伤，纷纷倒在河滩。雁宿崖北边敌人炮兵中队和辎重队的骡、马、驴到处乱窜，驮的物资撒得遍地都是。几百名民夫乘着混乱，撒腿就跑进了东北山沟中。

慌乱过后，日军回过神来，立即占领河套附近的小高地。稳住阵脚之后，在机枪大炮的掩护下，日军向 3 团阵地发起反冲锋。3 团的指战员们以手榴弹、刺刀奋勇迎击，1、2 团从敌人侧后猛烈扫射，打得敌人纷纷滚落山坡。接着我军展开了全面攻击，至下午 4 时，日军已被杀伤大半，被压缩在上、下庄子附近和雁宿岩西北的一个高地上。

黄昏前，上、下庄子里面的日军被消灭干净，只剩下西北高地上的敌人。这时，我军各路部队把西北高地围得水泄不通。山顶上的日军不甘就擒，炮火疯狂地向八路军阵地怒吼，天空中弥漫着刺鼻的硝烟味。

3 团 1 营担任对这个山头的主攻，营长赖庆尧在最前沿指挥。冲锋号一响，3 连的支部书记光着膀子、举着驳壳枪，呐喊一声，领着全连战士旋风似的向山上刮去。

山上的日军虽然处于绝境，却是困兽犹斗，嘴里怪叫着扑了过来。一时间，刺刀乱飞，鲜血四溅，双方肉搏进入白热化。支部书记浑身是血，挥动着染满鲜血的驳壳枪，指挥部队同山上的日军抢占每一寸土地。

眼看着自己被八路军包围，日军迁村大佐知道此地不可久留，亲自指挥部队突围。在雁宿崖村西北山头上，敌我双方短兵相接，白刃搏斗。夕阳西沉，山头一片朦胧，绝不能让敌人看到明天的太阳。杨成武命令部队发起第3次冲锋，冲锋号震荡山谷，枪弹像骤雨一样浇落在敌人阵地上。神枪手孟宪荣的机枪所到之处，日军纷纷倒下。看得一旁的纪亭榭团长连连喝彩："好！"紧接着他振臂一呼："同志们冲呀！"随着团长的喊声，曹葆全排长领着全排像猛虎一样冲在队伍的头里，刹那间就冲上了山顶，大队如狂潮一样涌上去了。敌人被压下沟底，手榴弹像冰雹似的倾泻在沟里，敌人被浓烟烈火吞噬了。600多名日伪军除生俘13名外，全都被消灭在河套里。

黄土岭战斗中的杨成武（右一）

打扫战场时，战士们在敌尸堆中找到了身负重伤的日军迁村宪吉大佐。迁村宪吉大佐为了保持"皇军"的"体面"，不让八路军的医务人员为他包扎伤口，结果伤势过重死在雁宿岩上。其余两路的敌人听说中路的日军被八路军来了个一锅端，当心自己也成了八路军的盘中菜，脑袋一缩，缩回涞源城去了。

和日军交战多年，杨成武知道日军有一个特点：只要打了败仗，必然出兵报复；败得越惨，报复得越凶。为了防止日军报复，雁宿崖歼灭战枪声刚刚止息，杨成武就立即命令部队连夜打扫战场，准备迎接新的战斗。

迁村宪吉大佐被八路军打死，阿部规秀中将恼羞成怒，发誓要替他报仇雪耻。阿部规秀是日本军界享有盛誉的"名将之花"，更是擅长运用"新战术"的山地战专家。

11月4日，阿部规秀率领张家口的日军1000余人沿着迁村大佐的行军路线，向晋察冀军区进行报复性的"扫荡"。阿部规秀大举进攻，杨成武却是心中一喜：不怕你来，怕的就是你不来。

当天夜里，日军越过白石口，来到雁宿崖峡谷。八路军和老百姓不见踪影，倒是在沿峡谷两侧的山脚边找到10余处埋葬日军官兵尸体的新坟。

按照日军的习惯，阿部规秀命令士兵把八路军埋葬的日军尸体一具具挖出来堆到一起，架上木柴，浇上汽油，点火焚化。一时间，整个峡谷火光冲天，臭气连几里外的人都能闻到。

不见八路不死心，日军继续搜索前进。阿部规秀判断八路军主力已向司各庄方向退走，于是决定迅速追击主力并将其捕获。

阿部规秀想找八路军寻仇，杨成武却不派主力迎战，而是命令晋察冀军区第一军分区游击队队长曾雍雅指挥游击支队在白石口与日军周旋，将骚扰进行到底。

曾雍雅指挥游击支队游而不击，缠着阿部规秀部队不放，想方设法激怒日军。想走路，放冷枪，下圈套；要宿营，放火，打几枪就走人；想交战，恕大爷不奉陪。大爷枪没有你好，人没有你多，可大爷地熟、消息快。

阿部规秀暴跳如雷，这纯粹是流氓打法。

这天晚上，日军进入银坊、司各庄等地，仍未发现八路军主力，便气急败坏地点燃老百姓的房屋，将一座座院落、一片片村庄烧个精光。

阿部规秀已经疯狂，收网的时机成熟了。杨成武命令各部队在黄土岭以东峡谷两侧进入预伏阵地。第1团及第25团一部进至寨坨、煤斗店东南、西南高地，卡住"口袋"口，堵住日军前进的通道；第3团从大安出动，进至黄土岭及上庄子东南高地，第2团进至黄土岭东北高地，分别从两侧夹击日军，兜住"口袋"底，切断日军退路；特务团从黄土岭东南加入战斗，担负围攻和阻击逃敌的任务。在日军毫无察觉的情况下，八路军在黄土岭以东的峡谷周围布下了一个阿部旅团非钻不可的大"口袋"。

听说黄土岭西北有八路军主力，为摆脱八路军主力从背后进行攻击，阿部规秀于是指挥部队经上庄子、寨坨、煤斗店、浮图峪等地返回涞源的路线。阿部规秀想逼进八路军主力，却不知道自己已经一只脚踏进了杨成武的口袋中。

7日拂晓，黄土岭上阴雨绵绵，阿部规秀终于来到了黄土岭。杨成武指挥1团、25团拦头杀出，3团、特务团及2团从西、南、北3面合击过来，把日军团团围住，压缩在上庄子附近约两公里长、宽仅百十米的山沟里。轻重机枪喷射出的子弹像暴风骤雨一样倾泻在敌人头上，炮兵部队也以猛烈的炮火轰击沟底密集的敌人。黄土岭上一时火光闪闪、硝烟蔽天。杨成武命令3团、特务团和2团把口袋口紧紧扎住，迫使日军步步后撤。

1团团长陈正湘正用望远镜观察战场情况，突然发现南面小山的山包上有几个挎战刀的日军军官。再定睛一看，腰挎战刀的日军军官在南山小山头100米远的独立小院中出出进进。

独立小院是敌人的指挥所，南面小山包则是敌人的观察所。只要端了日军的指挥所和观察所，日军就会乱成一锅粥，陈树湘立即命令炮兵一次性将那两个目标摧毁

炮兵连杨枰连长目测距离后，信心十足地说："直线距离约八百米，在有效射程之内。保证打好！"

四发炮弹呼啸着飞向高空，瞬间在目标点爆炸。独立小院的日军跑进跑出，神色慌张，不久，小山包上的敌人拖着死尸和伤员滚下山去。

11月21日，日本陆军省通过东京广播电台，正式公布了这一消息，被侵华日军誉为"东京之花"的著名女播音员一改往日甜美的音喉，用沉重、哽咽的声音播送：

"素有'山地战术家'、'游击战名将'、'护国之花'美誉的独立混成第

2 旅团旅团长阿部规秀中将于本月 7 日在支那战场的黄土岭战斗中被八路军的迫击炮弹炸成重伤，数小时后壮烈殉国！"

阿部规秀被击毙后，敌人更加恐慌异常。至 11 月底，日军终于经不起我军的打击，垂头丧气地全线溃退，我军取得了反"扫荡"的彻底胜利。

四、攻太原妙取卧虎

寡人，寡德之人，不好听，却是王侯谦称。

孤城，孤单之城，那又是怎样的一座城？

太原已是孤城！

1949 年，平津战役胜利后，整个华北地区国民党军已经只剩下两座城：太原、大同。华北地区已是一片红海，太原城下则是人头攒动的解放军。

阎锡山曾经是雄踞一方的山西王，现在他已只剩下太原和大同城。

太原是阎锡山的发家地和老巢，阎锡山一向重视得紧。早在第二次国内革命战争时期，阎锡山就在这里修筑工事，加强设防。日本投降后，为阻挡共产党，阎锡山更是大力修工事、筑碉堡。太原城外开始只有几个碉堡，阎锡山这一开工，城外几十里顿时变了天。东至罕山，西至石千峰，南至武宿机场，北至周家山，到处都是碉堡。

据不完全统计，太原及其附近共有碉堡 5000 多个。这里碉堡林立，简直成了纵横交错的堡垒地带。即使这样，阎锡山仍然觉得安全系数不高，还不断地叫嚣着："地球转动一天，我们的工事就要加强一天！"

共军攻城，阎锡山不死心，也不甘心：太原是自己最后的基业，再守不住，那就成了无根之萍、丧家之犬。阎锡山调集第 10、15 两个兵团，下属 6 个军部，

16个步兵师，3个特种兵师约8万多人，决意死守太原城。

太原城坚，锡山心铁，总前委彭德怀让20兵团司令杨成武、李天焕研究攻城方案。

杨成武提出先快速分割、包围、歼灭城北敌人的4个师，从而解除攻城的后顾之忧。

彭德怀同意了他的观点，并做出战略部署：首先采用穿插分割的战术围歼太原城外围的敌人，然后攻城；第20兵团包围卧虎山，相机攻取卧虎山。

4月19日黄昏，杨成武率20兵团各部开始行动，次日拂晓发起总攻。第68军攻占新城、下兰，控制了北场及汾河铁桥，并攻占张村，歼灭敌第71师师部，活捉师长张忠；第66军从西岗、阳曲湾沿铁路向南攻占新城、光社；第67军从高家场、北窑头、水沟进行突破，撇开敌坚固阵地西岭、丈子头，跨越3道防线于晨8时会合于新城、光社。实现了截断并包围新城以北敌第47师、第71师、第68师、第39师，使其不能回缩工厂区与城区的初步作战意图。

当天下午，杨成武下令对敌4个师发起进攻，经一昼夜激战，全部歼灭该敌，并将包围圈压缩至卧虎山四周。

据守卧虎山的是阎锡山第19军军部、铁血师、第277师、第68师残部以及卧虎山要塞司令部守碉队，共约5000多人，分布在160多个钢筋水泥碉堡中，配属山炮、追击炮170多门，轻重机枪160多挺，总指挥官为军长曹国忠。

逐碉、逐山争夺，太原城的守军再出城支援，部队伤亡会很大；太原失守，卧虎山再牛，也只是一座山、几千号人，靠山吃山不可能。杨成武命令主力参加攻城，只派第67军第199师包围、监视卧虎山。

派兵，点将，杨成武刚完成攻城的作战部署，就接到第67军第199师攻打卧虎山的消息。

接到报告后，杨成武很是意外，立即接通师长李水清的电话，问道："搞什么名堂？城还没下，怎么就提前行动？"

"报告，我们已活捉了敌人的师长、副师长！"李水清兴奋的不行。无心插柳柳成荫，这下子居然发了一笔意外之财。李水清本来只想占领一两个小山头做为攻打卧虎山的桥头堡，谁知不一留神，不仅占领卧虎山西区全部阵地、端了敌人的师部，还活捉了敌人的师长、副师长。

碉堡有了缺口，铁板有了缝隙，杨成武知道战机来了，说："给你两天两夜时间，坚决拿下卧虎山！"

李水清劲头十足，扯着嗓子说："不用两天两夜，明天上午我们就拿下卧虎山！"

胸脯拍得山响，攻山李水清却是极其谨慎。山高路险，碉堡林立，李水清并不强攻，而是命令攻击部队化整为零，三五人一伙，二三十人一小股，避过敌人正面的强大火力网，沿坑道网而上。

国军第 19 军军长曹国忠正盯着地图琢磨，就听到指挥所外面枪声大作。刚回过头来，冰冷的枪口已经顶在脑门上。

曹国忠被这骤然而至的枪口给闹懵了，不敢相信这就是解放军，竟然用莫名其妙的口吻问道："你们是哪一部分的？"

战士们很干脆地回答他："少啰唆，举手投降！"

枪顶在脑袋上，当然是枪说话算数。曹国忠举起双手，解放军劈手拿起桌上的文件包，打开一看，里面居然有一份已经写好的投降书。

曹国忠被押出碉堡后，见到解放军只有几个人，很是愤怒，喊道："你们只有几个人，为什么叫我投降？"

李水清在师部接见了曹国忠，见他被人活捉还露出一张鸭子嘴，又好笑又好奇，就问他："你凭什么不服？"

曹国忠头一仰："贵军攻城向来是一个礼拜打外围，休整一个礼拜后再攻城。这次居然一个晚上就插到里边来了，然后就打卧虎山，你们不按常理出牌！"

曹国忠还是有点见识，懂得解放军一般的行动规律，但过于僵化，不懂变通。杨成武听了此事，大笑着说："规矩是人定的，当然可以打破！这都不懂，怎能不败？"

军长都被人捉了，卧虎山的国军顿时乱作一团，第 199 师很快就占领山上的全部阵地。在杨成武的率领下，阎锡山吹嘘的"共军 3 个军 1 个月也攻不下的要塞"10 多个小时就被解决了。其他兵团也胜利结束了全部外围战斗，共歼守军 12 个师的兵力。为了减轻对太原市区的破坏和对市民生命财产的损失，太原前线司令部于 4 月 22 日向守军发出劝降通牒，但顽固的守军拒不投降。

4 月 24 日凌晨，彭德怀下令发起总攻，1300 门火炮同时进行火力准备后，对城垣发起攻击。

杨成武率第 20 兵团首先由小北门东侧突破城垣，第 66 军第 197 师第 589 团第 1、第 3 连同时把云梯靠在小北门东 200 米处的城墙上。6 时 15 分，战士们登上城墙，把第一面红旗插在小北门城楼上。接着，第 18、第 19 兵团也相继突破城垣，攻入城内，分别与守军展开巷战。9 时许，攻入太原"绥靖"公署，俘孙楚、王靖国和日本顾问今村中将、岩田少将等人。至 10 时，全部歼灭太原城内守军。

太原战役中，人民解放军前后两次作战，共歼国民党军太原"绥靖"公署及所辖 2 个兵团部、6 个军部、16 个步兵师、3 个特种师、一个省保安司令部，总计 16 万多人，其中活捉 12 万多人。

★ ZHONGYONGZHIJIANG YANGDEZHI ★

忠勇之将
——杨得志

杨得志（1911-1994年）湖南省醴陵县人。1928年1月参加红军，同年10月入党。红军时期历任连长、团长、1军团1师副师长、2师师长。抗日战争时期，历任685团团长、344旅代旅长、冀鲁豫边区支队长、2纵司令员、延安教1旅旅长、晋冀鲁豫1纵司令员。解放战争时期，历任晋察冀野战军司令员、前委常委兼华北局委员、19兵团司令员、党委书记兼西北局委员。新中国成立后，历任19兵团司令兼陕西省军区司令员、志愿军副司令员、司令员、济南军区、武汉军区、昆明军区司令员兼党委书记、国防部副部长、人民解放军总参谋长、党委书记、军委常委、副秘书长。1955年被授予上将军衔。

一、出茅庐梭镖夺枪

1928 年 1 月，17 岁的杨得志随哥哥一起报名参军。这时他正和他的哥哥杨海堂在衡阳修路工地当"挑脚"。

杨得志出生于湖南省醴陵县南阳桥村。家里很穷，他从小吃苦经受了锻炼，小小年纪就和哥哥做了挑脚，160 多斤的担子应付自如。后来做修路工，工头很刁，常常克扣工钱。杨得志兄弟俩合计了一下，觉得比以前在安源煤矿挑煤还稍强些，便坚持了下来。

红军来了以后，杨得志和哥哥路也不修了，一起投奔红军。结果，哥哥杨海堂被分在师属特务连，杨得志被留在师部当了一名通信员。

后来兄弟俩才知道，他们投奔的是红 7 师，是朱德、陈毅领导湘南起义时建立的一支队伍。

刚当了红军，杨得志对一切都感到那么新鲜。他不怕吃苦，干什么都很卖力，脑子又很灵活，干什么都干得很漂亮。

但是，很快他就有些不满意了，手中没枪。师部通信员拿的仅仅是一杆梭镖，甚至连军装也不发，穿的还是原来的破棉袄，盖的还是带来的破棉被。要不是身上戴着一个土布做的红袖章，和老百姓没啥区别。

没有枪，就不能算个兵。杨得志很羡慕那些背着枪的士兵，心里总是咕噜着："当兵连枪都没有，一杆梭镖算什么兵？！"

他左打听右打听，终于打听到只有战斗连队才能配枪。于是，他天天盼望能被分配到战斗连队。

一天，杨得志接到命令，让他到师属特务连去当战士。听到这个消息，他高兴得几乎跳了起来，终于可以领到枪了！

杨得志三步并作两步赶到特务连3排7班，7班长接过杨得志手中的行李，说："我是7班的班长，我代表全班欢迎你。"

"我一定和同志们一起多打胜仗。"杨得志说完，跟着班长走进了屋内。

班长把杨得志的行李放在稻草铺上，顺手从稻草下边摸出一个梭镖头，对他说："去找根木棍，把它装好。"

"安枪头，配梭镖做什么？"杨得志有点看不明白。

"你的武器，以后用它的地方多着呢！"班长一笑。

到连队不仅没领到枪，分到的梭镖更是连头都快磨平了，还不如自己在师部当通信员时用的那个呢，杨得志愤愤地说："我不要！"

"你说什么？"新兵蛋子就敢摆谱，班长心中不悦，还是压住心头的火气。

"我不要！我要一支汉阳造。"杨得志一脸倔强，不去接梭镖头。要梭镖，也不能用这破货。

倒牛上了，班长火了，提高嗓门："杨得志同志，我再说一遍，去找根木棍，把它装好！"

杨得志心里虽然感到震惊，可仍站着没动。班长把梭镖头往地上一放，猛地转过身，大声喊道："全班带武器集合！"

随着班长的一声命令，全班迅速集合。杨得志眼睛睁得天大，从班长到班里每个人手里拿的武器都是梭镖或者大刀。他默然了，悄悄地拣起了留给自己的梭镖头。

"想要汉阳造，"班长对杨得志，也是对着全班战士说："打仗的时候自己从白匪手里夺！"

谁知没几天，夺枪的机会来了。

这天，部队打土豪归来。

当他们走到一个山梁上，太阳已经落山，四周一片寂静，忽听得队伍中有人惊呼："敌人！"

杨得志往前一看，山梁下走着一队敌人。这时，敌人也发现了红军，开始猛烈地射击，子弹"嗖嗖"地从杨得志他们的头顶、身旁穿过。杨得志就势往地上一趴就想抬头看一看山下的敌人。在他身边的班长猛地一把将他按在地上，厉声说："身子再低点，否则，要吃亏的。"

"班长，我想夺2支汉阳造，1支送给你。"杨得志低着头说。

"轰！轰！"两声炮响，炮弹在连队的周围炸开了，班长对杨得志悄声地说："别怕，这只是小炮，没有瞄准镜的，吓唬人而已，准备冲锋。"

敌人在几声炮响后，壮着胆，开始慢慢地向山上攻来。敌人愈来愈近，透过夜色，杨得志清楚地看到敌兵们扛的青天白日旗，还有胳膊上的白袖章。

这时连长大喊一声："上！"

班长在杨得志背上猛拍一下，说："快，去夺他们的汉阳造！"

战斗开始了。这是一场白刃格斗，一直打到天黑。黑暗中，战友们只能从对方的白袖章上去辨认敌人。年轻的杨得志犹如下山的小老虎，在敌军的队伍中冲来冲去，他闪亮的梭镖频频刺向敌人。

战斗结束了，杨得志站在那儿发愣。一个老兵走过来问道："怎么啦，杨得志，吓坏了吧？"

"谁说的，我答应给班长1支汉阳造的，可现在只夺了1支杂牌枪，这可怎么办？"

正说着，只听一个声音从山坡上传来："快来人呀，班长不行啦！"

杨得志提着那支杂牌枪，迅速往山坡上跑去，到跟前一看，班长仰卧在那里，被敌人子弹打穿的肠子流了一地。

"班长！"杨得志趴下身子，对班长喊道。

班长朝杨得志笑了一下，用手轻轻地指了指身边的汉阳造，就停止了呼吸。杨得志轻轻地拿起班长留给他的那支汉阳造，抚去枪上的灰尘，把它背在肩上，眼睛里噙满了泪水，对着班长的遗体说："班长，我会用这支汉阳造狠狠地痛打白匪，为你报仇！"

从此以后，杨得志扛起这支枪，转战南北，身经百战。

二、拒悲剧猛龙过河

蒋介石欣喜若狂，历史可以重演，石达开可以再现，红军就是"石达开第二"！天险大渡河就是中央红军的葬身之地。

1935 年的遵义会议重新确定了毛泽东在党中央的地位，中央红军虽然有了主心骨，但被数十万国民党军队堵截、包围和追击的困境依然没有改变。敌强我弱，跳出困境的办法就是渡过大渡河，进入国民党势力相对薄弱的川西北。5 月上旬，中央红军沿会理至西昌大道直奔大渡河。

送佛送上天，斩草斩断根。红军陷入困境，蒋介石却还是怕红军不死，一面命令第 2 路军前线总指挥薛岳率主力撵着红军的屁股打，一面命令四川军阀刘湘、刘文辉率部扼守着大渡河所有渡口。

几十万的国民党军围追堵截，大渡河再险，总不如人心险！中央军委命令刘伯承、聂荣臻率领先遣队红 1 团不惜一切代价为数万红军渡河打开通道。

打开通道，红军活；打不开通道，红军死。数万人的命运掌握在自己手中，红 1 团团长杨得志却是信心百倍：红军不是石达开，我们是共产党和毛主席领导的工农红军！请首长放心，红 1 团一定打好这一仗！

要渡过大渡河，必须抢占安顺场，夺取船只。大渡河的对岸驻有川军一个团的兵力，上游的泸定城还有敌人三个"骨干团"，下游是杨森的两个团。敌人为阻止红军渡大渡河，派了两个连防守安顺场，除了留下一只船供他们自己使用，将其他的船只都烧毁了。

情况紧急，杨得志进行了战斗分工：杨得志自己带 1 营赶到安顺场夺取船只；黎林政委带 2 营至安顺场下游渡口佯攻，以牵制敌杨森的两个团；尹国赤营长带 3 营担任后卫。

这时，天漆黑一团，伸手不见五指，雨一直下个不停。

杨得志带领着 1 营的战士兵分 3 路连夜直奔安顺场。安顺场的守敌认为红军还没有出海子边少数民族区，因此毫无戒备。

对敌人同情就是对自己无情，战士们的枪支一齐吐出了火舌，不到 30 分钟，就消灭了驻守安顺场的敌军 2 个连。

1 营长孙继先带领战士们弄到了一条船，这成了红军强渡大渡河的唯一交通工具。

大渡河河宽约 300 米，水深三四丈。湍急的河水撞上礁石，激起震耳巨响。

凫水，架桥，完全不可能。河深水急，浪高漩涡多，人一下水肯定会被卷走。架桥也不行，桥桩根本无法打下去。要过河，只能靠那条唯一的船。杨得志急忙命令孙继先营长去找船工。

天亮了，杨得志举起望远镜观察着对岸。渡口附近有几个碉堡，旁边都是黝黑的岩石。离渡口 500 米左右的地方，是个只有四五户人家的小村庄，四周筑有围墙。敌人的主力可能隐蔽在这个小村子里，红军一旦开始渡河，他们就会全力出击，将红军扼杀在大渡河中。

杨得志命令炮兵连将 3 门迫击炮和数挺重机枪布置在阵地上，轻机枪和特等射手进入了岸边阵地。火力布置好了，剩下的问题还是渡河。

杨得志立即命令一营长孙继先组织一支精悍的突击队抢占对岸阵地，掩护部队渡河。

突击队队员排成一行，2 连连长熊尚林为队长。每个战士带 1 把大刀，1 支冲锋枪，1 支短枪，五六颗手榴弹和其他必要的工具。

船太小，一次容不下太多人。杨得志决定分两次强渡，第一船由熊尚林带领，第二船由孙继先带领。

大渡河奔腾，如一匹难以驯服的野马，熊尚林带领 8 位同志迅速跳上渡船。

"嗒嗒嗒嗒……"对岸的敌人发现了渡船，立即开火了。

"打！"杨得志向炮兵下达了命令。听到命令，全军闻名的神炮手赵成章立即开炮，只听"轰"的一声，敌人的碉堡飞向了半空。1营的机枪、步枪一齐开火，掩护渡船向对岸划去。

突然，一发炮弹落在了船边，掀起一个巨大的水柱。小船剧烈地摇晃起来。渡船随着巨浪起伏了几下，又平稳了下来。随即飞速向北岸前进。勇士们随着渡船冲过一个个巨浪，顶着一阵阵弹雨，奋勇向前。

一梭子弹突然扫到了船上，3班长刘长发的手臂立即血流如注，可他不管不顾，死死地将奋力划桨的船工挡在身后。

敌人的炮火更猛了，在渡船附近溅起巨大的浪花。渡船被巨浪卷着飞快地往下滑去，滑到几十米外，一下子撞在了一块大礁石上，顿时溅起一个高大的水柱。

渡船离对岸越来越近了。渐渐地，只有五六米远了。勇士们不顾敌人的疯狂射击，跳进水中直向岸边冲去。突然，对岸的小村子里冲出一股敌人，

长征时的杨得志

209

拥向渡口。敌人急了，想把勇士们消灭在岸边。

"给我轰！"杨得志大声命令。

"轰！轰！"两声巨响。迫击炮弹像长了眼睛，不偏不斜地在敌群中开了花。1营机枪排排长李得才的重机枪也响了起来。敌人东倒西歪，像柴禾一样被砍倒在地。胆小的一看不对劲，拔腿就往回跑。

船工们一看战士们都上了岸，掉转船头就往回划。2连连长熊尚林带着第一船的勇士趁着敌人被炮火打得心惊胆战之机，迅速地跑到河岸的一个小土堆后，不停地向敌人扫射。

第二船的战士们也过去了。敌人仍然不肯死心，他们一次又一次地发起反扑，企图将已经过河的勇士们赶下河去。

杨得志看得清楚，手一挥，1营的炮弹、子弹又一齐飞向了对岸的敌人。烟幕中，敌人纷纷倒下。17勇士齐声怒吼，猛扑敌群。雪亮锋利的大刀在敌群中闪着寒光，忽起忽落，左砍右劈。川军向来一手步枪，一手烟枪，号称"双枪将"，烟枪的本事却是远胜步枪，当时就被砍得人仰马翻，心惊胆战。

这时天色已晚，船工们加快速度，把红军一船又一船地运到对岸。后来又从敌人手中缴获两只船，也立刻加入了运输队列。经过数小时激战，渡口完全被红1团占领。

红1团胜利渡过大渡河，刘伯承却是眉头紧锁：一条船最多能运30个人。薛岳的国民党中央军正向大渡河急行军，川军杨森的部队距离安顺场也只有三四天的路程。只靠几只小船来渡河，数万红军只怕真的会逼着跳河。

要想大部队抢在薛岳等部前过河，就得另想办法。军委命令红1师为右纵队，配合红军主力过大渡河溯江北上，抢夺天险的泸定铁索桥。

很快，泸定桥被我红4团胜利夺取了，红军的千军万马在这里渡过了天险大渡河。蒋介石企图把我军变为"石达开第二"的梦想彻底破灭了。

三、进鲁南联手抗日

1939 年 2 月初，杨得志和崔田民奉命率部东进冀鲁豫边区抗日。

鲁西南地区有两多：一是"响马强盗"多如牛毛，"响马"头头绰号满天飞；二是土围子多，而且土围子都比较高、比较厚。

土匪"司令"刘杰三有几百人的队伍，贴身卫队每人 1 支步枪、1 支驳壳枪，全部骑自行车，满有点"山东响马"的豪放劲头。

杨得志把他争取过来，委任他为这支队伍的司令，要求他打日本人。刘杰三打日本人从来不小气，有十分力从不只用九成力，并且逢人便讲："我是八路军委任的司令，正牌的！"

刘杰三抗日大方，主力部队的同志看得满心欢喜，对他却有一点不满："一个人 3 个老婆，霸占民女，地主、老财嘛！这样的人怎么能当八路军领导的游击队司令？"

杨得志听了，呵呵一笑，问他们："讨老婆和抗日有什么关系？地主、老财也能抗日。人家老婆是鬼子来之前娶的，真要动员他退老婆，他还未必能参加抗日活动。"话说得在理有意见的同志不作声了。

高树勋原来是国民党新八军的军长。1940 年年底，他和孙良诚密谋，杀了石友三，夺取了国民党三十九集团军总司令的职位。

石友三是反共积极分子，刺杀虽然是国民党内部的争斗，对冀鲁豫地区抗日斗争却有利。

杨得志心一动，劝高树勋积极抗日。高树勋后来为抗日做过一些有益的事情，但是日寇和国民党政府一威胁，又逐渐转向亲日反共。

1941 年秋，民 1 旅旅长兼五分区司令员朱程带着运粮部队路过清丰县的宋村，盘踞在那一带的高树勋部队将 50 多车粮食全部扣下。

朱程和他们交涉几个小时，据点里的顽军不但不交出粮食，反而嬉皮笑脸地说:"粮食嘛,你吃我吃都一样。你们八路军讲联合,这粮食我们先'联合'了吧!"

听说粮食被扣,杨得志的火气顿时上来。老百姓勒紧裤带一粒一粒省下粮食来支援子弟兵,这帮顽军竟然敢打军粮的主意。他奋力将桌子一拍,说:"派人把宋村围了! 不交粮,就把他们突突了。"

宋村被围,枪都顶在头上,据点里的顽军依然不死心,羊拉屎一般往外搬粮食。

朱程一点粮食,还少十几大车。反了天,朱程连夜赶到军区司令部,满眼怒火,气呼呼的说:"司令员,我这就掀了这座炮楼,看狗日的还敢乱来。"

掀炮楼,一顿饭的工夫,却可能将墙头草高树勋推向日本人的怀抱。杨得志拦下朱程,要他按兵不动等候命令再行动。

杨得志按兵不动,八路军也就这回事,高树勋倒来了劲,派了两个团进占了清丰东南的东北庄。

忍字头上一把刀,再忍,刀也在那里。杨得志决定出刀,三句好话当不得一马棒,先砍他一刀再说。

11月13日夜,杨得志带着南下支队和教3旅的7团赶到清丰县的东北庄。东北庄只有百把户人家,不大,可里面放了高树勋的两个团。只要高树勋主力来救,当头一棒绝对逃不了。

部队围而不强攻,喊杀声震天,却只是小打小唱。东北庄的高树勋两个团吓得不轻,一个劲地打电话求救。

直打到第三天拂晓,高树勋才调集了4个主力团赶来增援。他们从侧后迂回到东北庄东南地区,三面夹击教3旅7团3营。3营的阵地是一片开阔地,敌人密集的炮弹、机枪和步枪子弹,几乎把那片开阔地翻了个儿。3营战士豁了出去,硬是顶住了顽军多次集群式冲锋,九连官兵全部壮烈牺牲。

听到这个消息,杨得志大怒,说你胖你倒喘上了,马上命令部队向敌侧后迂回,形成包围圈。

一番恶战，八路军毙敌 600 余人，俘敌 200 余人。高树勋听到主力受到重创，当时就瘫倒在地。

日军见有机可乘，立即出兵攻打高树勋，歼灭高树勋部 5000 人。高杨之战，八路军损失 200 多人，但怎么说也是中国内部矛盾，杨得志以民族利益为重，派了两个旅掩护他们从濮阳、濮县转移到范县根据地内休整，并把他的残部和失散人员和枪支汇集起来还给他。

临别时，高树勋让人捎话给杨得志："八路军对我仁至义尽。从今往后，我决不和八路军打仗，请杨司令员相信我。"

四、守邯郸成钳夹马

成，败，只在邯郸。

邯郸位于平汉线的中枢，想运兵东北，邯郸不得不夺。

1945 年 10 月中旬，蒋介石动用了 14 个军约 15 万兵力，分 3 路沿平汉、同蒲、津浦 3 条铁路直逼晋冀鲁豫解放区的首府邯郸。

要阻止和迟滞国民党部队北进，就必须打破蒋介石的如意算盘。中国共产党中央革命军事委员会指示晋冀鲁豫军区集中主力歼击沿平汉路北上的马法五、高树勋部。

军区司令员刘伯承、政治委员邓小平当即制定作战方案：第 1 纵队及冀鲁豫军区之一部为路东军；第 2、第 3 纵队及太行军区、冀南军区部队为路西军，对沿平汉路北上的国民党军形成东西钳击之势；太行军区部队一部组成的独立支队同太行、冀鲁豫地方武装和民兵相配合，在黄河以北至安阳间，袭扰并迟滞国民党部队北进。

东西钳击，一击毙命，让人心动不已，晋冀鲁豫野战军 1 纵队司令员杨得志、政委苏振华却是有些头痛：第 2、第 3 纵队及太行军区还在上党地区，铁钳还只是铁棍。钳击暂且不说，能不能在兄弟部队赶到之前顶住敌人的强攻都是一个问题。

杨得志、苏振华不是怯战的人，实在是情况极其不乐观：敌我兵力为 5 比 1，1 纵清一色的轻武器，对手是半美械化的装备。鲁崇义的 30 军装备精良，马法五的 40 军更是擅战，拚手榴弹、刺刀哪个都白给。更要命的是，即使想躲，还躲不起。漳河两岸一马平川，沙土地质相想构筑工事都不行。

明知不能战，却又不得不战。

杨得志头痛，国民党副司令长官马法五心情却是极好。自从新乡出发后，先头部队北渡漳河、磁县竟然没有遇到共军任何有力的抵抗，邯郸已经落入自己盘踞的临漳、成安、肥乡形成的扇形包围圈中。

马法五来得如此迅速，杨得志当即决定：小股部队奔袭敌先头部队，以减缓敌人前进的速度。大部队赶至邯郸以南的屯庄、崔曲、小堤等地构筑工事，组织防御。

崔曲距邯郸只有 10 多里地。崔曲虽不是城，但周围有土围子。住房几乎全是平顶，平时房顶上可以晒粮，战时便成了天然的堡垒。这里是保卫邯郸的最后一道防线。

杨得志把 1 旅放在崔曲一线。1 旅旅长杨俊生把阻击崔曲一线的任务交给了主力 7 团。

一路没有抵抗，不等于太平。马法五极其冷静，命令各军变动阵容：先头部队 30 军留在原地，40 军和新 8 军一部则继续北进，开路先锋由 40 军李振清的 106 师担任。师长李振清外号李铁头，这个外号可不是白给的。1943 年的太行山战役，40 军遭到解放军重创，40 军军部和 39 师活下来的人加起来也不到 1000 人。许多部队甚至是一个空番号，40 军 106 师却保持了建制。

凌晨时分，国民党 40 军第 100 师和新 8 军集中兵力、火器，分别向

7团扼守的崔曲、屯庄、赵庄阵地发起了猛攻。霎时，成群的炮弹在7团阵地上炸响，掀起一阵阵烟尘和泥土。紧接着，敌人发起了连续集群冲锋。

晋冀鲁豫野战军1纵7团团长李程、政委咸先初指挥部队沉着应战，待敌人放到阵地前10多米时，才命令部队集中火力痛击敌军。同时，组织小部出击，与突入我阵地之敌展开白刃格斗，英勇地打退敌人一次次的进攻。

久攻不下，敌106师师长李铁头气得哇哇直叫，光着膀子，抢过卫士手中的冲锋枪就往前冲。敌106师的士气大振，呐喊着向前猛攻。

国民党40军106师的士兵像打了鸡血，解放军1纵7团也是战意昂然，手榴弹、机枪、步枪火力全招呼106师。

激战中，6团顽强抗击数倍敌人的攻击，伤亡较大。扼守小堤前沿阵地的一连班以上干部全部阵亡，全连编为一个排继续战斗。

杨得志将纵队指挥所移至东距小堤村仅200米的辛里村，命令纵队特务营两个连投入战斗，加强6团1营的兵力，重点向突入小堤西侧的敌人进行反冲击。

7团与敌人奋勇激战，伤亡很大，又处于被敌夹击的险境，杨旅长命令部队暂撤出崔曲，转移到夹堤东部，以待机反击。

106师突破崔曲，敌师长李铁头好不得意，忙向副司令长官马法五报告："共军的阵地号称铜墙铁壁，还是被我铁头撞碎！"

崔曲失守，1纵指挥所气氛骤然紧张。一旦敌人突进邯郸，与南援的国民党106军会合，我军整个邯郸战役计划就会受到影响，甚至会落空。

杨得志3个旅的旅长和政治委员开会，只提出一个要求：拂晓前夺回崔曲！管他什么李铁头、李钢头，都要打成猪头。

杨得志正在调动人手，我军后续部队到达。陈锡联、彭涛率领的3纵集结于车奇关、光录镇以西地区；陈再道司令员和政委宋任穷率领的2纵在邯郸及城东南、西南一带呈扇形展开；韦杰独立支队控制了漳河各主要渡口，形成了对敌军的四面合围。

为配合野战军整个战役行动，杨得志对纵队攻打崔曲敌 106 师的行动重新作了部署：第 1 旅 7 团担任主攻，从崔曲村北门至村西北角展开攻击，6 团为预备队；第 3 旅 106 团从村东门突破，任助攻；第 2 旅 10 团、12 团在崔曲以西担任阵地防御，阻敌增援；第 3 旅二 10 团于崔曲南侧阻击敌人。

夜幕刚刚降下，杨得志发出了攻击命令。在火力的掩护下，投弹队和梯子队首先投入了战斗。敌人是有准备的，但他们没有估计反击得如此凶猛、迅速，更没有想到杨得志会组织 200 人的投弹队，直奔他们村前沿的"房顶阵地"。

1 旅 7 团 1 营 1 连率先从崔曲村北门发起猛攻，吸引敌人的注意力。7 团 3 营 1 连抓住战机，从村西角突然发起攻击，仅 10 分钟就打开并巩固了突破口，3 营 2 梯队立即投入战斗，向东发展。

20 团在团长王大顺、政委胡华居指挥下打得十分英勇顽强，但国民党 39 师凭借人海战术和重炮轰击，先后突破 20 团 1 营的前沿阵地。杨得志急了，他拿起电话，打电话给 210 团政委胡华居："你给我上！夺不回阵地，我要你的脑袋！

杨得志不到万不得已，一般不越级指挥。胡华居得令后，亲自组织 1 营 2 连、3 连正面反击敌人，并命 2 营从侧翼出击，终于将敌第 3 次集团冲锋击退。重新夺回了团阵地。20 团干部身先士卒，指挥在前，团长王大顺和团参谋长慕斌不幸壮烈牺牲。经过激烈战斗，敌 106 师除师长李振清等少数残敌侥幸逃脱外，几乎被全歼。

在我军的政治攻势下，敌新 8 军军长高树勋率领新 8 军在马头镇举起义旗。

高树勋战场起义，我军更能自如地集中兵力全力对付马法五和鲁崇义。马法五和鲁崇义的两个军顿时无心恋战，准备再渡漳河南逃，但这时漳河已被从上党赶来的我军控制。

围歼敌 40 军残部和敌 130 军的态势已经形成，十几天前还气势汹汹的马法五顿时感到灭顶之灾来临。

马法五率 11 战区长官部及残军后退到漳里集一带，企图再渡漳河南逃。刘伯承命令杨得志抓住战机，追击马法五所部。

部队攻打崔曲，伤亡很大，且已十分疲劳，但战机在即，不容有丝毫犹豫。杨得志立即命令第 3 旅从漳里集东南方向主攻，杨勇的 2 纵从正南方向攻击。

激战前的夜晚很宁静，战斗再次打响。1 纵 3 旅勇猛突击，敌人拼命顽抗，打成了对峙局面。

见此情况，杨得志对李朝东旅长说："一定要利用夜战有利时机歼灭敌人，夜间占领一座房子，等于白天占领一条街道。"

主攻 106 团攻进去了，但遭到敌人的节节阻击。在逐屋逐街的争夺中，部队每前进一步都要付出鲜血和生命。

天一亮，敌人便发起了疯狂的反扑，有的部队被挤出了已经占领的地段。马法五意识到这是生死攸关的一仗，恨不得把喝奶的劲都使出来。

激战一天，黄昏时分，106 团仍坚守阵地。

当日夜间，在杨得志的指挥下，1 纵不断向敌人发起进攻。第二天拂晓，我主力攻入村内，马法五部开始向西南和东南两个方向逃跑。杨得志立即命令："各旅要快速围堵、追击，决不让敌人跑掉！"

整个战场上烟尘弥漫、枪声连绵，1 纵战士奋勇围歼逃敌。兵败如山倒，敌人纷纷缴枪投降，战斗很快结束。

除新 8 军等部起义外，解放军共毙伤国民党军 3000 余人，俘马法五以下 1.7 万余人，缴获大批武器物资，自己伤亡 4000 余人。

五、打援兵追兵设伏

晋察冀野战军司令员杨得志预料中的围点打援竟然成了双方相持不下的僵局。

僵局已经可怕，更让人失望的是国民党驻石家庄的罗历戎第 3 军居然没有出动。杨得志煞费苦心的布局打援目的只有一个：打掉罗历戎第 3 军。

1947 年 9 月的华北，国民党军队无论是兵力，还是装备，都优于我军，各部队均集结于保定以北铁路线东西两侧，相互支援。

敌人占尽优势，想进攻很不容易，只能将敌人调动起来，牵着敌人的鼻子走，在运动中寻找机会。

杨得志命令晋察冀野战军第 2 纵队司令陈正湘和政委李志民指挥第 2 纵队强攻徐水。徐水既是北平的南大门，又是平汉路的咽喉之地，敌人必定支援。第 2 纵负责攻城，杨得志把打援的任务交给郑维山的第 3 纵队和曾思玉的第 4 纵队。只要石家庄的罗历戎第 3 军一出动，立马就敲掉他。

国民党驻徐水 94 军第 5 师师长邱利汀在电话中火烧屁股一样求援，北平行辕主任孙连仲就笑了；围城打援，共产党怎么就没新花样？援兵当然有，只怕你吃不下。笑过之后，孙连仲命令第 94 军主力沿平汉线两侧向南开进，第 10 军第 94 师、第 109 师沿铁路东侧向南开进，共解徐水之围。

期待的国民党援兵终于来了，只是来得实在太多，3 纵、4 纵的全部兵力都到打援的激战中，双方血流成河，却依然是难分胜负的消耗战。

国民党家大业大，丢一个军部溅不起半点水花，3 纵、4 纵打恶战伤不起。

杨得志在地图上一看，有了主意：向西挺进，迫敌分散，诱敌深入，创造出运动中歼敌的战机。战机是动出来的，他命令 2 纵仍在徐水一带强势攻城迷惑敌人，掩护 3 纵、4 纵西进。

北平行辕主任孙连仲心情大好：双方陷入混战，杨得志连底牌都打了出来，共军想脱身都难。孙连仲命令罗历戎率第 3 军出石家庄北上，准备给晋察冀野战军来个南北夹击。

杨得志领着部队刚走到一个小村庄，就接到一份野战军司令部的电报：罗历戎第 3 军已渡过滹沱河，向新乐开进，准备夹击打援部队。

罗历戎想夹，我就敢击。围城打援为的就是这主，现在送上门，不打太辜负人家一片美意。杨得志和杨成武、耿飚一商量，一致同意在清风店围歼罗历戎第 3 军。清风店以北是望都、保定，以南是定县、新乐。罗历戎距清风店有 90 多里，罗历戎很有可能在新乐休息一晚再开往清风店。只要部队在清风店设下埋伏，绝对能打一个措手不及。

打伏击战让人热血沸腾，难度却也很大：部队离清风店太远。离清风店最近的部队也有 150 余里，最远者达 250 里以上。

参谋长耿飚沉默了一下，吐出一个烟圈，说："罗历戎的军官带着家眷，部队从来不在夜里行军；如果遭到解放区地方武装阻击，速度也会放慢。我军只要连夜急行军，提前赶到清风店绝对没问题。"

有肉吃，累点算什么！杨得志命令各部队 24 小时内赶到方顺桥以南的清风店地区。

军令如山，各部队战士甩开脚丫向清风店赶去。一个个跑得汗流浃背，边跑边吃干粮、喝水。

解放军狂奔，罗历戎第 3 军却在新乐县呼呼大睡，全然不知解放军跑着要给自己送葬。

一切尽在杨得志他们的意料之中。19 日，野战军的 6 个旅全部到达清风店地区，将罗历戎的第 3 军全部包围在于各营、大瓦房、北支合、南合庄、高家佐等十几个村子。

解放战争时的杨得志

打伏击的部队枪多人壮，杨得志并不担心，他担心的倒是北面担任阻击保定地区大敌南下的 4 个旅。4 个旅要阻击 10 个旅，担子实在太重。

杨得志打电话给 2 纵司令员陈正湘，陈正湘豪气冲天："请放心，决不放一个敌人南下一步！"

20 日拂晓，杨得志命令部队开始发起进攻。罗历戎不相信共军一夜之间就从保北赶到清风店，认为即使共军主力部队急行军赶到清风店，又困又累的共军短时间内吃掉自己的第 3 军根本不可能。

不相信归相信，罗历戎还是极其谨慎。他以西南合村为中心，将兵力收缩到周围几个村子，构成了所谓的梅花形防御阵形。同时，向北平和保定发电求援。他觉得只要自己坚持住，南北夹击的局面也许会出现。

接到罗历戎的求援电话，孙连仲劈头就是一顿臭骂：让你捡漏子、背后放火都推三阻四，要你有什么用？共军主力都在徐水一带，清风店哪来的共军？一夜赶到清风店，你当我脑门被驴踢了？

罗历戎想捶死他的心都有，站着说话不腰痛，你奶奶的让共军包围试试。

心里怒火狂烧，罗历戎口里还是尊敬有加：您再不派人来，就只能替我收尸吧。

收尸不要紧，要紧的是合围计划落空。孙连仲有些将信将疑，是真是假，只能坐飞机看看。孙连仲亲自坐着飞机到保北上空一看，当时脸色就青了。

石家庄只有刘英的32师和一些杂牌部队，指望他们去救清风店的罗历戎根本不可能。杂牌部队抢老百姓的鸡鸭还行，要让他们和共军主力斗狠，打死他们都不敢。保北的部队有上百辆大汽车，几个小时赶到清风店地区，要哭的就是共军。

孙连仲的算盘打得很好，晋察冀野战军第2纵队司令陈正湘却是热情挽留。和我2纵打仗是打仗，到清风店也是打仗，在哪打还不是一样的打。咱哥儿俩再聊聊。陈正湘指挥2纵不停的与国民党保北的部队纠缠，反正不让他们轻易脱身。战士们提出口号：打下去，熬下去，决不让敌人南下一步，阻住敌人就是胜利！

罗历戎大摆梅花阵，杨得志采取的则是辣手摧花分割战术，先把敌人分成若干块，集中兵力扫清了西南合的外围，然后逐村逐街的和敌人展开白刃战。

为了速战速决，杨得志决定集中5个旅的优势兵力对罗历戎指挥所所在地西南合发起了总攻。

22日清晨，杨得志命令向罗历戎部发起总攻。

解放军六个旅按预定计划将罗历戎的第3军分割成数块，与敌人展开了白刃格斗。

国民党的十几架敌机同时出现在空中，有恃无恐地低空扫射、轰炸。10旅旅长邱蔚正在指挥战斗，一颗子弹从他的大腿钻了进去。邱蔚一咬牙，掏出尖刀，挑刺一样把子弹挑了出来。

飞机嚣张，杨得志立即命令组织火力对空射击。子弹如雨，天空顿时黑了下来。

一架野马式敌机被击中了，像扫帚星般摇摇晃晃地横过天空，身后拖着一股浓浓的黑烟。其他飞机见势不妙，忽地一下升起来，把剩余的炸弹胡乱甩掉，仓皇而去。

罗历戎盼援兵快快到来，盼了整整一天，却连个援兵的影子也没盼来。共军的包围圈越缩越小，罗历戎的心拔凉拔凉的。

22 日上午 10 时，杨得志率部占领了罗历戎的最后一个据点西南合。

战役结束后，各部队捉到俘虏 1.14 万人。清点俘虏时，独独不见罗历戎。冀中军区独立 8 旅旅长徐德操视察俘虏营。一个俘虏扔了一块石子，这块石子引起了徐德操的注意。他看见一个俘虏头低低的，脑袋上缠满了纱布，就多看了几眼，越看越觉得这个俘虏很面熟，就问："你不认识我了吗？"俘虏连连说："啊，徐代表。"这个俘虏就是罗历戎。罗历戎和徐德操是老熟人了。徐德操曾经在 1946 年国共谈判期间和罗历戎打过交道。

六、败双马西北告捷

1949 年 6 月，军委和彭德怀的决定打响扶眉战役，并提出"钳马打胡，先胡后马"的决策。马指青海、宁夏的马步芳和马鸿逵集团。杨得志的第 19 兵团负责钳制"二马"的任务。

扶眉战役从 7 月 11 日发起，7 月 14 日结束，我军歼灭了胡宗南主力 4.4 万人，给胡宗南以毁灭性打击，胡宗南不得已退守秦岭一带。马步芳和马鸿逵见势不妙，继续往西撤退至平凉地区。胡、马的作战联盟不复存在，西北战场的形势，由此发生了根本变化。

胡宗南退守，彭德怀选择了平凉地区作为与"二马"决战的战场。

大军压境，马步芳为保存实力，提出让马鸿逵打头阵。打头阵就是当炮灰送死，马鸿逵也是老油子，二话不说，命令临时总指挥卢忠良退守宁夏。

平凉虽然为甘、宁咽喉，却不如命贵，马步芳也无奈地急忙往兰州撤退。

彭德怀得理不饶人，命杨得志的第19兵团继续追击宁夏的马鸿逵，1兵团和2兵团则分两路猛追青海的马步芳。

再退就到了蒙古，退守宁夏的马鸿逵无路再退，于是以银川为中心，依据黄河天险，在南起靖远、同心，北至金积、青铜峡、灵武地域内，构成二道防线，并命儿子马敦静统一指挥，妄图阻止解放军解放宁夏。

马鸿逵想拼命，杨得志却想双管齐下，军事打击和政治瓦解并举，最好争取用政治方式解决。

宁夏的马家军主要有两支部队。一支是马鸿逵的儿子马敦静为司令的宁夏兵团，下辖马光宗的第11军、卢忠良的第128军、马全良的贺兰军、马敦厚的骑兵第10军。另一支是马鸿宾的儿子马惇靖为军长的第81军。马鸿宾和马鸿逵二人虽然以兄弟相称，但行事却大不相同。马鸿逵长期追随蒋介石反共反人民，而马鸿宾则在绥西一线抗击过日军。马敦静指挥的宁夏兵团不是铁板一块，做好马鸿宾的工作也许可以事半功倍。

为了瓦解马家军，杨得志专程去拜访了郭南浦老先生。郭南浦是位老中医，在甘肃、宁夏伊斯兰教上层人士中有较高的威望和影响。他与马鸿逵和马鸿宾虽然不同姓，却同族同教。

9月9日，按照杨得志的命令，第19兵团兵分三路，挥师宁夏。左路克甘肃的景泰后，北渡黄河，推进至宁夏重镇中卫；中路沿黄河而行，向中卫前进；右路由固原、黑城、海原一带出发，直扑宁夏另一重镇中宁。

三路大军，摆开攻势，如同行云流水，风卷雷击，其势锐不可当，很快进入宁夏境内。

9月中旬，第19兵团突破敌人第一道防线，很快进逼敌人的第二道防线中卫和中宁两大重镇。这时，郭南浦带了几个精明干练的工作人员先一步前往中卫和银川去做马鸿逵和马鸿宾的工作，争取宁夏和平解放。

马家军不过 7 万之众，和解放大军对抗，等于以卵击石；不战而退，无法向蒋介石交代。大军逼近，第一道防线已被攻破，马鸿逵早已乱了方寸。地盘再贵，不如命贵，他决定保命要紧，扔下数十年苦心经营的 7 万兵马的家底。

主意打定，马鸿逵却召开军政首脑会议，极其高调地宣称要死守宁夏。会议结束后，马鸿逵借口到重庆出席国民党紧急军事会议，一去不归，把宁夏战场的烂摊子甩给了二公子马敦静。

马敦静秉承父亲马鸿逵的旨意，继续组织顽抗。第一道防线被解放军攻破后，他慌忙调兵遣将，重新做出战略部署：令贺兰军撤出中宁，北渡黄河加强右翼；第 11 军退守银川；第 128 军仍在金积、灵武一线，将中宁、中卫第二线的防守任务交给马惇靖的第 81 军。

马敦静调兵遣将防守，马鸿宾却在中宁接见了郭南浦。大势已去，马鸿宾有起义的念头，却又担心起义后被解放军来一个卸磨杀驴。

得知此事，杨得志指派 64 军军长曾思玉作为第 19 兵团的全权代表，向马鸿宾保证：只要第 81 军在限定时间内起义，接受解放军的条件，解放军保证第 81 军全体官兵的生命和私人财产的安全。

郭南浦再次和马鸿宾淡判。为了配合郭南浦老人的谈判，同时给马鸿宾施压，杨得志命令继续进攻国民党第 81 军和 63 军。

9 月 14 日，第 190 师轻取中宁重镇。马惇靖率第 81 军不战而退，撤到黄河以北的中卫地区。第 64 军占领中宁后，与敌第 81 军隔黄河对峙。郑维山的第 63 军从左翼挺进，第 188 师沿黄河北岸向中卫进发，将第 81 军围成铁桶。

铁锤当头，忠言在耳，向左还是向右走？马鸿宾头一低，选择了洗耳恭听。

9 月 19 日下午 7 时，中国人民解放军第 19 兵团代表 64 军军长曾思玉与马惇靖代表正式签订和平解决协定。

马鸿宾父子起义的消息传出后，马敦静指挥的宁夏兵团军心大乱，士气大跌。马敦静一边跺着脚骂娘，一边急忙令工兵炸堤放水。兵无求战之心，只能靠水阻挡进逼银川的解放军。

在军官的监督下，守堤的工兵点燃了早已埋好的炸药的导火索。大地颤抖，数十里河堤纷纷崩裂坍塌，洪水一泻而出，万亩良田、千里村舍顿时成为一片汪洋。

洪水无情，却挡不住解放大军前进的步伐。9 月 19 日，解放军第 64 军第 191 师和第 192 师兵分两路直扑金积一线，解放军第 63 军则沿黄河两岸北进直指银川。

水淹千里都挡不住解放军，马敦静慌忙将烫手的山芋交给第 128 军军长卢忠良：银川你守，我去重庆看我爹。

马敦静一走，宁马集团的高级将领乱作一团。大难来时各自飞，你飞你的重庆，我走我的独木桥，高级将领开会决定由马全良和马光宗负责和解放军交涉起义。

山芋再烫，怎么说都是山芋。只要接得住，以后还不是自己的天下。卢忠良本来想用性命赌明天，却挡不住高级将领起义的狂潮，一咬牙去了金积，想在那里做最后一搏。

卢忠良负气出走，贺兰军军长马全良则领衔通电起义。

螳臂还想挡车，杨得志命令曾思玉出兵痛揍卢忠良部。9 月 20 日，解放军左右两翼逼近金积，191 师和 192 师则绕过金积迅速扑向吴忠之敌。

吴忠之敌被灭，退路被断，金积守敌被迫投降。卢忠良不死心，率第 128 军军部和第 256 师从灵武增援吴忠，企图与解放军决一死战。

19 兵团第 192 师先头部队一马当先，将守卫吴忠东南涝河桥的卢忠良部打得屁滚尿流，夺下了桥头阵地。

渡河后，解放军乘胜追击，迅速穿插分割，直捣吴忠敌 128 军指挥部。128 军被打成散兵状，军长卢忠良带着少数人马逃回银川。

山芋太烫，有接山芋的心，却没有接山芋的手。卢忠良一阵悲哀之后，同意和平解决宁夏问题。

挨了打才想起把脸凑上来，早干吗去了，杨得志将卢忠良等人一顿痛斥，数落他们在我军进军宁夏以来所犯下的种种恶行。卢忠良等人一个个脸红面赤，低着头，不吭一声。

双方签订了《和平解决宁夏问题之协议》，解放军19兵团第191师奉杨得志命令进入银川。

骁勇战将
——陈再道

陈再道(1909-1993)，湖北省麻城县乘马岗区程家冲人。1926年参加农民协会，1927年参加黄麻起义。1928年加入中国共产党。土地革命战争时期，任红4军1师3团排长、连长、11师12团营长、11师11团团长、11师师长、红4军副军长、军长。抗日战争时期，任八路军129师386旅副旅长、独立旅旅长、东进纵队司令员、冀南军区司令员。解放战争时期，任晋冀鲁豫野战军冀南纵队司令员、第2纵队司令员、中原野战军第2纵队司令员、河南军区司令员。新中国成立后，任中南军区副司令员兼河南军区司令员、中国人民解放军武装力量监察部副部长、武汉军区司令员兼湖北省军区司令员、福州军区副司令员、中共中央军委顾问、铁道兵司令员。1955年被授予上将军衔。

一、听演讲勇斗红枪

1909 年 1 月 24 日，陈再道出生于湖北麻城程家冲的一个贫农家庭。在这个 20 来户人家的村子里，陈再道家是最穷的。

陈再道的父亲程厚瀛是个老实厚道的庄稼人，一年到头忙个不停，勉强养家糊口。母亲朱氏，顺河洼西塘村人，善良贤惠。陈再道 3 岁时，父亲得痨病而死。此后 7 年中，姐姐与母亲相继去世。11 岁，陈再道就与叔父相依为命，他为人家放牛，下田干活，学篾匠手艺。

1926 年秋季的一天早晨，叔叔叫他去王福店割几斤肉，然后给他说媳妇。兵荒马乱的年代，很多穷苦人连饭吃不上，对于陈再道来说，说亲娶媳妇也不是一件容易的事情。

在去王福店集市的途中，陈再道听到石河寨上传来了一阵嘹亮的歌声，好奇的陈再道便爬上寨顶看起了热闹。

歌唱完了，一个青年跳上台阶，说："乡亲们，我们要成立自己的队伍，组织农民敢死队，举起手中的刀枪，同地主老财进行斗争。"青年说着说着，挥动起双臂："现在，自愿参加农民敢死队的就到前面来报名！"

陈再道问这人是谁，身边的人说："他叫王树声，乘马岗项家冲人，原是乘马岗初级小学的校长，是个共产党。"

王树声的话音刚落，一大群年轻人往前挤，争相报名。陈再道觉得王树声讲得很有道理，他想，如果我们有自己的队伍，消灭坏人，打天下，或许能过上好日子，否则还会一辈子受穷。想到这里，他把割肉娶媳妇的事抛到了九霄云外，推开人群挤到报名的桌子边，喊："我要报名！"

负责登记的那个青年人看了看陈再道，问道："你叫什么名字？"

"程再道。"

"多大？"

"17岁。"

接着，那人又问了地址，家庭情况，陈再道都一一作了回答。

谁知，登记填表的那位同志把"程"误写成了"陈"，等陈再道发现时，他已是红军的一名营长。为了少给组织上找麻烦，程再道干脆就姓了陈。

敢死队20多个人，共三条半枪，其中半支枪是一条炸了膛的枪，只好绑上一道铁丝继续用。

队领导通过组织和其他关系搞来20支步枪和驳壳枪，但武器仍然不够，陈再道和队友们就自制大刀、梭镖。

王树声见陈再道有一身武艺，便叫他传授自卫军将士武艺。农民军武器以梭镖、长矛、大刀居多，陈再道只好从罗汉拳拳谱中挑一些器械套路教大家练习。

罗汉拳的诸般器械在装备原始的农民军中是比较实用的。开始陈再道教拳不得法，后来在王树声的帮助下，将罗汉拳部分简化实用的器械整理出来，带领农民军日日操练，使农民军实力大增。

罗家河大恶霸地主丁枕鱼和儿子丁岳平仗着财大势众，平时鱼肉乡里作恶多端。丁枕鱼不仅是独霸一方的大恶霸，还是个看见女人走不动路的老色鬼，人称他是"麻城北乡一只虎"。儿子丁岳平也是只吃人不吐骨头的"狼"。他们家有个佣人能做一手好饭菜，在那一带有点名气。有一次做的饭菜不合丁岳平的口味，不仅被丁岳平毒打一顿不说，还被割去一个耳朵。

罗家河农协分会提出一切权力归农会，丁家父子当时就怒了，扬言要给农会点厉害瞧瞧。

为了打击丁家父子的反动气焰，同时震慑其他反动分子，区农协决定惩治丁家父子。

狡猾的丁岳平一听到外面有动静，丢下老子就跑。丁枕鱼看到门外人头一片，当场吓得直哆嗦，急忙命令家丁将大门紧闭。

丁家大院围墙又高又坚实，大门更是用铁打成，砸也砸不开。陈再道心中一动，率领十几名敢死队队员搭起人梯翻进大院。刚打开大门，人们就潮水般涌了进去。

第二天一大早，在区农民协会主持下，陈再道与队友们押着丁枕鱼四处游街。丁枕鱼走到哪里，哪里就骂声如潮。

蒋介石在上海发动四一二政变后，麻城大地主恶霸王芝庭、王既之、丁岳山、王九聋子等人顿时嚣张起来，勾结收买当地民团，创办红枪会，拉起上万人马，声称要血洗麻城县城。

为粉碎反动势力的反扑，中共麻城县委和农民协会决定调动乘马岗区农民敢死队和农协会员、县城及其附近的贫苦群众行动起来，共守县城。

战斗中，陈再道与敢死队队员们一道将红枪会死死的挡在城外。城头上投下的石块、砖头、灰罐、飞镖像急骤的暴雨倾下来，打得匪徒们头破血流。

在从武汉赶来的300名学生军支援下，农会不仅打退红枪会一次次强大攻势，还直捣毁红枪会的巢穴，活捉了几个头目。

打退红枪会的反扑后，中共麻城县委抽调精壮忠勇的敢死队员，成立了麻城农民自卫军。麻城农民自卫军共100余人，下设3个排。陈再道成为农民自卫军第3排的一名战士。

5月，国民革命军独立第14师师长夏斗寅在武昌叛变革命。6月12日，嗅觉灵敏的反动势力光山民团头子严炎齐纠集残余的反动红枪会、白枪会、黑旗会匪徒近万人，汹涌而来，企图攻下破寨岗，占领乘马岗地区，进而向黄安一带窜犯。

得到严炎齐来犯的情报后，农民自卫军当即做好了战斗准备。寨子附近农民群众听说红枪会来攻，六七千人蜂拥上山，准备参战。

在教师爷的指挥下，红枪会匪徒倚仗人多武器好，喊着"刀枪不入"的口号逼近山头。陈再道一枪打倒了敌人的举旗手，然后和其他敢死队员冲出壕沟。红枪会看到举旗官打倒了，顿时没有了主心骨，一下子乱了阵脚。

陈再道手提大刀，逢敌就杀。正要向前追击时，只见一个匪徒要偷袭身边的战友。陈再道眼疾手快，操起大刀，劈头就给他来了个刀劈华山，溅起一片血花。

农民自卫军和参战群众杀红了眼，红枪会越打越心惊，只好仓皇向山下逃窜。陈再道和战友们穷追不舍，边追边打，一直追出20余公里。破寨岗战斗激战三昼夜，毙俘匪徒3000余人，麻城农民自卫军取得成立后第一个大胜利。

二、破白军以弱胜强

战火纷飞，陈再道因为屡立战功，1932年的他已是红11师第31团团长。

1933年正月初一刚过，蒋介石就任命田颂尧为川陕边"剿匪"督办，令其迅速"围剿"在川陕边根据地立足未稳的红4方面军。

田颂尧掌控5个师、3个旅、一个军属独立旅，共60个团的兵团。他就任"督办"以后，立即将其在嘉陵江以西的部队大部东调，准备分左、中、右三路围攻红军，妄图围歼红军。

红4方面军入川不久，部队尚未扩编，根据地又属初创，作战回旋区域小。敌强我弱，方面军总部分析敌我情况和川北的地形特点以后，决定采取"收紧阵地，诱敌深入"的作战方针。

根据部队分兵发动群众所处的位置，红4方面军总部做出迎战部署：73师和11师位于南江的三江坝、木门、长池地区，对付敌左纵队；12师位于巴中地区，对付敌中、右纵队；218团位于南江东北的碑坝地区，同陕南方

红军时的陈再道

向警戒;陈再道的红10师位于通江东北的洪口场,对付敌刘存厚、杨森两部,保障方面军侧后安全。

1933年2月中旬,田颂尧率领白军向川陕边苏区发动全面进攻。

红10师对面的白军一个团的兵力分三路向红10师进攻,当敌人进入红10师火力区后,陈再道精心配置的轻重火力一齐开火,打得敌人无处躲藏,丢下一大堆尸体逃了回去。

不一会儿,在炮火的掩护下,敌人把3个团全部拉上来,再度向红10师阵地发起攻击。虽然遭到了大量杀伤,但是敌人仗着人多势众,仍然一步步地往上冲,并占领了前沿阵地。

前沿阵地被敌人占领,情况危急,陈再道立即派预备队直插敌人翼侧,并命正面部队乘势发起反击,把突入前沿阵地的敌人赶了下去,并以密集的火力追击敌人,一直把敌人赶到了山下。

第二天,白军刘存厚一个旅零两个团的兵力再度向红10师阵地进犯,双方激战了整整一天,红10师阵地岿然不动。

在我一线部队给进攻之敌以重大杀伤后,红4方面军总部根据预定的作战方案，命令一线部队逐步收缩阵地，诱敌深入，尔后再集中兵力消灭敌人。

田颂尧手下的队伍多是些"双枪"兵。打仗的时候，手里端着支步枪，背篓放着一杆烟枪，总是"双枪"不离身。他们在打仗之前吸足了鸦片，过够了烟瘾，一到战场上还真有一股冲劲。可一旦犯了烟瘾，又打哈欠，又流眼泪，顿时没了精神，非得赶快抽几口，才能挺起精神来。鸦片川军的致命弱点，只要顶住他前三板斧，他就没辙。

陈再道作战有瘾，听到枪声手就发痒，尤喜枪对枪、刀对刀、面对面的拼杀。他虽然已经担任师长，仍然在前沿冲锋。每次战前，红4方面军总指挥徐向前下作战命令时，一定会补充一句："不许陈再道、许世友两个家伙再打冲锋！"

一次，陈再道一马当先冲进敌群中。徐向前听说后，找到陈再道，问："骑兵团缺个排长，你看谁去合适？"

陈再道不知道他什么意思，不接话。

"我看你陈再道挺合适。"徐向前满脸严肃。

陈再道吓得不轻，连连求饶："报告总指挥，下次再也不敢了。"

经过一个月的休整补充后，田颂尧4月中旬又在全线发起猛攻。红军则以少数兵力依托险要地形与工事打击敌人，三天就毙伤敌3000余人。

红军虽然大量消耗了敌人，但是从总体上来讲，白军在数量上仍然占有很大的优势。为了集中优势兵力，进一步消耗敌人，找出敌人的漏洞，红军主动撤出通江城，再次收紧阵地至平溪坝、鹰龙山、鸡子岭、九子坡一线。

占领通江后，田颂尧喜出望外，认为红军已经无力还击，于是通电全川，说："匪自2月中旬至今伤亡过半，此乃总崩溃。我不待旬日之间，即可奏凯回师。"

求胜心切，田颂尧再次发动全线进攻：左纵队集中13个团主攻东边，中央纵队、右纵队则向通江以北推进，想将红军歼灭在苦草坝地区。

田颂尧攻势犀利，其实胜利的天平已经开始向红军倾倒。经过3个月的战斗，白军连遭打击，伤亡愈万，可以说已是强弩之末。左纵队13个团贸然进入空山坝以南柳林溪的崇山峻岭，补给困难，人员疲惫，士气沮丧，步步涉险，没有回旋余地。红军主动放弃通江，其实就是示弱。战线缩短后，主力集中，士气旺盛，战斗情绪极高；空山坝地区海拔高，境内群峰林立，树木参天，红军退可以据险固守，进可以居高临下强攻。

红4方面军总部认真分析了敌我优劣之势，决定以陈再道的红10师和红11师歼灭进占竹峪关之敌，然后迅速回师，集中兵力消灭柳林溪之敌。

5月15日深夜，红10师和红11师主力一举占领竹峪关西北、东北和东南的险要阵地，对敌人形成包围之势。

战士早已瞪大了眼睛，密切地注视着爬上来的敌人。因为战前作了规定，当敌人冲上来时，没有得到射击的命令，谁也不准提前扣动扳机。

战士们眼巴巴地望着敌人，焦急地等待着命令。敌人离阵地愈来愈近了，敌人急促的喘息声越来越清楚，陈再道才发出射击的命令。

一阵阵密集、猛烈的枪声打破了山区清晨的寂静，一发发聚积着愤怒的子弹射向前来送死的敌人。敌人还没反应过来，就已经被密集的子弹打翻在地。

次日，竹峪关之敌全线崩溃，陈再道率领部队一口气追出60余里，从而解除了我军反攻作战的后顾之忧。

为了干净彻底地歼灭柳林溪之敌，红4方面军总部确定以4个师的兵力迂回包围敌人。陈再道率领的红10师由空山坝以东及长坪地区攻敌右翼，尔后与其他部队一同聚歼敌人。

5月21日凌晨4时，总攻开始了。密集的枪声、震耳的炮声、红军战士们的呐喊声响彻天空，从睡梦中惊醒的敌人不知所措，乱成一团。有的赤条条地乱跑，有的操起枪却不知该往哪里射击。红军勇士挥着明晃晃的大刀，把负隅顽抗的敌人一个个砍倒在地。

天亮时，红10师和红11师切断了敌人的后路，红军正面部队随即发起猛攻，将敌13个团大部分割包围于余家湾、柳林溪地区。经过三昼夜激战，红军全歼敌7个团，击溃其6个团，毙伤俘敌旅长杨选福以下官兵近5000人，缴获长短枪 3000 余支，机枪 20 余挺，迫击炮 50 余门。

空山坝大捷后，白军已陷于全线崩溃。我军穷追猛打，不断进击。陈再道率领着红 10 师乘胜前进，进抵土地堡。红 11 师收复长池、木门，逼近苍溪。红 73 师收复通江后，又收复了巴中城，威逼仪陇。白军在后撤中，人慌马乱，溃不成军，完全失去了抵抗能力。红军沿途又俘敌 6000 余人。

历时 4 个月的反围攻作战至此胜利结束。红军不但收复了失地，而且将根据地扩大一倍以上。白军损失近半，余部退守到嘉陵江沿岸。

三、进冀南智开局面

进冀南打鬼子，刘伯承语出惊人。

陈再道心中一顿：冀南是平汉路以东、沧石路以南、津浦路以西的平原地区。五个连队组建的东进纵队想在鬼子眼皮底子翻天，困难相当大。

刘伯承把一幅军用地图在陈再道面前展开，指着地图对他说："我们决定抽调五个连队组建一个东进纵队。再道同志，东进纵队由你担任司令员，菁玉同志当政委。冀南平原没有山地依托，光着屁股洗澡，全部露在外头，在平原创建根据地要比山里困难得多。不过我们大概计算了一下，敌人总兵力一半以上分布在整个华北，战线拉得太长，不可能在几个地方同时集中兵力作战，这是我们开展游击战争的有利条件。冀南有三四十个县，到处可以打游击，有很大的回旋余地，那里又有广大的抗日民众，特别是有地下党的工作基础，东进纵队可以说是如鱼得水。"

陈再道一边心中大宽，一边从心里暗暗佩服刘伯承的雄才大略：还没有出战就已掌握先机，师长真不是一般的神。

回到部队，陈再道向陈赓旅长提出创建东进纵队的建议：新部队主要由769 团抽调，并从全旅抽调些骑兵组成 1 个骑兵连，因为骑兵在平原可以充分显示威力。

东纵组建后，进行了十多天的动员教育，陈再道和李菁玉便率领部队下了太行山，开赴冀南。

此时的冀南局面极为混乱、复杂。日军已先后占领邢台、邯郸、德州等地，冀南腹地大部分县城也曾一度被日军占领。日军大部南下进攻武汉后，仅威县、平乡、临清、馆陶、大名等少数县留有日军守护，其余县城都组织了伪政权或维持会驻有大量的伪军，有些地方的保安团也被编为伪军。

国民党的专员、县长早就闻风而逃，整个冀南地区陷入混乱的状态。土匪、游杂武装、会道门打着"抗日"、"保家自卫"的旗号乘机蜂拥而起，一时司令如毛、土匪满地。各种会道门如六离会、白极会、地坎会、大刀会、红枪会等处处设坛摆场，有的与日伪军勾结，有的为扩充自己的势力，互相兼并。他们到处烧杀抢掠，无恶不作，闹得广大群众不得安宁，苦不堪言。

1938 年 1 月 15 日，陈再道率东进纵队经过一天的行军到达隆平县（今尧县）有百余户人家魏家庄。

部队一进村，村中顿时鸡飞狗跳，家家户户大门紧闭。老百姓都吓坏了，这乱世年代，惹什么别惹大兵。

陈再道和和气气的敲门，说明部队是红军改编的八路军。一传十，十快百，听说是从前的红军，老百姓很快打开了紧关的门，走了出来。

到了下午，部队为晚上宿营进行准备，司令部的一位科长为一块铺板同老百姓发生了争吵。

陈再道知道后，当即狠狠地批评了那位科长，并且领着他向老百姓道歉，主动请罪。老百姓看到当官的都亲自来请罪，当即握着他的手，称赞东进纵队纪律严明。事后，陈再道立即命令部队露宿村外，又命令战士给老百姓挑水扫地、干农活。

第二天下午，东纵与先期到这里的挺进支队会合了。挺进支队组建于

1937年11月初，由孙继先任司令员、胥光义任政委，战士都是从129师教导团调出的，共300余人，在这里做了不少工作。

刚落座不久，侦察参谋领着一个衣衫褴褛、面带倦容、年约30岁的人来见陈再道。不等参谋介绍，这人就眼含着泪花、紧紧握住了陈再道的手，兴奋地说："可找到你们了，可把你们盼来了！"说着急忙撕开衣襟，从里面取出一封信交给陈再道。

李菁玉眼睛一亮，一把抱住来人。来人名叫张子衡，是地方党派来的联络员，和李菁玉可是老熟人了。

张子衡带来一个重要情报：巨鹿县保安团正和土匪刘磨头、邱庆福等人的队伍火并，双方打得热火朝天，已经打了十几天了。刘磨头是盘踞在任县、隆平一带的惯匪，作恶多端，群众恨之入骨。近来他打着"抗日义勇军"的旗号，收容了国民党军队的散兵游勇，居然拉起一支三四千人的队伍。巨鹿县保安团长王文珍，警察局长规福喜、国民党县政府秘书刘建三等人接受了日军的委任，筹组维持会。保安团近千人，人数虽然没有土匪多，但老兵多，装备好，自己还会造手榴弹。抗日战争爆发前，巨鹿县保安团曾围剿过刘磨头。

进军冀南的陈再道（中）和战友在一起

刘磨头现在人多势众，要报"一箭之仇"，并乘机扩展地盘，于是扬言要"打进巨鹿城过年"。

冀南有大小土匪武装 120 余股，大都对交战持观望态度。陈再道决定按照党的抗日民族统一战线政策，从中进行调解，劝说双方停止火并，争取他们共同抗日，借此扩大八路军的影响。

陈再道将部队移驻紧靠火并地区的任县邢家湾，对交战的双方形成重压。随后，派人去劝说刘磨头、巨鹿城保安团停火。

果然不出陈再道所料。派到刘磨头那里的代表当天就回来了，称刘磨头答应停火；巨鹿县王文珍回信欢迎东进纵队代表到巨鹿城进行商谈。

张子衡熟悉巨鹿的情况，自告奋勇参加谈判。谈判中，王文珍提出只要刘磨头停火，保安团就撤回巨鹿城，并以种种借口想阻止东进纵队开进巨鹿城。张子衡义正词严地指出他的行为是不顾民族大义、国家危亡的行径，并称如果一意孤行，将会受到最严厉的打击。王文珍软下来，却只同意停火。

强行入城固然可以，但容易发生武装冲突。东进纵队初到冀南，群众对部队不了解，一旦有人伤风造谣，既不利于争取保安部队，也不利于团结广大群众。城是一定要进，但一定要讲究策略。陈再道建议李菁玉和张子衡继续进行谈判，自己带着部队开到城西的张家庄一带驻下。

第二天，天气晴朗，万里无云。陈再道派骑兵连在城外拉练。城外一片沙土地，又是冬季干旱。骑兵一跑动，顿时尘土飞扬，引得城内观看的百姓一片惊呼。

王文珍吓得不轻，八路军这是要攻城，急忙以巨鹿县政府、保安团、警察局等名义邀请陈再道进城去赴宴，说是表示对东进纵队的欢迎。

陈再道有心给他们压力，于是以研究敌情为由谢绝了。王文珍心中不安，又派人来请。陈再道还是一口拒绝：军务繁忙，脱不开身。

八路这是要霸王硬上弓，王文珍慌了手脚，急忙恳求李菁玉出面说话。陈再道看到事情差不多，于是带了两个骑兵警卫员就进了巨鹿城。

宴会上，王文珍低着头、一声不吭地坐在陈再道的对面。陈再道先谈了统一战线的政策，接着提高嗓门严肃地说："凡是抗日的都是我们的朋友，想当汉奸的，老子第一个饶不过他。"

王文珍的头埋得更低，脸上青一块红一块，陈再道将话头收了回来，说："共产党和八路军以国家民族利益为重，只要抗日，就不计前仇、不念旧恶！"国民党县政府秘书刘建三长出了一口气，站起来连声说："贵党宽大为怀，兄弟十分敬佩，我等一定以抗日为重。"

解决保安团和土匪的火并问题，时称"巨鹿事件"。"巨鹿事件"的和平解决是八路军到冀南后执行抗日民族统一战线政策所取得的第一个重大胜利。"巨鹿事件"解决后，南宫、清河、冀县、新河等具的各界人士纷纷派代表请八路军前去安定社会秩序，领导他们抗日。

四、擒匪首智取水岛

门可以打开，也可以关上。

冀南地区的一些土匪虽然一时答应抗日，却很快反悔，不仅不抗日，而且暗中与日伪军勾结，继续危害百姓。民愤如潮，陈再道于是决心替民除害。

邱庆福原来是盘踞在隆平一带的土匪头子，一度接受东纵收编。不久，邱庆福倚仗其人多武器好，积极地扩大地盘，竟带着部队到南宫县城附近烧、杀、抢、掠，祸害群众。

陈再道多次令他不得扰害百姓，率部返回原驻地，邱庆福却是恶行不断。此恶不除，南宫的百姓就会吃饭饭不香、睡觉心不安。陈再道决定除掉这个祸害。

东纵在南宫只有两个连，想要除掉邱庆福，只怕给人填牙缝都不够。陈再道不急，干吗非得往墙上撞，刨墙角也行。

陈再道将两个连悄悄带到邱庆福那里，自己则带着几个人去见邱庆福，称要检阅部队。邱庆福部驻扎在南宫城北樊家庄一个大场子里，场子旁边有条干壕沟，后边有一条一人深的壕沟，易攻难守。

陈再道让程光启给邱庆福部讲话，同时命令战士在房顶上隐蔽处设了几挺机枪。

一切安排后，陈再道命令邱庆福到司令部开会。邱庆福不想抗日，却也不敢和陈再道翻脸，心中有鬼，于是带着十多个护兵就往司令部走。

刚到司令部大门，接待的人员就告诉邱庆福：里面屋子小，容不小这么多人。

邱庆福没有多心，手一挥，带着三个贴身侍卫就往里走，其他人都留在外面。司令部里面不见人走动，邱庆福心中一宽，自己有点多心了。

几个人走到第二道门，一个卫兵迎了上来：陈司令有要事请邱司令商谈，其他人在外面等着。

要事相谈，自然知道得人越少越好。邱庆福无可奈何，只得只身走进后院。刚要敲门，就觉风声大作，随即跌倒在地，被人死死地压在地上。

邱庆福刚要开口叫喊，只觉头上一凉，一枝枪已经顶在自己的头上。陈再道笑呵呵地走了出来，命令邱庆福部中队长以上的干部前来司令部"开会"，随后缴了他们的枪。

只见人进不见人出，邱庆福部队中的汉奸、特务和个别死硬分子感到事情不妙，于是操起枪枝就往司令部冲来。

早就埋伏好的东纵迅即抢先射击，房上的机枪也同时开火。邱庆福部队后退无路，乱作一团，到处乱窜，有的跳进水里，有的被打死或打伤，有几个匪头跑到东纵司令部跟前，作了俘虏。邱庆福和他的部队就这样全部被解决了。

邱庆福刚死，宋任穷和陈再道就决定4月初进剿刘磨头。刘磨头曾经接受东纵的收编，但收编过程却是一波三折。

抗日纵队来到冀南后，当地的各大势力立即联合起来，妄图趁陈再道部在冀南地区立足不稳的机会全歼抗日纵队。邱庆福、甄福喜、刘磨头等人联合在南宫城北樊家庄的匪司令部宴请陈再道，说要给他接风。说是接风，其实就是设的鸿门宴。一座三进的院子的房顶上架好了几挺机枪,院里院外三步一岗,五步一哨。

陈再道只带了三名战士进院赴宴。席间,刘磨头不断敬酒致辞,正当刘磨头走过来再次敬酒时,陈再道掏出手枪,扭住刘磨头,厉声喝道:"叫你们的人放下武器,不然的话,就先毙了你!"

刘磨头战战兢兢地命令手下人放下武器,随陈再道进来的两名战士向埋伏在村外的部队发出了讯号。陈再道把土匪集合起来进行教育,晓以抗日大义,阐述我党的抗日方针、政策,然后对各派势力进行收编。

刘磨头率领的土匪盘踞在任县县城东北10余里的环水岛。该岛四周被水环绕,与滏阳河相连,东南北三面水深三尺,水面宽阔,不易徒涉,犹如一个小小的"梁山泊",易守难攻。刘磨头在这里盘踞20多年,国民党29师多次派部队围剿,都无功而返。

陈再道决定由骑兵团、东纵一部和当地武装共同完成这一任务,并召集参加作战的领导干部研究作战方案。最后,大家认为最好智取,不可强攻。

参战部队到达隆平、任县地区后,地方党的同志一听说要端刘磨头的老窝,当场就乐坏了:刘磨头在这一带横行多年,可把这一片的百姓坑死了。

地方党的负责同志提出可以找刘磨头手下的一个头目刘福子帮忙。刘福子虽是土匪,却有心抗日。东进纵队到达冀南后,他以探听虚实为由从环水岛出来,想与我地方党建立联系。如果由他乘船带路,就可以直捣环水岛。

听说带路攻打刘磨头,刘福子开始有些犹豫,担心一旦东纵消灭不了刘磨头,自己可就得提着脑袋过日子。地方党的负责同志一再做思想工作,他才接受了这一任务。

4月4日拂晓,大雾弥漫,陈再道率东纵骑兵大队一部用几挺机枪封锁了环水岛通滏阳河的水面,防止敌人乘船逃跑,同时以一个排为突击队,乘船在刘福子引导下向环水岛西岸疾进。

突击队距岛100米时,岛上的哨兵高声问话,刘福子回答:"我是刘福子,外出回来了!"哨兵一听是刘福子,再也没有吭气。东纵部队顺利地摸上岛,悄无声息地干掉哨兵，立即发起攻击，将土匪围在一个四合院内。经过激战和政治瓦解，顽匪全部被歼，毙伤匪徒百余人，俘200多人。

与此同时，东纵骑兵团亦将驻在永福庄、郑家庄一带的刘磨头部消灭，歼匪500余人，缴获轻重机枪8挺，长短枪400余支。

在消灭邱庆福、刘磨头两股土匪武装的同时，陈再道对冀南其他地区一些坚决与我为敌的土匪、伪军也进行了打击。在威县南里村消灭了赵山峰部，在曲周县消灭肖耀成部，在临清之唐园消灭了张义等部。不少小股土匪慑于东纵的强大威力，有的投降，有的销声匿迹。自此以后，社会秩序大为安定，群众的抗日热情更高了。

短短几个月里，东纵协助冀南党组织建立了20多个县的政权，纵队也由500多人发展到1万余人。由原来的5个连逐步发展到3个团。东纵政治委员改由宋任穷担任，政治部主任是胥光义，参谋长是卜盛光。

为统一领导冀南各方面的工作，1938年4月15日在南宫县召开了有各界代表和友军代表参加的会议，正式成立了冀南抗日军政委员会筹备会，巨鹿名绅乔铭阁当选为主任委员。军政委员会制定了敌后抗战的施政纲领，建立了县级政权以及游击队、自卫队的组织，冀南抗日军政委员会的成立，对于全面开展根据地的工作起了积极作用。它标志着我党我军已经在冀南站稳了脚跟，冀南已形成了平原抗日根据地。

五、撑心骨激战冀南

1940年5月冀南军区部队实行整编，冀南军区和东进纵队的领导机构合并，撤销了东纵番号，所有在冀南区内我党领导下的抗日武装统归军区领导，陈再道出任军区司令员，宋任穷任军区政委。冀南军区所辖主力部队按照 129 师统一编制序列，分别编为新 4 旅，新 7 旅、新 8 旅和新 9 旅四个野战旅。整编后，冀南军区所辖部队即投入轰轰烈烈的军事和政治整训，经过整训进一步提高了部队的军政素质。

根据抗日斗争形势不断发展的需要，为打破日军对抗日根据地实行的"囚笼政策"，冀南抗日军民于 7 月份开展了声势浩大的破击德石路战斗。10 余天时间，破坏公路 180 华里，铁路 25 华里。在此期间，军区所属第 25 团在苏区地区设伏，仅十余分钟战斗即歼日军数十人，缴获枪炮战马一批。129 师首长高度评价这次战斗是"创造了平原地区迅速、干脆消灭敌人设伏战的范例"，第 18 集团军总部也通令嘉奖。

抗战佳绩不断，冀南军区所属第 5 军分区司令员葛贵斋却动起了投向日本人的念头。

葛贵斋当过国民党兵。抗战初期，他拉起了一支 3000 余人的"抗日义勇军"接受东进纵队的改编。名义上成了八路军，葛贵斋却改不了国民党兵痞的作风，违反军纪的事情不断：偷向敌占区运销粮棉，排挤和打击军区派来的部队政工干部，甚至扬言要将所属某团政委胡炳章装进麻袋扔到河里。

党组织对他多次教育，葛贵斋反而觉得心中不爽：老子要枪有枪，要人有人，凭什么受这鸟气、吃这鸟苦。

葛贵斋的言行引起了陈再道、宋任穷等军区领导同志的警惕。为了防止葛贵斋投敌，陈再道命令刘建章、赵义京密切注视他的行动，随时将情况上报军区。

一天拂晓时分，陈再道突然接到五分区部队有异动的报告。情况紧急，他顾不上集合部队，带着几十名骑兵就朝五分区疾驰。到了分区院里，平时人来人往的军分区空空荡荡，连个人影都看不到。

葛贵斋带着部队投敌了！陈再道带领骑兵就朝连镇方向追去，葛贵斋想要躲过八路军的追击，最近的连镇日军据点是最安全的地方。

葛贵斋确实是带着部队直奔连镇的日军据点。虽说距离不远，葛贵斋仍然足够的谨慎，他命人在龙华以东的一个干河床上对着来路架起机枪。只要有人，不问青红皂白，只管开枪射击。他自己则带领几个心腹去日军据点联络接应事宜。

陈再道追到河床时，天已放亮。他一眼看见对面有部队拿着机枪封锁去路，判断这是五分区的部队，于是不顾危险，勒住马头大喊道："我是陈再道！"

陈再道在五分区检查工作时曾给这个部队讲过话，五分区部队的士兵一听是军区陈司令员来了，都面面相觑，放在扳机上的手松了下来。

陈再道又喊道："葛贵斋要带你们投降日本人当汉奸，你们不要上当。想抗日的，现在就跟我回去；想当汉奸的，我今天放你们走，以后咱们战场上见！"

这时，被胁骗的部队才知道葛贵斋是要去投奔日本人，人群中顿时一阵涌动：是走是留，汉奸和八路，这中间的差别大了。

涌动间，有人扛着枪朝陈再道走来，接着越来越多的人都朝这边走动。结果，整个部队潮水一般涌来，跟着陈再道返回驻地。

葛贵斋带着日军兴冲冲地返回河岸，河岸边空无一人。带队的日军队长气得不行，拔出军刀就是一劈，将他来了个热血冲天。

1941 年 8 月至 9 月，冀南军区进行了大规模的秋季破击战役。陈再道、宋任穷等军区首长将部队分成南北两线，发动群众，破击敌交通线，并伺机攻克、摧毁沿线敌据点和碉堡，致使北线南宫大高村至清河王官庄的王高路，南线成安至大名的公路陷于瘫痪，从而隔断了敌人在成安、临漳、大名各县之间的联系。这次战役，冀南军区部队作战百余次，歼敌近 2000 余人，攻克据点、碉堡 128 处，有力打击了敌人分割"吞食"冀南抗日根据地的阴谋，大大鼓舞了全区抗日军民坚持斗争的决心。

1942 年，冀南抗日斗争进入了最残酷的阶段。这一年，日军对冀南根据地"扫荡"合围和袭击达 730 次，一次出动兵力 2000 人以上的合围就达 13 次，冀南党政军领导机关和部队蒙受了重大损失。

面对严峻的斗争形势，冀南党政军领导机关和部队依靠广大人民群众，机智灵活的与敌周旋，坚持斗争。军区政治部主任刘志坚在六分区召集会议时，突然遭到日军包围。刘志坚骑着马突围，不幸腿被打断，被日军抓去，关在大营据点。

得知消息后，陈再道、宋任穷立即决定实施营救。不久，陈再道得知日军将把刘志坚押送至枣强县城，于是，立即命令六分区司令员易良品组织营救，对他说："人一定得给我救回来！志坚回不来，你就不用再见我！"

易良品正准备调集部队强攻大营据点，20团的两个连由楚大明副团长率领路过这里，准备到军区后方机关领取全团的棉衣。

天上掉下群好帮手，易良品心中一喜，当即命令他们先救刘志坚主任，然后再领棉衣。

强手来援，据点方面又传来好消息：明天日军要将刘志坚押送到枣强，押送的敌人不太多，只有三四十个人。

机不可失，易良品当即令楚大明率两个连埋伏在大营、恩察之间的南宫庄附近的公路两侧，准备打伏击救人。

部队进入预伏阵地后，楚大明命令4连负责抢救、6连从4连左翼攻击押运的日军，切断日伪联系，保证4团完成抢救任务。

10月20日8时左右，押送刘志坚的日伪军进入伏击圈。军号嘹亮，6连连长稽振江、指导员赵贵海带着连队就冲下了山坡，向日军展开猛烈攻击，把日军和伪军分割开来。4连则呐喊着冲向伪军和运送刘志坚的大车。

为了不伤害刘志坚，4连一枪不放。伪军早就和八路有了联系，看到八路来了，对着天空就是一阵乱枪，震得人的耳朵都聋了。

4连4班班长纪志明一马当先，率全班冲到大车旁边。几个战士将刘志坚抬了下来，纪志明背起他撒腿就跑，刘志坚被成功救出。

正当冀南区党政军民同仇敌忾与强敌进行艰苦卓绝的斗争时，冀南又出现了几十年未遇的大旱灾。

从1943年入春开始，旱情持续长达8个月时间。9月初，却又连下7场大雨，许多地方尽成泡泽。祸不单行，紧接着又是蝗虫和冰雹，富饶的冀南平原顿时出现一片饿死人的景象，外出逃荒人数达百万以上，因饥饿、疾病死亡者在 30 万人左右。

面对严重的天灾人祸，冀南党政军民始终团结一心，生产自救，实行精兵简政，和人民群众同甘共苦，共度灾荒。作为冀南最高军事首长，陈再道一方面，指挥部队积极打击敌人。另一方面，他和广大军民一样，参加春耕，主动节约口粮，投身生产自救。

有时行军打仗肚子饿了，警卫员要弄饭，陈再道怕惊扰艰难度日的群众，予以劝止。他要求大家做到能少吃就少吃，能不吃就不吃，给乡亲们留下活命粮。就是凭着这种精神，凭着各兄弟根据地的大力支援，冀南军民终于彻底战胜灾荒，迎来抗日斗争形势的好转。

六、复羊山胆大吃肉

战火又见战火。

抗战胜利后，久经战乱的中国人民迎来的不是和平，而是蒋介石苦心准备的和共产党之间的内战。

1947 年 7 月，晋冀鲁豫野战军强渡黄河后，刘伯承、邓小平决定歼灭巨野东南至金乡西北国民党军 70 师、32 师和 66 师三个整编师。

66 师驻守金乡城西北的羊山集，部队装备精良，在羊山集筑有坚固的工事。66 师中将师长宋瑞珂是黄埔军校第三期学生，打仗也是一把好手。刘伯承、邓小平把攻打羊山集的任务交给冀鲁豫野战军第 2 纵和第 3 纵，第 2 纵队担任主攻任务，第 3 纵队则负责助攻。

第 2 纵司令员陈再道和第 3 纵队司令员陈锡联一碰头，最后决定 2 纵从西面攻，3 纵从东面攻，冀鲁豫独立旅在南面打援。

17 日黄昏，各路突击部队同时向羊山集和羊山展开攻击。炮声、枪声和手榴弹的爆炸声响成一片。

解放军攻势如潮，敌 66 师的抵抗异常顽强。我军每前进一步，都要付出很大的代价。经过一夜激战，2 纵只攻占了羊山集西端部分民房，3 纵只占领了羊山东面一些山头和羊山集东街部分民房。

第二天一早，敌 66 师就开始反击。由于我军暴露在敌火力网下，加上队形密集，部队遭到重大伤亡，竟有十几个旅团干部负了伤。无奈之下，我攻击部队大部撤了下来。

羊山集的鏖战引起了远在陕北的毛泽东的注意。23 日，中央军委和毛泽东给刘邓发来电报，明确指示：羊山集若是一时拿不下来，就不再打了，调整部队赶快南下。

蒋介石得知我军围攻羊山集，派出大批飞机进行轰炸，援助羊山集一带守敌。

打，还是撤，刘伯承、邓小平决定征询一下一线指挥员的意见。

刘伯承打电话给陈再道："你透个底，是想继续打？还是想撤下来？"

"打下去，送到嘴边的肥肉不能扔了！"陈再道斩钉截铁地回答道。

陈再道和纵队几个领导下到前沿阵地，火线侦察地形，总结了前几次攻击失利的原因，制订了新的总攻方案，刘伯承、邓小平很快下达了总攻命令。

7 月 27 日下午 6 时半，我各路大军开始向羊山发起攻击。

榴弹炮、野炮、山炮和迫击炮朝着羊山山头不停地轰击，整个羊山硝烟弥漫，炮声雷鸣。战士们随着炮火延伸，向羊山主峰和羊山大街发起冲击。

7 月 28 日，下起了蒙蒙细雨，陈再道首先冲出掩体，组织第二次攻击。敌人又开始炮击。作战参谋拉住他，要他进掩体，他全然不顾。这时，一颗炮弹在他身边爆炸，一块弹片打进了他的左臂。他让医生包扎了一下，命令炮火压住敌人，带着部队继续往山顶冲。

战至 22 时，我军攻克羊山，占领了羊山制高点。国民党军虽多次进行反冲击，企图夺回羊山主峰，均被我们攻占主峰的部队打退。

3 纵第 6 旅 3 个团从西关冲进西大街，逐屋逐院向东发展，13 团的部队也从羊尾冲进羊山集。陈锡联的 3 纵部队从东面攻进东大街。整个羊山集的敌人被我军攻击部队分割包围。

但是敌人仍在顽抗，巷战激烈。我军每占领一个碉堡都要经过激烈拼搏。6 旅 18 团攻到大街中心，一座坚固的地堡出现在眼前，地堡内 4 挺机枪封锁了我军前进的道路。团长李开道当即命令 1 连连长刘茂盛将这座碉堡干掉。2 班的战斗小组姜金城、于树贞两人带上许多手榴弹冲向碉堡。开始他们从射击口夺敌人的机枪，由于枪筒打得火烫，夺了几次没有成功。最后他们把 8 颗手榴弹捆在一起从射击口塞进碉堡，"轰轰"几下爆炸声，碉堡里的机枪不响了。

7 月 28 日上午，羊山集的枪炮声渐渐稀疏。陈再道从掩体里走出来，想到羊山大街看看情况，作战参谋一把拉住陈再道，不让出去。因为金乡城内的国民党军的榴弹炮正盲目地向羊山集发射。陈再道刚回到掩体，外边的炮弹就爆炸了，尘土溅了他一身。

打了整整 12 天的羊山集战斗，最终以我军胜利而结束。此战歼敌 1.4 万余人，加上羊山外围作战共歼敌 2.3 万余人。

许多年以后，当陈再道回首往事时，万分感慨地说："羊山集这一仗是我打得最艰苦的一仗！牺牲的战士也最多！"

羊山集之战结束后，不常作诗的刘伯承高兴之余欣然命笔，赋诗一首：

狼山战捷复羊山，

炮火雷鸣烟雾间。

千万居民齐拍手，

欣看子弟夺城关。

优雅儒将

——肖 华

　　肖华（1916-1985），1916年出生于江西省兴国县一户贫苦工人家庭。13岁担任共青团兴国县委书记。1930年调入中国工农红军。土地革命战争时期，任红4军军委青年委员、团政治委员、红军总政治部青年部部长、少共国际师政治委员、红1军团政治部组织部部长、红2师政治委员。抗日战争时期，任八路军第115师政治部副主任、第343旅政治委员、八路军东进抗日挺进纵队司令员兼政治委员、鲁西军区政治委员、第115师政治部主任兼山东军区政治部主任。解放战争时期，任辽东军区司令员兼政治委员、中共中央东北局委员、辽东省委书记、中共中央南满分局副书记、南满军区副司令员副政治委员、东北野战军第1、第13兵团政治委员，第4野战军特种兵司令员。新中国成立后，历任空军政治委员、总政治部副主任、总干部部部长、总政治部主任，兰州军区第一政委、党委第一书记，甘肃省委书记。1955年被授予上将军衔。

一、传情报赤崽革命

肖华的父亲是一位建筑工人。中国共产党在兴国闹革命时，他带头参加了工会组织，并被选为泥水工会委员长、县工会执行委员，加入中国共产党后，任过区党委书记。肖华的母亲也是共产党员，任过县城区妇女主任。

四一二反革命政变后，兴国县的党团活动被迫转入地下。肖华的家成了兴国县党的秘密交通站和联络站，许多党的地下干部，如县委书记李春华、区委书记杨柳青等人都住在肖华的家里，并在这里接上了党的关系。不少党的重要文件都是经过这里传递到各乡各镇的。

由于肖华年小机灵，不大引人注意，于是常常担负起大人不便胜任的送信任务。不过，随着敌人的盘查日益严密，也常发生险情。

一天，肖华去江北送信，在路口被警察拦住了。

"站住，干什么去？"

"走亲戚。"肖华放下手中的筐子，不慌不忙地回答道。

警察将信将疑，把筐子翻了个底朝天，又把肖华上上下下搜了个遍，折腾了半天，什么也没有查出来，只好放了他。

其实，文件就写在肖华的衣服上。为防不测，大人们用米汤把密信写在他的衣服上。到目的地后，将衣服浸入清水，再在太阳下一晒，字就露出来了。

1927年初，肖华积极投身于革命活动，并经人介绍参加了中国共产党的外围组织"赣南青干社"。

1928年12月，肖华加入了共产主义青年团。当时县里还没有建立共青团支部，肖华因此被编入党支部过组织生活。在党组织的直接领导下和党员的带领和帮助下，肖华更加积极地参加党的工作。

肖华刚入团不久，便接到党组织交给的一项极为重要的任务：由他和青干社的几名同志一起把化装成百姓的游击队战士带进县城隐蔽起来。

夜幕降临后，肖华又和青干社的同志进入城内，秘密地用木炭棒，在地主老财以及反动分子家的大门上画上标记，让武装暴动的同志进入城内以便找准攻击目标。他们还送出了一些联络通知，在一些主要地方贴上了标语，撒了不少传单，为举行暴动前做好各种准备工作。

夜深人静时，党组织带领游击队和参加暴动的工农群众，端着枪，举着大刀、梭镖，拿着斧子、锄头等作为武器，涌入城内，分兵迅速控制主要路段和重要路口。浩浩荡荡的人群，前呼后拥，如狂风骤雨，锐不可当。顿时，整个县城，枪声、喊杀声响成一片。人声鼎沸，热火朝天。平时穷凶极恶、丧心病狂的人钻进了床下，藏进了地窖，爬上了楼顶，但他们哪里想到，暴动队员按照肖华等人做的记号，一进城就包围了他们的房屋，他们已插翅难逃。暴动队很快就把反动分子一个个抓了起来，控制住了整个县城。

往日杀气腾腾、如狼似虎的家伙一个个成了叩头虫；往日张牙舞爪、面目可憎的反动武装人员今日却乖乖听话，缴械投降了。

恶有恶报，红军处决了罪大恶极的县警察局长，为许多受到侵害的老百姓报了仇。

群众欢天喜地地走上街头，开仓分粮。打开监狱，放出了被无辜关押的人们。斗争土豪劣绅，废除借契。群情振奋，人心大快。

城里的那些堆金积玉、不劳而食的富豪，狗仗人势，鱼肉百姓的恶棍吓得惊恐万状。有的面如土色，手足无措；有的侧足而立，目瞪口呆；有的提心吊胆，食不下咽。

肖华通过参加暴动，在激烈的斗争中，受到了教育，得到了锻炼，认识到只要把人民群众组织起来、工农学商团结起来，就能发挥出巨大力量，战胜敌人。

为了迎接毛泽东、朱德率领的红军到兴国，兴国县的党组织领导游击队和农民自卫队等群众组织，于 1929 年 8 月又举行了第二次武装暴动，攻占了县城，为红军挺进赣南、闽西创造了有利条件。肖华带领一群青年学生在暴动中进行宣传鼓动工作，喊口号，贴标语，搞得非常活跃。

二、露尖角深获君心

1929 年 4 月，春回大地。

一天，肖华等人正在街上写标语，就看到一支穿灰军装的队伍精神抖擞地开进了县城。听说是毛泽东、朱德领导的红军来到兴国，肖华心里非常高兴，一头钻进了欢迎红军的行列中。

毛泽东住进文昌宫后，开办了土地革命干部训练班。肖华被推选参加训练班学习。

训练班就开设在崇圣祠里。每个人发一块红布印的出入证，自备文件袋、饭袋、灯笼和草鞋，住在崇圣祠的小楼的草铺上。当时纸张很缺，肖华他们就从国民党县党部丢下的废纸堆里选了一些红、绿色纸和一些表格纸，翻过来印讲义。大部分教材都是毛委员亲自编写的。

训练班的课程有中共六大的文件、土地革命、政权建设、党的建设，以及怎样做社会调查和群众工作等。毛委员给训练班上了第一课，他宣布了训练班的宗旨、学习内容和方法。

听到毛泽东通俗生动、言之成理的讲课，肖华心里既高兴又激动。他觉得这些问题都是很新鲜、很重要的，于是暗下决心要学好。每天吃完饭，他就拿起讲义，专心致志地阅读。晚上熄灯后，他躺在床上回忆、思考白天学过的知识。

肖华先后担任共青团兴国县委组织委员和共青团兴国县委书记，他把学到的革命理论和工作方法运用到自己的工作中。不到1年的时间，他跑遍了全县14个区的60多个乡，搞调查研究，积极开展团的工作，在每个区建立一个共青团区委，每个乡建立一个团支部，团员也从几十人发展到1000多人。

1930年3月，毛泽东第二次到兴国县搞调查研究、指导工作，仍住在潋江书院文昌宫。

毛泽东听县委负责人汇报工作，县委负责人说团县委书记肖华年纪虽小却很有能力，工作搞得很好。

肖华参加干训班时，毛泽东对他就有印象。听县委负责人这么一说，顿时就起了好奇心，于是派警卫员小王去找肖华。

"你叫肖华吗？毛委员要找你。"小王经人指点后，找到肖华说。

肖华听说毛委员要找自己谈话，心中不禁有点儿紧张，毛委员找自己有什么事，自己心中可一点底都没有。

肖华进入毛泽东的办公室后，见毛委员坐在靠椅上看《兴国县县志》。

毛泽东见他来了，拉他在一条长椅子上坐下，笑着说："找你这个小团县委书记来，是想了解一下兴国县共青团工作情况。"

肖华开始有些拘束，毛泽东问什么，他就回答什么。毛泽东问了许多问题：从全县有多少个共青团的支部，发展了多少团员，到共青团的各项工作

土地革命时期农会斗地主

如何开展等等，甚至对全县有多少儿童团员都一一问到了。

肖华回答得很认真，毛泽东仔细地听着，并时不时微笑地看着他。肖华的胆子开始大起来，把共青团的工作情况从头到尾地讲给毛泽东听，告诉他团员由最初的几十个人已经发展到 10000 多人，而且各乡还以共青团员为骨干组织起了少年先锋队，每个村子都成立了儿童团，全县绝大部分青少年都在革命的旗帜下组织起来了。

毛泽东听了连连点头称好，指示今后共青团的工作重点还是发动青少年参加打土豪分田地的土地革命，抓好对青少年的宣传教育，动员青年随时准备参军参战。

毛泽东的接见和所作的指示，使肖华深受教育和鼓舞。他考虑问题的思路更宽了，问题看得更远了。

快到吃午饭的时间了，毛委员热情地留下肖华吃饭，除了从伙房打来一盆南瓜菜外，还派人到附近的"美食居"买来了饺子。毛泽东兴致很好，用筷子指着刚端上来的一盘饺子笑着说："昨天同志们请我吃你们兴国的那个'四星望月（一笼粉蒸肉配四盘小菜）、今天我请你吃饺子。"

毛泽东这次在兴国亲自指导召开了兴国县第一次工农兵代表大会，成立了兴国县苏维埃政府。正式批准颁发了《兴国县苏维埃政府土地法》等文件。

为了建设红军和创建革命根据地，毛泽东曾先后七次到兴国进行调查研究，写出了著名的《兴国调查》、《长岗乡调查》等文献。从与毛泽东接触中和从他的著作中，肖华学到了很多知识，汲取了丰富的政治营养，为自己的茁壮成长打下了良好的基础。

肖华向毛泽东提出要参军，考虑他是地方政权建设的骨干，毛泽东对他的入伍问题没有马上表态，而是鼓励他继续干好共青团的工作。

这次谈话后，肖华的工作方向更加明确了，他和团委的同志一起深入农村，对团员和青年进行宣传教育。革命真理像春风吹进了青年的心扉，像种子扎进了青年的心里。第一次苏区扩红时，兴国就有 10000 多名青年参加红军。在"红五月"扩红时，广大青年踊跃参军，仅一个星期就组成闻名整个苏区的"兴国模范师"。

三、入红军管青年团

肖华一直想参军拿起枪与敌人直接厮杀，这种想法，随着年龄的增长越来越强烈。在他的再三强烈要求下，最后组织上决定以调动工作的形式将他调入部队工作。1930 年 6 月，肖华被任命为红 4 军军委青年委员。

一天，肖华赶到樟树镇红 4 军军部，见到了红 4 军政治委员罗荣桓。罗荣桓早就听说肖华年龄小，工作很能干，是一位优秀的团干部，很欢迎他到部队工作，并高兴地向他介绍了党组织关于在红 4 军组建共青团总支的决定，要他具体负责这项工作。

"我刚到部队，情况不熟，还不晓得怎么做，怕……"肖华推辞道。

肖华，虽然没有说出怕什么，但一些人看出他的犹豫，怕他挑不起这副重担。罗荣桓深信肖华年龄虽小，但稳重老练，只要指导好，再重的担子他也能挑得起来，于是便鼓励他说："我知道你在兴国担任团县委书记，工作搞得蛮出色。毛委员还夸过你呢！他调你到红 4 军工作，就是相信能做好这个工作。"

毛委员都夸自己，肖华顿时心中一热：以后只有好好工作，才能对得起首长对自己的信任。

罗荣桓想到地方团的工作与部队有些不一样，于是，又向肖华介绍了部队青年工作的任务、特点和工作方法。要他先建设好团的组织，配全团的干部，健全团的组织生活，充分发挥青年党员和团员的模范作用，带领广大青年在战斗和执行各项任务中起先锋模范作用。

由于肖华虚心学习，认真努力工作，很快就在红4军中按编制建立了青年团组织，青年工作很快在部队普遍开展起来，促进了各项工作的开展和战斗任务的完成。

肖华到部队虽然时间不长，但却得到了很大的锻炼和提高。1930年7月，他由共青团员转为中国共产党正式党员。

青年委员主要是通过共青团组织做广大青年战士的工作。没有战斗任务时，主要是组织青年战士在"列宁室"里学习、娱乐，帮助不识字的战士认字，互相谈心，开展思想互助。执行战斗任务时，进行宣传鼓动工作，组织青年突击队，号召青年团员和优秀青年带头冲锋，开展杀敌竞赛、战斗立功活动。这些活动的开展，对巩固部队，发挥部队战斗力，保证各项任务的完成起到了重要作用，使共青团员成为党的有力助手，成为促进部队建设的群众组织。

1930年秋，肖华兼任红4军特务营3连政治委员。特务营是在部队攻克吉安后，由大批参军青年组建的，下辖4个连队。连队人多枪少，肖华所在的3连有近百名战士，但只有7支枪，基本上是用大刀、梭镖武装起来的。

直接负责连队工作对肖华来说还是头一回，好在他无论干什么都有一种身先士卒，勇往直前，百折不挠的精神，并且喜欢不耻下问，善于发挥党团员作用和群众的积极性。

"我们这个连是新组建的，都是新入伍的战士，你看工作怎么搞？"肖华一到连里，就和比他大10多岁的连长商量怎么搞好连队的工作。连长是从旧军队过来的，作战勇敢，工作也有魄力，但个性强，爱发脾气，与前几位在一起工作的政工干部关系处理得不够好，肖华想主动跟他搞好关系。

"连队的事情好办，以后我说怎么干，你就怎么干好了。"连长说得很干脆，屁大的小孩子当政委，能知道个啥。

"我是连里的政治委员，是党派到连队的代表，怎么能够你说怎么干就怎么干，哪能一个人说了算？"肖华不在乎连长看不起自己这个小政委，却极其担心连长一个人说了算的军阀思想残余破坏整个连队的战斗力和团结。

连长一脸愕然，这政委年纪虽小，却是讲话有理有节，不可小看。

肖华在工作中注意在坚持原则的基础上团结连长，积极支持连长的工作。连长有困难他能解囊相助，以沫相濡。两人相处逐渐融洽，一起带领连队干部抓好连队军事训练，发挥党团骨干作用，做好连队政治思想工作，把连队搞得很有生气。连队参加龙冈、东韶等7次战斗，士气高昂，打得很好，很有战斗力，受到了上级表扬。不久，肖华被任命为营教导员。

肖华被任命为营教导员后不久，就带领部队参加第2次反"围剿"的主攻任务。部队在战斗中打得英勇顽强，胜利地完成了上级交给的任务。

1932年1月，肖华作为红4军共青团组织的代表参加了在瑞金召开的共青团中央第一次代表大会。在会议期间，他第一次见到了周恩来副主席。会议结束后不久，肖华被调任红10师30团政治委员。在30团工作了几个月，又被任命为红1军团政治部青年部部长。

由于国民党反动派的破坏、封锁以及国民党连续"围剿"，红军物资供应极端困难，粮食、油盐、医药都奇缺，缺吃少穿，指战员的体质普遍较差。疥疮、疟疾等疾病普遍发生，严重影响部队的战斗力。面对部队的严峻形势，作为从第1军团调任红军总政治部青年部部长的肖华，提出在青年中开展一个"四不、五要、三努力"的比赛活动。四不：不抽烟、不喝酒、不怕苦、不掉队。五要：要团结友爱，要遵守纪律，要讲卫生，要搞好军民关系，要积极参加文体活动。三努力：努力提高政治觉悟，努力提高军事本领，努力提高文化水平。

后来根据后勤卫生部门的建议，又加上了两个不要，即不要吃油粑粑（怕浪费）、不要吃辣椒。不吃辣椒和不喝酒都是根据当时部队疥疮蔓延的状况提出来的，那时误以为吃辣椒能够助长疥疮的蔓延和发展，所以团组织做出了不吃辣椒的规定。

不吃辣椒这一条看起来好像很简单，实行起来却不容易，因为中央苏区的红军基本上全是吃辣椒的南方人，湖南籍的干部战士更是没有辣椒不吃饭。现在突然要求他们改变从小养成的习惯，实在困难。为保证红军战士的健康，肖华提议红军连以上单位团支部。组织团员饭菜检查小组，每餐逐人进行检查，从总司令、总政委、军团领导到炊事员、饲养员，一人不漏。各级领导支持他们的工作，不久吃辣椒的现象就基本杜绝了。

通过在部队艰苦的锻炼，肖华的工作经验更加丰富，政策理论水平有了很大的提高，能说会做，能在困难中挑起组织上交给的重担。

四、掌少共一展铁拳

"围剿"，失败；"围剿"，失败。

蒋介石的"围剿"一次又一次失败，妄图消灭红军的念头却从未打消。

为了激发广大青年参军参战，充分发挥他们在革命战争中的作用，周恩来指示肖华以总政治部青年部的名义召开全军青年工作会议。在会议中提出成立"少共国际师"的提案，得到了党中央的批准。

组建"少共国际师"时，肖华正在战斗前线，有一天，周恩来找到肖华，郑重地告诉他说："你们青年部关于建立少共国际师的提议已经得到中央批准，经军委研究，决定由你担任'少共国际师'政治委员。"

肖华听后有点犹豫，一师兵力，非同小可。18岁的政委带十七八岁的兵，能带好吗？

周恩来看出了他的心思，语重心长地说："正因为你年轻，才决定你去嘛！

年轻的政委带年轻的兵，这不是更好吗？更有朝气嘛！只要好好锻炼，经过困难的考验，会逐步成熟起来的。去好好干吧！"

周恩来知人论世的由衷之言对肖华来说既是鼓舞，又是督促，更包含党的期望，肖华勇气大增，信心百倍地接过任务。

1933 年 9 月 3 日（国际青年节），少共国际师在博生县（今宁都）跑马坊宣告成立。"少共国际师"编入中国工农红军建制，为第 15 师，下辖第 43 团、第 44 团和第 45 团。组建后，少共国际师开驻广昌进行训练。这是红军最年轻的一支部队，战士大多数只有十七八岁，还有少数只有十四五岁，半数以上是党团员，政治素质很高。

当时敌人的大规模军事进攻已经迫在眉睫，肖华就把军事训练放在特别突出的位置上。武器短缺，训练时没有武器，肖华就组织战士用自己家里随身带来的梭镖、长矛、大刀代替，着重操练军事基本动作，上军事常识课，学习利用地形、地物、挖战壕等土工作业。肖华经常深入到连队，指导战士们训练。一次，肖华在一个连队发现连长组织战士们用梭镖当刺刀练习刺杀，觉得这个办法很好，和师长陈光商量后，在全师推广了这种训练方法。

不久，肖华率少共国际师参加第 5 次反"围剿"，配合 3 军团和 5 军团在东线抗击敌人。在作战中，少共国际师与国民党军周志群的部队遭遇。肖华和师长临危不惊，当机立断，以 1 个团分兵迂回，布成一个口袋，将敌包围，向敌发起猛烈攻击。战士们年轻气盛，劲猛，群威群胆，勇猛冲杀，最后与敌展开肉搏战

一个战士腹部受伤，血流如注，肠子都流了出来。他忍住疼痛，用手把肠子塞了进去，一手捂住伤口，一手持枪，继续反击。经过近两小时激战，少共国际师全歼敌人一个连，余敌纷纷逃跑。

第一次与敌交手的胜利极大地鼓舞了指战员，肖华和师长立即指挥全师渡过闽江，击溃敌人 200 多人，接着在莲花山又全歼敌人一个排，缴获不少枪支弹药和一些军用物资。

初战告捷，大家正在分享胜利后的喜悦时，朱德、周恩来等发来了祝捷电，电文中说："你们初试铁拳，即获得了连续的胜利。这更扩大了少共国际师的光荣……"勉励他们今后要更百倍地提高军事技术，迎接更艰巨的战斗，争取更大的光荣！

1934年春，肖华奉命率部在黎川附近阻敌。敌人的步兵在飞机、大炮支援下向少共国际师驻守的隘口发起攻击，企图以集团推进的方式攻占隘口。年轻的红军战士进行顽强抗击，使敌人每前进一步必须付出惨重的代价。敌人攻击了几天，死了好几百人才挪动了几公里。

少共国际师警卫连和兄弟部队坚守邱家隘阵地，抗击着7倍于己的敌人冲锋，阵地山头在敌飞机、大炮狂轰中摇晃，草木着起了火，泥土翻开了几层。战士们在敌人轰炸时就躲进掩体内，敌人进攻时，立即出来阻击，打垮了敌人数十次进攻，阵地前留下了敌人1000多具尸体，红军终于坚守住了阵地。

在战斗中，肖华身先士卒，在第一线指挥。在团村战斗中，敌我双方争夺激烈，阵地上烟尘滚滚，沙石飞扬。肖华向部队提出"人在阵地在，决不让敌人前进一步"的战斗口号，激励战士抗击敌人。在战斗最为激烈的关键时刻，肖华端起刺刀，带领部队跃出战壕，杀退了敌人的进攻。在后来的广昌保卫战、大脑寨战斗和驿前站防御战中，他指挥部队，都打得英勇顽强，完成了上级交给的作战任务。

由于王明"左"倾错误的领导，造成红军和中央根据地遭到严重损失。少共国际师同样受到严重影响，付出了重大牺牲。石城保卫战后，战斗人员减少一半，由原来的1万多人，只剩下5000来人。不久，补充新战士2000多人，全师7000余人。在肖华等率领下，少共国际师于1934年10月16日晚渡过于都河，开始大转移，担负红1军团后卫的任务。从突破四道封锁线，到渡过湘江，抵达遵义，少共国际师一路上出色地完成了上级交给的各项任务。

遵义会议后，少共国际师正式改编为红1军团第15师，肖华仍担任师政治委员。不久，周恩来副主席找到肖华，向他转达了遵义会议精神。肖华听说毛委员又出来指挥红军，心里非常高兴。周恩来还告诉他，为了提高部队战斗力，军委决定全军进行整编，一些部队要合并，原少共国际师要和红1军团主力合并，已决定他担任红1军团政治部组织部部长。肖华表示坚决服从组织安排。

五、促结盟彝区借道

肖华任红1军团政治部组织部部长后，随红2师团等部队行动，摸索转移中的政治工作特别是组织工作的经验。有时还参加战斗，因为他年轻，反应快，动作迅速。

这时，毛泽东等三人军事领导小组，以声东击西的战术，迷惑敌人，迂回穿插于国民党军重兵集团之间，最后南渡乌江，威逼贵阳，乘虚疾进云南，渡过金沙江，从而摆脱了数十万国民党军的围追堵截，尔后向大渡河进发。

为了赶在敌人前面抢渡大渡河，刘伯承、聂荣臻率红1师1团和师工兵连为先遣队，从冕宁向大渡河的安顺场渡口挺进。军团组织部长肖华随先遣队行动。

要及时赶到大渡河，必须经过大凉山地区。凉山地区要经过的道路许多地段是悬崖峭壁，丸泥封关，一夫可守。

由于长期的民族压迫和国民党的"剿讨"，彝族人民对汉人有很深的民族成见，并特别反对汉人部队入境。如果发生冲突，一路山高林密，不少地方一夫当关万夫莫开，那将直接影响抢渡大渡河的行动。肖华因此一再要求部队坚决执行民族政策，做到抢不还手、骂不还口。

1935 年 5 月 11 日，红军进入冕宁大凉山区，尾追的国民党部队已进至金沙江一线，而前头截击的国民党部队则正向大渡河急进。

肖华奉命带工作团先头进入彝族区，采取说服的方法向彝族借道。进入彝区不远，一群彝民就挥着土枪、长矛、木棍、竹竿呐喊着拥下山来，嘴里发出"呜噜呜噜"的喊声，企图阻止红军前进。

打不能打，骂不能骂，先遣小组的一些人顿时眉头紧锁、唉声叹气。肖华思前想后，认为只要依靠党的民族政策，做细工作，耐心说服，就能让他们放行。

肖华一方面加强广大干部战士在党的民族政策方面的教育，一面派人寻找通司，以便和彝族首领谈判。

肖华和先遣队领导命令部队放慢行军速度，以免引起冲突。命令刚下，他就接到报告：先遣队后面的工兵连战士受到彝民的袭击，不仅架桥器材被抢走，连身上的衣服都被扒得精光。

脱光衣服，这明摆着是侮辱人！一些战士端起枪就想去教训一下彝民，肖华急忙拦住他们，叫身边的通司做工作。

通司用彝语大声说："红军是穷人的队伍，不抢劫彝民的财物，不杀害彝民兄弟，只是借道北上，不在寨子里住宿，让他们通过吧！"

听了通司的喊话，彝民停止抢夺衣服，却仍然不断地挥刀高喊："不许通过，不准进寨！"

通司一脸苦色。正在这时，几匹乘骑从前面山口处飞奔而来，为首的人中等身材、50 来岁。走近后，通司一眼认出来他是彝族首领小叶丹的四叔。

听说是彝族首领，肖华立即让通司向小叶丹的四叔宣传红军的政策。红军是共产党领导为穷人打天下的队伍，红军把彝族同胞看成是自己的兄弟，不要彝族的一针一线，更不会停留动一草一木，只是借道北上打日本鬼子。

红军枪炮齐全，杀出一条路来不是没有可能，反而好言好语借道。小叶丹的四叔听得将信将疑，陷入沉思。首领没发话，彝民不敢喧哗，场面顿时一片寂静。

肖华知道彝民重义气，于是称红军司令员刘伯承愿与彝族首领结为兄弟，永久友好，天地为证!

义气，天神，彝族信的就是这个。小叶丹点头，成!

肖华赠给小叶丹一支手枪和几支步枪，小叶丹当即将自己骑的大黑骡子回赠给了红军。

云开见日，柳暗花明。肖华立即将自己与小叶丹会谈的情况向刘伯承司令员、聂荣臻政委报告，刘伯承高兴地答应会见小叶丹。

小叶丹听说刘伯承要见自己，领着一伙首领出寨迎接。

双方见面后，小叶丹立即跪下致敬。刘伯承马上扶起他，行抱拳礼，诚恳地表示愿意与他结盟，互相永远友好。

结盟仪式开始举行。谷麻子附近的海子边，站满了彝族同胞和红军战士。负责仪式的人，摆好了两只装有半碗酒的大碗，还有一只捆了腿但活生生的大公鸡。有人将公鸡嘴一刀剖开，鸡血顿时流满了两只大碗。这时，刘伯承和小叶丹并排来到盛着鸡血酒的碗边，同时并肩跪下，面对湛蓝的天空，高高举起大碗，大声宣誓："上有天，下有地，刘伯承与小叶丹结为兄弟……"尔后，两人将鸡血酒一饮而尽。

庆祝活动结束后，小叶丹亲自做向导，带领红军通过了彝族领地。彝民男女成群结队，站在道路两旁和山坡上，大声呼喊和挥手，欢送红军浩浩荡荡北去。

从士兵到将军

CONGSHIBINGDAOJIANGJUN

慑敌勇将
——杨　勇

　　杨勇（1913－1983），原名杨世峻。湖南省浏阳县文家市人。1927年加入中国共产主义青年团，1930年参加中国工农红军，同年转入中国共产党。土地革命战争时期，任红8军政治部宣传大队长、红3军团连、营政治委员，红3军团5师14团政治处主任、4师10团政治委员、红1军团第1师、第4师政治委员。抗日战争时期，任八路军115师343旅686团副团长、团长兼政治委员、115师独立旅旅长兼政治委员、鲁西军区副司令员兼343旅旅长、鲁西军区司令员兼教导第3旅旅长、冀鲁豫军区副司令员。解放战争时期，任晋冀鲁豫野战军第7纵队司令员、第1纵队司令员、中原野战军第1纵队司令员、第2野战军第5兵团司令员。新中国成立后，任贵州军区司令员、贵州省人民政府主席、中国人民志愿军第20兵团司令员、志愿军副司令员兼参谋长、志愿军司令员、中国人民解放军副总参谋长兼北京军区司令员、沈阳军区副司令员、新疆军区司令员、中国人民解放军第一副总参谋长、中央军委副秘书长。1955年被授予上将军衔。

一、斗地主统伢保媒

1913 年旧历九月二十九日，杨勇出生在湖南省浏阳县南乡文家市。

杨勇的父亲叫杨贵蟾，曾在 1906 年参加过"洪江会"发动的农民起义。起义失败后，为逃避官府追捕，他和妻子刘氏带着 3 个未成年的孩子躲到妻子的娘家清江村。

杨勇排行老三，大名叫杨世峻，小名叫统伢子。他在清江一直生活到 9 岁，父亲杨贵蟾才带着全家迁回了文家市。

1926 年 7 月，北伐军占领长沙。盘踞湖南的直系军阀吴佩孚的军队望风披靡，湖南军阀赵恒惕也带着残兵败将逃往湖北。长沙首先成立了工人纠察队和农民协会。接着，全省各县农会迅猛发展，平民救国团、农民武装队等革命群众组织纷纷成立。这些组织除了直接参战、狙击溃兵、肃清反革命残余外，还为北伐军带路、送信、运输、救护、扫雷、送饭、慰劳。一时间，土豪劣绅东躲西藏，工人、农民扬眉吐气。

文家市也像换了一个天地。贫苦农民纷纷加入区、乡、村农会，工人成立了工会，学生们组织起儿童团，各界妇女成立了妇女联合会。不久，杨世峻在乡里被选为儿童团的队长。

1927 年春，文家市农会在牌楼前村召开群众大会，镇压了头号劣绅肖绍荣，斗争了大地主彭伯堂。会后不久，有人向儿童团报告说，彭伯堂要把使唤丫头卖给别人。杨世峻心里犯疑：那天在群众斗争大会上，彭伯堂虽然没被镇压，但在陪斩时早已吓得魂不附体，没过几天，他敢卖人？杨世峻有点不相信。后来一了解，要卖人的不是彭伯堂，而是彭伯堂的叔叔彭笙篁。

彭笙篁排行第五，人称彭老五。因为长得又矮又瘦，人们背地里都喊他"五猴子"。"五猴子"是个见了女人走不动路的老色鬼。他讨了四房老婆，还使唤着不少丫头。其中有个丫头名叫李朝珍，小名叫小宝，年仅16岁，是个穷人家的孩子。"五猴子"要卖的就是她。

"五猴子"精明得很，他料定农会和妇联迟早要把这些丫头"解放"走。与其这样，不如趁早把她们卖掉换成钱，于是他便与孙家段的一个"县议员"谈妥了这笔生意。谁知小宝大吵大闹，死活不肯去当姨太太。因此，人还没有卖出去，消息已经被儿童团得知了。

这天傍晚，儿童团派出的"侦察员"发现孙家段的那个"县议员"带着两个人鬼鬼祟祟钻进"五猴子"家，便把情况报告给杨世峻。杨世峻立刻带着队员们连夜埋伏在通往孙家段的一条小路上。

半夜时分，月光映照的夜路尽头影影绰绰出现一团人影。人影越来越近，三个男人推着辆独轮车走了过来，车上坐着一个人。

杨世峻带着白天负责侦察的那个队员迎面走上去，认出正是从孙家段来的3个人。

杨世峻一声招呼，隐蔽在路旁树丛中的队员们呼啦一下跳出来，把这几个人围了起来。

"你们到底是做么子的？"杨世峻厉声问。

"哦……我们是……是走亲戚的。""县议员"支支吾吾。

"走亲戚的？哼！"杨世峻一把将小宝嘴里的毛巾搜出来，小宝"哇"的一声哭了。

儿童团员们气得不行，七嘴八舌地喊个不停：

"买卖人是犯法的，晓得不？"

"走，跟我们去农会！"

"县议员"连忙从口袋里掏出一叠钱塞给杨世峻，打躬作揖地说："小兄弟，有事好商量，有事好商量……"

"谁要你的臭钱！"杨世峻气愤地把钱打落在地，说，"留着你的钱买棺材去吧。"

"县议员"听杨世峻这一吼，吓了一跳，以为这回不光要丢面子，恐怕连脑袋也难保，连声说："是是是，买棺材……"

儿童团把"县议员"一伙带到妇联，又连夜把"五猴子"从被窝里抓来。

"五猴子"起初还想要赖，后来一看人证物证俱在，只好低头认罪。他怕儿童团把他拉出去示众，赶紧把儿子叫来为自己求情。最后，妇联决定罚他拿出能收两担稻子的水田作为对小宝的赔偿，这件事才算了结。

小宝分了田，生活有了保障，但一时还找不到个落脚的地方。让她自由结婚吧，一时间又找不到个合适的主。妇联的干部正为这事伤脑筋，一个儿童团员插嘴说："把小宝说给我们学校的工友张功寿吧。"

"一边凉快去"，一个妇联干部不以为然地说，"小伢子家，保的哪份媒！"

"别瞧不起人！"杨世峻很为自己的队员抱不平，"我们学校的张功寿扫地、敲钟、干杂活，可勤快呢，待人也和气，小宝跟了他保险不吃亏。"

"这倒是个主意，"另一个妇联干部说，"我去试试看。"

谁知她从中一说合，双方都挺满意，喜事很快就办妥了。

当人们得知小宝出嫁是儿童团保的媒，都连夸奖带取笑地说："统伢子带的这支儿童团可是了不起，么子事都会干呀！"

二、破封锁血渡湘江

杨勇忠勇果敢，在红军队伍里进步很快。1934 年红军长征时，他已经是红 3 军团第 4 师第 10 团的政委了。

　　蒋介石为围追堵截红军，设置了 4 道封锁线，湘江是最后一道。何键统领的 40 万大军利用湘江屏障，阻拦 8 万红军。红军在军事顾问李德的错误指挥下，误入了蒋介石精心设计的铁三角合围圈。红军生死存亡在此一举。

　　1934 年 11 月 25 日，中革军委和总政治部分别发出"突破敌人之第四道封锁线，并渡过湘江"的作战命令和政治训令。规定红军分 4 个纵队前进。红 3 军团和军委一部、红 5 军团一部为第 3 纵队，经小坪、郑家园向灌阳前进，直扑湘江。

　　红 3 军团政治部主任袁国平向杨勇传达了这一指令，并要求 10 团作为先头部队过江后修筑工事，坚守阵地，掩护中央纵队和红 9 军团、红 5 军团渡江，没有命令不准撤退。

　　没有命令不准撤退就是不管战斗多么惨烈，也要坚守阵地，誓与阵地共存亡。杨勇和团长沈述清率部星夜急进，于 28 日抵达湘江岸边。随后，他命 3 营营长张震在界首、兴安之间选好渡河点，迅速地进行渡江准备，并要求战士们克服一切困难抢修工事。

　　正当 10 团奋力抢修工事时，桂军第 7 军独立团和第 45 师已向他们扑来。

红军时期的杨勇

不过令人奇怪的是，夺下阵地后，敌人竟然没有再发动攻击。

杨勇和沈述清伏在山坡上密切注视着敌情。

"敌人可能在调整部署，等待炮火支援，来者不善嘛！"沈述清分析说。

"是呀，看来又是一场恶战。"杨勇赞同道："告诉大家，无论如何也要顶住，掩护大部队顺利过江。"

"政委，你负责这面，我到1营去。"沈述清说罢，一溜烟似的奔向前沿阵地。

沈述清也是一位在战火中成长起来的团指挥员，他英勇善战，作风顽强，每次战斗总是挺身一线、坐镇指挥。

"轰，轰轰！"敌人开始炮击了，炮火密集猛烈，大有炸平红军占领的山头之势。就这样，一场空前未有的恶战，在湘江两岸展开了。

一阵炮轰后，敌人疯一般呐喊着地向10团冲来。等敌人进入有效杀伤距离，杨勇一声令下，红军战士奋起攻击。枪声，手榴弹声顿时响成一片，敌人纷纷倒地。桂军极其凶悍，但打倒一批，又上来一批；再打倒一批，又上来一批。敌人仗着人多势众和武器好，突入了10团前沿阵地，红军战士不慌不恼，用雨点般的手榴弹炸死一批又一批敌人，迫使敌人暂时停止进攻。

敌人调整了兵力，又一次发起猛烈的进攻。红10团团长沈述清率1营顽强反击，虽然打退敌人，但沈团长却壮烈牺牲。

沈述清牺牲后，上级立即派红4师参谋长杜中美接替团长职务，不幸的是，在当日下午与敌反复争夺阵地时，杜中美亦壮烈牺牲。一天内，10团先后失去两位团长，许多优秀战士倒在了阵地上。

眼看敌人又一次冲了上来。杨勇从战壕里一跃而起，端起刺刀，带头冲向敌人。突然一块弹片飞来，钻入他的右大腿，他咬牙一把将弹片拔出，大声呐喊："为团长报仇！"冲出堑壕，战士们随其而上，疯狂的敌人"退了潮"。恶战两昼夜，10团400余名官兵血染湘江，保证中央纵队顺利过江。

三、破神话杀敌祭旗

抗日战争爆发后，红军改编为八路军和新四军，奔赴抗日最前线。1937年8月，杨勇所在的红4师被改编为八路军第115师343旅686团，李天佑任团长，杨勇任副团长。

8月下旬，115师奉命向山西灵丘开进，阻击日军的进犯。由于国民党军不战而退，115师尚未赶到灵丘，灵丘就已被日军攻占。因此，115师决心利用平型关的有利地形，进行一次伏击日军的战斗，激励全国人民的抗日精神，振奋抗日军队的士气！

平型关位于山西省东北部，是晋东北的一个咽喉要道。两侧峰峦迭起、陡峭险峻，左侧有东跑池、老爷庙等制高点；右侧是白崖台等山岭。关前是一条由西南向东北延伸的狭窄沟道，是伏击歼敌的理想地。

林彪把115师主力布置在平型关到东河南镇10余里长的公路南侧山地边缘上。杨勇所在的686团的任务是在老爷庙附近设伏，左侧是685团，右侧是687团，口袋底是第33军的独立8旅，115师第344旅，687团断敌退路并打援敌，688团作为预备队。

为了打好八路军对日第一仗，李天佑和杨勇做了精心的战前动员，号召指战员杀敌报国。战士们听得心潮澎湃，纷纷表示誓死将日军困死在平型关。

部队扎下营盘休息后，杨勇检查了岗哨情况，直奔团部。团部一片漆黑，里面却不停地传来床板"咯吱"、"咯吱"的声音。夜已深，团长李天佑却是毫无睡意。

杨勇看了一眼辗转反侧的李天佑，开玩笑地说：天佑，还在烙煎饼？担心鬼子没吃的？他话虽然这么说，心里很清楚，自己的心情何尝不是一样。

"不是紧张。"李天佑停止翻动，道，"咱们这头一回与日本鬼子交手，心里没底，什么事都得想周全了。"

"是啊，这第一次交手很重要。一时失败，就会挫了八路军的锐气，千万不能出任何纰漏！"

部队进入预定的埋伏地点后，李天佑和杨勇伏在一个土坡上观察地形。杨勇用望远镜观察了一阵后，对李天佑说："要想捕住狡猾的野兽，就要善于隐蔽好。"这儿真是一个伏击敌人的好地方。地势狭长，公路那面山高坡陡，易守难攻；我们这边山低坡小，便于隐蔽，有利于出击，真是天助我也！"

李天佑点点头道："师部的口袋阵布得真好。687团在东侧，685团在西边。到时候攻击令一下，他们斩头砍尾，我们拦腰狠切，鬼子算是死定了。"

突然李天佑微微皱了一下眉头，指一下对面的山头："可惜老爷庙目标太明显了，不能提前在那边山头上埋伏我们的人，只能在战斗打响后控制那里的制高点！"

太阳升上山头丈把高的时候，山沟里传来了马达声，随着声响越来越大，只听有人小声地说了一句："快看，来了！"

百余辆汽车载着日本兵和军用物资在前面，200多辆大车和骡马炮队在后，接着而来的是骑兵。车鸣马嘶，山谷顿时热闹起来。车队越来越近，只见日本兵头戴钢盔，斜背着枪，叽哩哇啦的，十分骄横。

大敌当前，战士们都是一动不动，他们紧握手中武器，睁大眼睛，只等着一声号令就杀奔出去。

在战士们急切的等待中，位于石灰沟南山头的师指挥部终于发出了冲击敌军的信号。

顿时，部队埋伏的半边山岭，吼声四起，杀声震天，机枪声、步枪声、手榴弹声、迫击炮声响遍了山冈。各种武器一齐向敌人开了火。因为都在最佳距离射击，命中率很高，杀伤力极强，日军旋即倒下一大片。

八路军勇士们随即向敌人发起了冲锋，刺刀雪亮、大刀飞舞，恨不得将日军扎个透心凉。115 师 343 旅 685 团 2 营 5 连连长曾贤生率领 5 连首先冲入敌阵，一柄大刀舞得"呼呼"作响。在拼杀 10 多个日军后，曾贤生不幸被敌刺中腹部。曾贤生全不在意，一手紧握枪杆，一手捂着小腹，仍然怒目灼灼、死盯着捅伤自己的鬼子。一阵大笑之后，曾贤生将手中的枪奋力向鬼子掷去，然后气绝身亡。

鬼子被打晕了，东奔西窜，战马惊鸣。他们万万没想到，精心制定的偷袭被人识破，竟会遇到如此凶猛的袭击。但是板垣师团毕竟训练有素，清醒过来后，立即组织反击。他们一面利用汽车和沟坎顽抗，一面抢占公路北侧的制高点老爷庙。

李天佑早就有防备，立即命令 3 营长："不惜代价，一定要拿下老爷庙！"

"保证完成任务！"3 营长一个立正，带领一群战士冲了出去。

"老李，你负责这里；我跟 3 营一起去！"杨勇没等李天佑回话，拔腿就跟着 3 营冲上前去。

山沟里炮声隆隆，硝烟弥漫，杀声震天。3 营官兵穿行在枪林弹雨中，他们越过山沟，冲上了公路，不与公路上的敌人纠缠，只顾往老爷庙冲。部队一到老爷庙附近就与敌人展开白刃格斗。战士们与敌人扭在一起，只见枪托飞舞，刀光闪闪，杀声震耳。

在 3 营向敌冲击的同时，李天佑命令 12 连副连长带领部下抢占东面公路拐弯处的一座土地庙，控制了有利地形，阻击后面跟进的敌大车头。12 连将敌人两头的大车打瘫痪了，中间的全都卡在那里动弹不了了。

3 营的指战员们穿行在硝烟之中，一个个斗志昂扬。他们冲上公路，在老爷庙附近与敌展开白刃格斗。只见枪托飞舞，马刀闪亮，杀声震耳。大地轰鸣。战士们面对强敌，毫不畏缩，无不以一当十，奋勇拼杀，刀、枪、拳、牙，都成了武器。115 师 343 旅 685 团 2 营 7 连连长匡斌率部抢占老爷庙，全连打剩 50 多人，匡斌也负了伤。

王根培带着 2 连 3 排冲了过去，一下子就占领了那个小土地庙，截住了老爷庙至兴庄的 80 多辆大车。老爷庙终于被 3 营抢到手了。

杨勇指挥 3 营占领了老爷庙，居高临下，战士们将一梭梭的子弹射到日军体内。

突然，杨勇觉得一股气浪袭来，将他掀翻在地。他想爬起来，左臂却怎么也不听使唤了。

警卫员惊叫一声："副团长，你负伤了！"

杨勇厉声制止："别喊了！一点小伤，算得什么！"他叫警卫员拿出急救包，简单地包扎了一下伤口，又立即投入指挥战斗。

我军占领老爷庙后，直打得沟里的敌人满地乱窜，无处藏身。日军指挥官看部队左冲右突难脱罗网，深知老爷庙制高点的重要，又组织了几百名鬼子，以密集队形朝山上进攻。

鬼子的进攻被一次次打退。

日军飞机赶来助战了，嗡嗡嗡贴着山头盘旋。面对山沟里的混战，日机不敢投弹了，害怕炸了自己人。从入侵中国以来，他们从没见过像八路军这样勇猛的部队。

下午 1 时，687 团攻过来了。在 115 师的两面夹击下，兴庄至老爷庙之间的日军很快被歼灭了。十几里长的山沟公路上，除了留下大批的汽车、大车、军用物资外，还留下了 1000 多具日军尸体。

四、三挫敌汾离告捷

　　1938 年 9 月，华南方向的日军大举进逼武汉、广州；华北方面的日军也向山西增兵 1 万余人，并且兵分两路：南路侵永济、风陵渡，直奔西安，从侧翼配合其正面战场作战；西路则犯离石、柳林，企图威胁陕甘宁，蹂躏吕梁山抗日根据地。日军来势汹汹，妄想一举消灭华北方面的抵抗力量，解除其后顾之忧。

　　西路日军的先头部队很快侵占了军渡——碛口一线，日军 108 旅团长山口少将亲率指挥机关进驻离石县，并在汾阳城内集中了大批弹药、粮秣、渡河器材等物资，随时准备支援侵入离石县的日军。

　　根据日军的动态，活跃在吕梁山区的八路军 115 师师首长命令杨勇率 686 团迅速进至汾（阳）离（石）公路东段，伺机打击西犯日军。

　　一天，杨勇带着各营的干部出去观察地形。天刚麻麻亮，一行人便登上了西公岭。西公岭四周峰峦重叠，汾离公路顺着山势由东蜿蜒而来。公路在西公岭下爬过一段陡坡之后，便进入凹地。凹地一带并排平列着四条山沟，每条沟里都长满了齐腰深的茅草和杂乱的灌木。

　　正看得出神，侦察员送来师部的一份紧急命令：敌人 20 辆满载弹药和渡河器材的汽车将从汾阳起运，请相机截击。有弹药！干部们顿时兴奋起来。大家指着那段凹地请战，这是个好地方，干他一家伙。

　　9 月 14 日，杨勇带领 686 团的指战员们像出山的猛虎冲上王家池附近的公路，炸毁日军运货汽车，与残余的日军展开了白刃格斗。不到一个小时，

威震太行山区的杨勇

战斗就结束了，200多个日本官兵除3名投降，其余全部就歼。

第二天，驻在汾阳的日军出动一个联队，外加几千伪军赶来，从西公岭拉走了5车他们同伙的尸体。

汾离公路上的日军汽车停开。黄河边上的鬼子兵可就叫苦连天。弹药短缺大不了窝在据点，人连饿几天可就顶不住了；出去抢粮，游击队打几枪就走，粮食抢不到反而闹个损兵折将。日军108旅团长山口少将出于无奈，只得让部下杀马充饥，固守待援。

马肉再好吃，也有吃光的时候。为了挽救其在黄河边上的部队，日军又开始了运输。挨过打的日军学乖了，先派一个中队分乘几辆汽车，押送一车粮食试探前运。

几辆几车粮食就想填饱几千日军的日子，真当八路军是白痴，杨勇将手一挥：放行！

　　粮食安全到达，日军的胆子大了起来。香月军团司令部派出20辆汽车满载着通信、渡河器材和粮食沿着汾离公路向石县驶去。

　　一天无事，日军心情大好，八路军人影都不见一个。西公岭已过，押送的日军有的打起瞌睡。车急驶，路旷坦，八路军就是想拦都拦不住。

　　险路，人小心；路平，人大意。343旅补充团彭雄团长在油房坪一带拐弯处已经等了好长时间，想钓鱼，当然得不动声色。

　　枪声大作，手雷轰鸣，日军先头的11辆汽车溜得极快，后面的9辆车就没这好运了，被炸翻在地，车上的100多个鬼子直接魂归日本。

　　日军在汾离公路上连续被歼400余名，108旅团原有的50辆运输车只剩下20多辆。后方补给线被切断，日军108旅团长山口六神不安，只得带着他的部队顺着公路向汾阳撤退。

　　跑到中国来作恶，于情于理怎么都得送送。

　　115师代师长陈光通知杨勇："西犯之敌正在撤退，要不怕牺牲，不顾疲劳，迅速准备再战。"

　　为了狠狠地教训日军，陈光还把685团2营和师部特务连临时配属给杨勇，一起迎敌。686团的同志们高兴地说："这下我们的力量就更强了，胜利也就更有把握了。"

　　屡遭打击的山口已成惊弓之鸟，他们估计在撤退中也可能遭到袭击，因而特别小心。

　　杨勇考虑到日军戒备性很强，一定不易伏击。思考再三，他决定先钻到王家池据点附近，然后再寻机打击敌人。

　　王家池一带山大路窄。敌人曾经在那儿吃过亏，特意安了一个据点。这次要到敌人据点跟前设伏，困难当然很多，但杨勇认为，攻击时刻都在警觉中的日军，只能采取这种让其意想不到的办法。经过分析研究，杨勇决心去冒一冒"风险"！

　　9月20日拂晓前，686团及配属部队分头悄悄地摸到了王家池附近，迅速进入指定位置，隐蔽起来。686团2营及兄弟部队埋伏在公路北侧的薛科里一带，686 团 1、3 营埋伏在公路南侧的铁剪沟附近。太阳当头的时候，敌人的骑兵出现在公路上。紧接着，辎重、炮兵、步兵，前拥后挤、吵吵嚷嚷地来到了王家池山谷。杨勇命令 2 营首先发起攻击。紧接着其他各营也冲了出来。霎时，冲锋号声、呐喊声震荡山谷。

伏击部队一下子把日军切成了几段，并拦腰抓住了山口的指挥机关死死不放。头尾两段日军拼命反扑，想给他的指挥机关解围。双方胶着，厮杀激烈。在这紧要关头，杨勇把 685 团 2 营撒了出去。这支生力军一投入战斗，很快帮助各营把敌人一段一段地吃掉了。

这第三次大捷歼灭日军近千人，不久前还在叫嚣要一举渡过黄河的山口少将也作了战死鬼。

胜利轰动了整个吕梁山区，大大激励了吕梁儿女们抗击日本侵略者的决心，也打击了日寇企图一举消灭一切抗日力量的狂妄嚣张的气焰，粉碎了他们西进的企图。

汾阳城烟雾弥漫，臭气冲天，接连几天日军都在焚烧战死鬼的尸体，最后还开了个"慰悼"大会。

侵华日军前线指挥官冈村宁次大为恼怒，破口责骂山口旅团无用。鬼子驻汾阳联队司令官又气又急，派人给杨勇送来一封"挑战书"。"挑战书"的大意是：

地区队长兼政委杨勇麾下：

前与贵军交战，遗憾万千……惟敝军不愿山地作战，愿约贵军到兑九峪平原一带决一雌雄……

杨勇看完"挑战书"，微微一笑，对周围的同志们说："打仗嘛，就是要'以己之长，击敌之短'，这真是一封愚蠢的'挑战书'。"大家听了都哈哈笑了起来。

没过几天，鬼子当真调集许多人马进驻了兑九峪，等着与杨勇"决一雌雄"，还用大炮冲着吕梁山区轰了两天两夜。但日寇哪里会知道，等着他们的不是什么兑九峪的决战，而是在整个吕梁山区更为广泛炽烈的游击战争！

五、释玉胜浪子回头

1938 年 11 月，中央军委命 115 师直属队与 686 团东由晋西开赴冀鲁豫平原开辟新的抗日根据地。

在杨勇的指挥下，686 团过汾河、从两渡与义棠之间偷越了同蒲铁路的日军封锁线，到达绵山脚下的静村、延安村一带做翻绵山的准备工作。

经过半个月的长途跋涉，部队到达了夏店镇，在这里迎接了 1939 年的元旦。朱德路过这里，专门看望了部队，对 686 团的工作给予了表扬和鼓励。

1 月中旬，部队到了黎城县东，西黄须村时，彭德怀副总司令也来 686 团视察。因为这个团是由彭德怀平江起义的老部队发展起来的。彭德怀对这个团格外关注，对优点进行了充分的肯定，对于存在的问题也严厉地毫不客气地指了出来，这对部队后来的发展起了很大的作用。

3 月 1 日，东进支队到达鲁西郓城以北地区。

杨勇根据侦察到的敌情，决定奔袭郓城西北的重镇樊坝。这里是日伪军的一个重要据点，驻着伪军一个团。

在战前的动员会上，杨勇说："我们 686 团是主力部队。什么叫主力？就是别人攻不下的，我们能攻下！别人守不住的，我们能守住！过去我们 686 团在山西打出了威风，朱总司令表扬我们是模范团，是干部团。现在我们到了山东，也要打出威风，使山东的敌人一听到 686 团的番号就头疼，就心惊胆战！"

部队在做好充分准备的条件下投入了战斗，经过一夜的攻城战斗，攻入了敌阵，生俘了 500 余名伪军。有几个战士押着一个头上负了伤的像是当官的伪军来到杨勇面前，经过审问，这个俘虏原来就是伪军的一个团长，叫刘玉胜。

杨勇要卫生员给他包扎好伤口后，问他："那边小村庄驻扎的是谁的部队？"

"那是我的一个营。"刘玉胜低着头回答。

"是你的部队，那好，你马上写信，要他们放下武器，立即投降。我们保障他们的生命安全！"杨勇说话声音虽不大，但话中带着威严，是不可抗拒的命令。

刘玉胜知道站在自己面前的就是赫赫有名的杨勇，也不敢多想什么了，立即趴在桌子上写信。

杨勇看了刘玉胜写好的信，派人送了去。并对刘玉胜晓以抗日救国大义，劝他改邪归正、重新做人。

"是！是！"刘玉胜一个劲地说。

刘玉胜在鲁西曾作恶多端，民愤极大，杀了他也不冤，也是其罪有应得。但杨勇从增强抗日统一战线的力量考虑，认为做好他的工作影响大，对抗日有利，于是积极做他的工作，用党的抗日政策感化他。

经过各方面做工作，刘玉胜终于觉悟了。他表示要与自己的过去决裂，还郑重地发表了"告同胞书"，说："玉胜不才，身为中华民国之军人，乃受敌伪之迷诱，沦为卖国求荣之汉奸……樊坝之役，幸被生俘，得蒙不死，倍享优待，并晓以救国救民之大义，教诲良深……玉胜扪心自问，愧悔交集，今日获释，恩同再生。誓当重整旗鼓，投效抗战，将功折罪，以雪吾耻，以谢国人之恩……"

杨勇义释刘玉胜，并委任他为东进支队的一个团长，要他到济宁敌占区去扩军。半年后，他给杨勇写了一封信，说他已召集旧部拉起了一支 200 多人的队伍，并有枪 200 多支，希望八路军给他派干部加强领导。

杨勇派吕儒琦去改造刘玉胜的部队，经过吕儒琦的深入工作，这支部队在抗日斗争中表现不错，后被正式命名为鲁西独立团，扩充到 500 多人，在抗日战争中发挥了自己的作用。

在当地群众中，曾流传着这样一段民谣：

正月里来正月正，

东进支队到山东，

罗荣桓陈光领兵马，

杨勇将军是先行。

二月里来杏花红，

奔袭樊坝是杨勇，

活捉伪军五百七，

义释团长刘玉胜。

……

六、勇无敌威震四方

抗日战争胜利后，1945 年 11 月，晋冀鲁豫野战军第 7 纵队成立，司令员为杨勇，政治委员为张霖芝，副司令员为赵基梅，副政治委员为张国华，参谋长为吕炳桂，政治部主任为王辉球，下辖第 19、20、21 旅和直属骑兵团，全纵队 16000 余人。杨勇率领部队全力投入了肃清根据地残余日伪据点的战斗。

12 月 30 日至 1946 年 1 月 2 日，杨勇指挥部队，以英勇顽强的战斗作风，4 天内连克郓城、巨野、嘉祥 3 城，荣获军区刘伯承司令员和邓小平政委的通令表扬。接着，1 月 9 日再克济宁，歼伪军 7000 余人。

1946 年 4 月开始，国民党公开撕毁国共停战谈判达成的协议，首先向东北解放区发起大举进攻，在关内则积极向各解放区周围调集军队，进行局部性的进攻和"蚕食"推进。从 6 月底开始，国民党军以大举围攻中原解放区为起点，发动了对解放区的全面进攻，掀起了空前规模的内战。

为了进行自卫战争，自 1946 年 8 月至 1947 年 3 月，在晋冀鲁豫军区司令员刘伯承、政治委员邓小平的统一领导下，杨勇率领的第 7 纵队，坚决执行毛泽东关于歼灭国民党军有生力量为主，而不是保守地方为主的战略方针和集中优势兵力各个歼灭敌人的作战指导思想，在敌我力量悬殊的情况下，活跃在冀鲁豫战场，英勇拼杀。

首先，参加了陇海路汴徐段自卫反击战。在战斗中，杨勇把运动战和大规模的交通破击战结合起来，这在当时是对付国民党军的最有效的作战法。战场变化是无穷的，对一些具体情况，采取不同的战法，如对沿线分散守备的敌人，采用宽正面有重点的反击作战。

杨勇率部经过 13 天的奔袭，攻克砀山，并协同晋冀鲁豫野战军第 3 纵队围歼国民党军 181 旅及 29 旅 1 个团。为粉碎敌人的进犯，在定陶战役、巨野战役、鄄南战役中，发扬勇敢战斗、不怕牺牲的战斗精神，同兄弟部队一起，歼灭敌整编第 3 师和 41 师、47 师各 1 个旅，接着进行大踏步辗转，参加滑县战役，巨金鱼战役、豫皖边战役，歼灭了大量敌人，粉碎了国民党企图攻占冀鲁豫、打通平汉路的计划，有力地配合了山东、苏北我军的作战。

1947 年 3 月，第 7 纵队与从晋察冀热辽区归建的第 1 纵队合编为新的第 1 纵队，杨勇为司令员、苏振华为政治委员。

经过调整和部署，晋冀鲁豫解放区军民的力量增强，在作战上已处于主动地位，转入战略性反攻的条件成熟。杨勇率第 1 纵队参加了晋冀鲁豫军区统一组织的豫北反攻作战，历时两个月，攻克了原武、阳武等城，歼敌 8000余人，有力地策应了陕北、山东解放军粉碎国民党军的所谓重点进攻。

进入 7 月份，战局发生了变化，解放军由战略防御转入战略进攻。晋冀鲁豫野战军主力于 6 月底突破黄河防线，进行了鲁西南战役。

　　杨勇率领 1 纵强渡黄河后，按预定计划将郓城驻敌包围，于 7 月 7 日黄昏时发起总攻。由于总攻前杨勇做了深入侦察，掌握了敌情，便选择了敌人防御薄弱的西门作为主攻方向，采用集中兵力、火力先突破一点，尔后扩大战果的战法。经一夜攻击，全歼了国民党军的 2 个整旅，生俘敌副师长理明亚以下 8500 余人，毙伤敌 2000 余人。

　　郓城战斗的胜利，为正在进行的鲁西南战役取胜创造了有利条件，1 纵获得军区通令嘉奖，并记大功一次。

　　（五）在陕北　杨得志（前排左二）、杨勇（左二）、肖华（左三）、熊伯涛（左四）、胡炳云（后排左一）、陈赓（左五）

　　在部队向大别山挺进时，杨勇率领 1 纵和中原独立旅，经过 22 天的长途艰苦跋涉和激烈的战斗，粉碎了大量敌人的前堵后追，经过 9 次战斗，攻克 7 座县城，跨越陇海路、黄泛区，渡过沙河、淮河等 8 条河流，行程 500 多公里，于 1947 年 8 月底到达大别山北麓——河南的罗山地区。

　　9 月，1 纵和 2 纵等部队在商城、光山一带作战 3 次。杨勇指挥的 1 纵在商城以西的中铺歼敌 58 师 1 个团 2000 多人，并将国民党军的机动兵力吸引到大别山北麓，有力保障了 3 纵队、6 纵队在大别山南麓皖西、鄂东地区的快速展开。进入 10 月份，1 纵和 2 纵主力乘虚出击鄂东。杨勇指挥 1 纵攻克新县、武穴，并在柳子港、李家集地区歼敌新 17 旅大部和 52 师的 1 个营；在竹瓦店歼敌青年军 203 师第 2 旅的两个营。

1947 年 10 月，杨勇统一指挥 1 纵、中原独立旅和 6 纵队主力，在 2 纵 4 旅协同下，于广济地区的高山铺一带，组织伏击战，全歼尾追的国民党军第 40 师师部及 3 个旅，共计 12600 余人，击落飞机一架。这一战役的胜利，极大地振奋了大别山区军民的情绪，提高了军队在无后方条件下作战和山地作战的信心，解决了部队的过冬物资，对大别山区斗争局面的好转和重建根据地工作起了重要作用，为在大别山区站稳脚跟打下了很好的基础。

12 月中旬，杨勇率 1 纵挺进淮河以北、沙河以南的淮西地区，协助豫皖苏军区开辟息县、临泉、正阳等 10 余个县的工作，成立了豫皖苏第四分区，使大别山区和豫皖苏区连成了一片，扩大了解放区的活动范围。

1948 年，杨勇率 1 纵，掩护兄弟部队进军桐柏山，掩护野战军领导机关北渡淮河，随后参加宛东战役，并和兄弟部队 3 次阻击国民党军胡琏兵团、吴绍周兵团北援，歼敌 7000 余人，有力地保障了华东野战军豫东作战任务的完成。

淮海战役开始后，杨勇指挥 1 纵在张公店地区歼敌 181 师 5000 余人，俘敌 55 军中将副军长兼 181 师师长米文和，后又率部阻击国民党军黄维兵团的进攻，激战 3 天 3 夜，迟滞了敌人近 12 万人的猛攻。后又参加围歼黄维兵团的激战，与中原野战军各纵队及华东野战军一部一起，付出巨大代价将黄维兵团全歼。部队因战斗减员 4 次缩编，全纵队编为 12 个营，每一个营只剩下几十个人，仍前仆后继地同敌人进行殊死的搏斗，直至战役取得全胜。

七、陷金城虎吞"馒头"

1950 年中国人民志愿军入朝作战后，杨勇统率过的老部队 16 军和 38 军都入朝参了战。杨勇正在南京军事学院高级速成系学习，虽然他多次请缨，中央却一直没有批准他的请求。

杨勇不相信自己就此和炮火连天的抗美援朝擦肩而过，为了备战，他每天都面对军用地图一边熟记朝鲜地名，一边在图上画出各种标记。

久久盼望的命令终于到了。1953 年 4 月 18 日，毛泽东签发了中央军委的命令，任命杨勇为中国人民志愿军第 20 兵团司令员。

在杨勇入朝前，20 兵团司令员杨成武因病回国，19 兵团副司令员郑维山代理司令员，所辖的 67 军和 68 军在三八线金城北侧担任防御。

杨勇和 20 兵团政委王平到任时，夏季反击战已经开始了。因为战役的原则是稳扎狠打，所以反击规模较小，主要是对敌人的连排班发动攻击。

夏季战役的第二次攻击中，志愿军先后对敌 51 个团以下阵地进行了 63 次进攻作战，共毙伤敌 4.1 万余名，给伪第 5、第 8 师以歼灭性打击，扩大阵地面积 58 平方公里。

拖了一年多的战俘遣返问题获得解决后，丢人失地的美军无心再战。朝鲜停战谈判的各项议程全部达成了协议，剩下的就是重新划定军事分界线和拟定停战协定的细则了。

志愿军司令员彭德怀从北京回到朝鲜，准备参加签字仪式。一切就绪，没想到节外生枝，朝鲜的李承晚宣称反对任何妥协，坚持要单独打下去。为了扩张势力，他指使人武力劫走 2.7 万中朝被俘人员，并补充到李伪军中。

一粒老鼠屎坏了一锅汤，进行了两年的板门店谈判停战协定就此打住，中朝两军更是怒不可遏。

杨勇对王平说："美国主子都已经求和，奴才却叫嚣着还要继续打？就他那点料，还不够我们喝一壶的。是他自己单独打？还是另有目的？恐怕还是有美国在背后支持。既然李承晚出头想打，那我们就把他打成缩头乌龟！"

杨勇搬了一把凳子坐在大地图前，看地图上的那些红蓝标记。两只大眼睛直直地望着五次战役后形成的三八线，尤其是金城以南、北汉江以西 20 兵团正面鼓出的馒头式的敌人阵地，苦思冥想。

大约一个小时后，杨勇说："这个'馒头'太难看了，三八线一条线，怎么到我们的防区就鼓出来？起码应该拉平三八线，想办法收复这块失地。"这一带敌人是李承晚的伪首都师和第 3、6、8 师，都是他的精锐部队，伪首都师更是他的一张"王牌"。要打，肯定是一场硬仗！怎么样大干一场？该定下怎样的作战计划？要让敌人屈服，只有大打，要把敌人打痛，让它不得不求饶。

杨勇决心打大仗，上 3 个军，后来在杨得志的支持下，增加到 5 个军。

开始好多人都不理解，说朝鲜这情况行吗？没把握。有人说你初来乍到，这么个组织法，搞三个集团军？有些人干脆反对，还有人在一边冷笑。连以大胆著称的 3 兵团司令员许世友都说要慎重，说根据解放战争的经验，歼敌一万，自损三千，我们一定要慎重。

不久，彭德怀回到朝鲜前线，他赞成杨勇的看法，认为如果不在军事上给予李承晚集团惩罚性痛击，不仅会拖延朝鲜停战，而且会影响朝鲜战后和平的长期稳定。彭德怀致电毛泽东，建议给李伪军以严重打击，再歼敌 1.5 万人。

第二天，毛泽东回电同意，表示停战签字必须推迟，推迟至何时为宜，要看情况发展才能做决定，再歼灭伪军万余人极为必要。

许世友来了，杨勇抢上一步要跟他握手，许世友却把杨勇抱起来抢了一大圈，为他的勇敢和气魄叫好。原来，志愿军总部考虑到其他兵团暂时没有更大的任务，便指定一些将领到 20 兵团参观助战，其中有许世友、杜义德、李天佑等著名战将。

1953 年 7 月 13 日深夜 10 点，杨勇一声令下，志愿军炮兵 1000 门大炮一起怒吼，几平方公里的敌人阵地在大雨中燃烧起来。炮火刚刚延伸，20 兵团 3 个突击集团在友邻配合下，向李伪军 4 个师 25 公里的防御正面开始突击。一小时后，敌人的前沿阵地全面突破。

68 军 203 师 609 团一个加强营作为穿插营，向敌军纵深穿插。尖刀连先头班化装成伪军，由副排长杨育才带领，沿 522.1 高地以东公路向纵深急进，骗到了敌人口令后，一举插到了伪首都师白虎团团部的所在地二青洞，仅几分钟，就干净利落地结束了战斗，还活捉了伪首都师副师长林溢淳。

敌人吃惊地了解到指挥这场战役的是年仅 40 岁却身经百战的新任 20 兵团司令员杨勇，杨勇指挥过的"嫡系"部队装备现代化的 16 军也调上来了，看样子还要大打。

美国不得不停战。许世友又打来电话，说："怎么要停了？我还想上去摸摸李承晚的骨头有多硬呢。"杨勇说："算了吧，我刚一伸手他就瘫了，哪能经得住你那双'铁砂掌'哟。"

战后统计，金城反击战役中，我军 20 兵团共歼敌 52783 人，其中俘敌 2836 人，超过预定计划的 5 倍。击落敌机 85 架，缴获飞机一架，坦克 34 辆，汽车 231 台，各种火炮 245 门和大量弹药等战利品。志愿军通过抗美援朝中的这最后一战，向前推进了 192.6 公里，给了敌军以致命的一击，拉平了金城东南 14 公里至西南 16 公里的一条弧线，那个讨厌的"馒头"终于被吃掉了。